サービス社会の
マネジメント

村松潤一・山口隆久 編著

management
of
service
society

同文舘出版

はじめに

　今日，情報化の進展は，われわれの社会そのものを大きく変えつつある。とりわけ，企業と消費者，顧客の関係は，これまでとは明らかに異なるものとなっている

　即ち，情報技術を介して，企業と消費者，顧客は直接的な関係構築が可能になったが，そのことが持つ意味は重大である。何故なら，これまでの両者は，いわば離れた関係にあったのであり，企業の課題の1つが，如何にして消費者，顧客に近づくかに置かれてきたからである。そこで，企業は対象とする人々のニーズを探り，それを企業のマネジメントに反映してきた。しかし，今日，企業のマネジメントは，消費者，顧客とはすでに繋がっているところから始まるのであり，これまでのマネジメントとは明らかに出発点が違っている。そして，そのことは，思う以上に企業のマネジメントを新しいものにすると考えられる。というのも，今日の情報技術は，直接的・即時的な相互作用関係を企業と消費者，顧客の間にもたらしたからであり，企業のマネジメントは，こうした消費者，顧客との新たな関係によって規定されることになる。

　それでは，新たな企業・顧客関係の本質はどこにあるのか。この問題を考えるにあたり，本書がその前提に置いたのが，Vargo & Lusch［2004］によるサービス・ドミナント・ロジック（S-Dロジック）であり，Grönroos［2006］によるサービス・ロジック（Sロジック）である。そこでは，価値は交換後の消費プロセスで生まれ，その判断が企業ではなく，顧客によってなされることから，価値創造者としての顧客が描かれている。そして，こうした顧客が主導する企業との新たな関係をサービス関係として捉えるなら，サービスを軸とした新しいマネジメントを考えることが必要であり，それは，先に述べた情報技術がもたらした新しい企業と顧客の関係を後押しするものとなる。モノに焦点をあてたこれまでのマネジメントが価値は企業が事前に決めるもの，作り出すものとしてきたことを考えるなら，S-Dロジック，Sロジックの主張は，マネジメントそのものに方向転換を迫るものとなっている。本書はまさにそのことにこたえようとするものである。幸い，執筆者達はS-Dロジック，Sロジッ

クについて少なからず理解しており，そこから，新しいマネジメントを様々な視点から論じることにした。

　本書は3部18章から成っている。第Ⅰ部は総論編であり，サービス社会，消費者の消費行動，マネジメントをどう捉えるかについて議論がなされている。この総論を受けて，マネジメントの各論を展開しているのが第Ⅱ部の各論編であり，ヒト，モノ，カネ，情報，組織，そして，顧客関係，企業間関係，社会関係のマネジメントがこれまでの考え方との対比から述べられている。第Ⅲ部の展開編では，今日のサービス社会にあって取り上げるべきテーマとして，チェーン組織，企業の資源統合，総合商社，日本企業の営業，C to C コミュニティ，地方創生，消費文化理論が取り上げられ，積極的に論じられている。

　そして，本書において一貫しているのは，サービス社会を主導するのはサービスの受け手である消費者，顧客であるという考え方である。だからこそ，これまでのマネジメントは，今日，問い直されるべきといえる。本書は，その基本的な方向性を示そうとするものであるが，その狙いは，大方，達成できたものと考えている。

　最後になったが，出版にあたり，今回も大変お世話になった同文舘出版株式会社の取締役編集局長市川良之氏には，心より感謝する次第である。

2018年11月吉日

村松　潤一
山口　隆久

目　　次

第Ⅰ部　総　論　編

第1章　サービス社会とは何か ―――――― 2
第1節　はじめに……………………………………………………2
第2節　工業社会からサービス社会への転換………………………3
　1.　工業社会の本質…………………………………………………3
　2.　情報化とサービス社会…………………………………………6
第3節　サービス社会の論理…………………………………………8
　1.　文脈価値とオペラントな顧客…………………………………8
　2.　消費者主権と人間中心社会……………………………………10
　3.　市場と生活世界の関係…………………………………………11
第4節　新たな企業，そして，マーケティング研究と経営学の関係
　　　　……………………………………………………………13
　1.　サービス社会における企業……………………………………13
　2.　マーケティング研究と経営学…………………………………15
第5節　おわりに……………………………………………………16

第2章　サービス社会における消費者と価値創造 ―――――― 18
第1節　はじめに……………………………………………………18
第2節　消費者行動を捉える枠組み…………………………………19
　1.　消費者行動の分類………………………………………………19
　2.　消費者行動研究の問題点………………………………………20
第3節　価値創造とは何か……………………………………………22

1. 企業による価値創造……………………………………………22
　　2. 価値創造に対する新たなアプローチ……………………………23
　第4節　生活世界と価値創造……………………………………………24
　　1. 価値はどのように創造されるのか………………………………25
　　2. 具体的事例：フィンランド家庭におけるディナー消費…………26
　第5節　おわりに…………………………………………………………28

第3章　マネジメントの論理と構造 ─────── 30

　第1節　はじめに…………………………………………………………30
　第2節　古典的管理論の概要……………………………………………31
　　1. 科学的管理法………………………………………………………31
　　2. 人間関係論…………………………………………………………33
　第3節　近代的管理論の概要……………………………………………34
　　1. 近代組織論…………………………………………………………34
　　2. コンティンジェンシー理論………………………………………36
　　3. 意思決定論…………………………………………………………37
　第4節　マネジメント研究の発展の流れとサービス社会に向けた
　　　　　新しい視座……………………………………………………39
　　1. これまでのマネジメント研究の流れと課題……………………39
　　2. サービス社会で求められる新しいマネジメント………………40
　第5節　おわりに…………………………………………………………42

… 第Ⅱ部 各 論 編

第4章 ヒトのマネジメント ── 46
―従業員満足を高める新たな人的資源管理―

第1節 はじめに … 46
第2節 北米マーケティングのヒトのマネジメント … 47
1. 伝統的マーケティング … 47
2. 北米のサービス・マーケティング … 48
3. 小 括 … 50
第3節 北欧で発展したヒトのマネジメント … 50
1. サービスを対象とする北欧研究 … 50
2. グルンルースのインターナル・マーケティング … 52
3. 小 括 … 54
第4節 サービス社会のヒトのマネジメントへ向けて … 54
1. 従業員の捉え方 … 54
2. 内発的動機づけ … 55
3. サーバント・リーダーシップ … 56
4. 小 括 … 57
第5節 おわりに … 57

第5章 モノのマネジメント ── 59
―価値共創を軸とした商品開発―

第1節 はじめに … 59
第2節 伝統的モノづくりとその課題 … 60
1. 伝統的マーケティング … 60
2. 伝統的商品開発のマネジメント … 61
3. 商品のコモディティ化とその対応 … 62
第3節 製造業のサービス化 … 63

1. 製造業のサービス化研究……………………………………………63
　　2. サービス化の解釈の流れとその効果………………………………64
　　3. サービス化を行うための企業組織と文化…………………………65
　第4節　サービス社会における商品の役割と商品開発………………65
　　1. サービス社会における商品の役割…………………………………65
　　2. サービス社会における商品開発……………………………………66
　第5節　おわりに……………………………………………………………68

第6章　カネのマネジメント——————————————71
　　　　　—資金調達と運用—
　第1節　はじめに……………………………………………………………71
　第2節　「従来型のファイナンス」によるカネのマネジメント……73
　　1. 企業と資金提供者の関係性…………………………………………74
　　2. 中小企業と大企業による資金調達の違い…………………………74
　　3. 大企業による資金運用の増減………………………………………76
　第3節　ICTによる金融サービスの新たな出現と可能性……………77
　　1. フィンテック…………………………………………………………77
　　2. 企業の価値創造の促進………………………………………………78
　第4節　サービス社会におけるカネのマネジメント…………………79
　　1. クラウドファンディングの分類……………………………………79
　　2. 従来型とサービス社会におけるファイナンスの違い……………80
　　3. クラウドファンディングの課題……………………………………82
　第5節　おわりに……………………………………………………………82

第7章　情報のマネジメント——————————————85
　　　　　—生活世界の顧客情報収集と分析—
　第1節　はじめに……………………………………………………………85
　第2節　企業活動における経営資源の位置づけ………………………86

1. 戦略としての資源……………………………………………86
　　2. 知識創造としての資源………………………………………88
　　3. 小　　括………………………………………………………89
　第3節　情報資源がもたらすサービス社会との接続……………89
　　　　　──サービス社会における顧客と顧客情報──
　第4節　生活世界の顧客情報がもたらす企業活動への変化……91
　　1. 顧客情報の変遷………………………………………………91
　　2. 顧客情報がもたらす企業活動の変化………………………93
　第5節　おわりに……………………………………………………95

第8章　組織のマネジメント ────────── 97
　　　　　──価値共創を支える組織とは何か──

　第1節　はじめに……………………………………………………97
　第2節　北米の伝統的マーケティングの組織論…………………98
　　　　　──志向論で編成された組織──
　　1. マーケティング・マネジメントの組織論…………………98
　　2. 戦略的マーケティングの組織論……………………………99
　　3. 小　　括………………………………………………………99
　第3節　北欧のサービス・マーケティングの組織論……………101
　　1. 経営理念と文化………………………………………………101
　　2. サービス志向的組織…………………………………………101
　　3. サービス・システム・モデル………………………………102
　　4. 全社で行うマーケティング活動：管理型から支援型組織へ……104
　　5. 小　　括………………………………………………………105
　第4節　サービス社会の組織のマネジメント……………………105
　　　　　──価値共創を支える組織──
　　1. サービス組織への変革………………………………………105
　　2. サービス組織のリーダー……………………………………106
　　3. サービス社会の組織能力……………………………………107

4. 小　　括……………………………………………………108
　第5節　おわりに………………………………………………109

第9章　顧客関係のマネジメント ━━━━━━━━━━━ 111
　　　　　―直接的顧客関係，顧客関係の構築と維持―
　第1節　はじめに…………………………………………………111
　第2節　製品中心の顧客関係の捉え方…………………………112
　　　1. 顧客満足度，コミットメント，ロイヤリティの概念………112
　　　2. 顧客満足，コミットメント，ロイヤリティの関連性…………114
　　　3. 製品中心の顧客関係の捉え方の限界…………………115
　第3節　サービスと顧客関係……………………………………116
　　　1. 顧客関係マネジメントのゴールと本質…………………116
　　　2. 相互作用と直接的顧客関係……………………………118
　第4節　直接的顧客関係のマネジメント…………………………118
　　　1. 顧客関係における4階層モデル…………………………119
　　　2. 4階層モデルにおける顧客関係マネジメント……………120
　第5節　おわりに…………………………………………………121

第10章　企業間関係のマネジメント ━━━━━━━━━━ 124
　　　　　―サプライヤー関係における新たな価値創造―
　第1節　はじめに…………………………………………………124
　第2節　サプライヤー関係をめぐる議論…………………………125
　　　　　―関係レントを中心に―
　　　1. サプライヤー関係における関係レント……………………125
　　　2. サプライヤー関係における相互作用とS-Dロジック………127
　第3節　工業社会におけるサプライヤー関係……………………128
　　　1. サプライヤー関係の特徴…………………………………128
　　　2. サプライヤー関係におけるサプライヤーの能力構築………129

第4節　サービス社会におけるサプライヤー関係……………………131
　　1．社会を組み込んだサプライヤー関係：B to B to C…………131
　　2．工業社会からサービス社会へのサプライヤー関係の変容………133
　第5節　おわりに……………………………………………………133

第11章　社会関係のマネジメント ─────────── 137
　　　　　　─ステイクホルダーの構築と維持─
　第1節　はじめに……………………………………………………137
　　　　　　─座標軸としてのステイクホルダー─
　第2節　企業を取り巻く社会とステイクホルダー………………138
　　1．ステイクホルダーの実体……………………………………138
　　2．企業との関連性………………………………………………140
　第3節　ステイクホルダーのマネジメント………………………141
　　1．ステイクホルダーの分類……………………………………141
　　2．マネジメントの概要…………………………………………143
　　3．最終目的としての持続的成長………………………………144
　第4節　コーポレート・コミュニケーションの視点……………145
　第5節　おわりに……………………………………………………147

第Ⅲ部　展　開　編

第12章　サービス社会におけるチェーン組織の変容 ─── 150
　第1節　はじめに……………………………………………………150
　第2節　チェーンストアとチェーン組織…………………………150
　　1．チェーンストアとは…………………………………………151
　　2．チェーン組織とは……………………………………………151

3. チェーン組織の強みと弱み……………………………………152
　　4. 意思決定にみるチェーン組織の2つのタイプ………………152
　　5. 小　　括……………………………………………………………155
　第3節　現場主導型チェーン組織とは…………………………………156
　　1. サービスによる成果の獲得へ……………………………………156
　　2. 顧客の意思と能力…………………………………………………156
　　3. 権限の委譲…………………………………………………………158
　第4節　サービス社会におけるチェーン組織のマネジメント………159
　　1. 新たな全体最適へ…………………………………………………160
　　2. サービスにおける高次の目的の創造……………………………160
　　3. 顧客とともに歩むチェーン組織の構築…………………………162
　第5節　おわりに…………………………………………………………163

第13章　サービス社会における企業内外の資源統合 ── 165

　第1節　はじめに…………………………………………………………165
　第2節　企業側に立脚した生産段階における資源統合………………166
　　1. 資源ベース理論の成立と発展……………………………………166
　　2. 資源ベース理論における資源統合………………………………167
　第3節　顧客側に立脚した消費プロセスにおける資源統合…………168
　第4節　サービス化と企業内外における資源統合の研究……………170
　　1. 経営学とマーケティング研究における資源ベース理論の
　　　応用研究……………………………………………………………171
　　2. 企業内外における資源統合………………………………………172
　　3. サービス社会における資源統合…………………………………173
　第5節　おわりに…………………………………………………………174

第14章　サービス社会における総合商社 ─────177

- 第1節　はじめに……………………………………………………177
- 第2節　総合商社とサービス事業…………………………………179
  - 1. 総合商社機能の本質……………………………………………179
  - 2. 元々あったサービス事業の要素………………………………179
- 第3節　社会のサービス化と総合商社……………………………180
  - 1. 収益モデルの変化………………………………………………180
  - 2. 既存事業の周辺におけるサービス事業の展開………………181
  - 3. 三菱商事の事業経営へのシフト………………………………182
- 第4節　サービスを取引対象とする事業の展開…………………184
  - 1. 新しいサービス事業……………………………………………184
  - 2. 医療関連ビジネスの国際展開…………………………………185
  - 3. サービス社会に対応する総合商社……………………………187
- 第5節　おわりに……………………………………………………188

第15章　サービス社会における日本企業の営業 ─────190

- 第1節　はじめに……………………………………………………190
- 第2節　マーケティングと営業概念………………………………191
- 第3節　サービス社会への転換と営業……………………………194
  - 1. 営業と顧客との関連性…………………………………………194
  - 2. 企業主導型営業の限界…………………………………………195
- 第4節　サービス社会における価値共創型営業…………………197
- 第5節　おわりに……………………………………………………201

第16章　サービス社会におけるCtoCコミュニティ ─────204

- 第1節　はじめに……………………………………………………204

第2節　C to C コミュニティとは何か………………………………204
　　1．コミュニティとは何か：伝統的コミュニティから
　　　　ネット・コミュニティへ……………………………………205
　　2．C to C コミュニティの特徴………………………………206
　　3．C to C コミュニティの成長・維持メカニズム……………207
　第3節　ICT の発達と C to C コミュニティの機能…………………207
　　1．ICT の発達と C to C コミュニティの変容………………208
　　2．C to C コミュニティの類型………………………………209
　第4節　サービス社会と C to C コミュニティ………………………211
　　　　　―サービス化が与えた影響―
　　1．サービス社会と C to C コミュニティ……………………211
　　2．C to C コミュニティと企業の関係………………………212
　第5節　おわりに…………………………………………………………213

第17章　サービス社会における地方創生 ―――― 216
　　　　　―DMO を事例として―
　第1節　はじめに…………………………………………………………216
　第2節　地方創生の今日的課題…………………………………………217
　第3節　地域観光事業と DMO…………………………………………219
　第4節　サービス社会に適合した DMO の経営の実際………………222
　　1．DMO 事例「麒麟のまち観光局」概要……………………222
　　2．DMO が進めるインターナル・マーケティング…………223
　　3．地域間連携にみられる相互作用……………………………226
　第5節　おわりに…………………………………………………………227

第18章　サービス社会と消費文化理論 ―――――― 230
　第1節　はじめに…………………………………………………………230

第2節　CCT誕生までの潮流……………………………………231
　第3節　CCTの研究領域…………………………………………232
　　1．消費者のアイデンティティ…………………………………235
　　2．市場文化………………………………………………………235
　　3．消費の社会歴史的な構造……………………………………236
　　4．市場のイデオロギーと消費者の解釈………………………236
　第4節　Arnouldの所論……………………………………………237
　　1．消費者側の資源………………………………………………237
　　2．企業・消費者間の共同生産…………………………………238
　　3　CCT研究とマーケティング研究の関係……………………239
　第5節　おわりに……………………………………………………240

索　　引———————————————————————243

第Ⅰ部

総論編

第1章

サービス社会とは何か

第1節　はじめに

　20世紀を支配的に特徴づけたのが工業社会であったことに異論はないだろう。そして,「脱」工業社会としていわれたのが,いわゆる情報社会と呼ばれるものであった。
　しかし,そこにおいて重要なことは,情報化がわれわれの社会をどのように変えるか（変えたか）という点にある。
　21世紀の今日,日々の生活を見渡すなら,情報化の進展によって,われわれはより便利な社会を手にすることになった。とりわけ,企業と消費者・顧客との関係に焦点をあてるなら,情報化は両者の直接的な関係構築を可能にし,企業と消費者・顧客はインターネットによって,常時,繋がることができるようになった。
　こうした今日的な状況は,これまでのような工業社会とは,極めて対称的であると同時に,繋がりが可能になったことで,企業・顧客関係は大きく変わることになる。端的にいうなら,情報化は顧客に対するサービス提供によって顧客を主導させる方向に企業を向かわせつつある。ここでは,こうした情報化がもたらした新たな関係に基づく社会を「サービス社会」と呼び,これまでの工業社会と対比させつつ,サービス社会とは何かを浮き彫りにする。そして,サービス社会の基盤となる論理を示すとともに,企業の役割,マーケティング研究と経営学との関係についても言及する。

第2節　工業社会からサービス社会への転換

1. 工業社会の本質

　いわゆる産業革命を経て工業社会への進展が図られたことはいうまでもないが、とりわけ、20世紀は工業社会そのものであった。その契機となったのがフォード・システムにみられるような大量生産体制の確立であり、それがなされたのが、まさに20世紀の初頭であった。そして、大量生産の仕組みから膨大なまでの工業製品が生み出され、人々の生活を豊かにした。

　ところで、この大量生産の仕組みが規模の経済性を追求するものであったことはいうまでもない。モノが豊かな生活の基盤となる時代にあって、人々が求めたのは、まずは「同じモノ」であったのであり、そのことは企業による規模の経済性の取り込みを容易にした。即ち、製品を標準化・画一化することで製造業は規模の経済性を獲得することができたからである。さらに、そうした消費者ニーズは、塊として大きく、また、その変化も比較的遅かったことが製造業による規模の経済性の取り込みを一層促進していった。

　とはいえ、そこにおける企業と消費者は離れた関係にあり、企業は如何に消費者に近づき、消費者を知るかが大きな課題であった。そこで、製造業はマーケティングの理論および手法を多用することになった。つまり、たとえ消費者ニーズの規模が大きく、そして、標準的、画一的、長期的なものであったとしても、まずは、リサーチ等により、消費者ニーズそのものが一体どのようなものかを明らかにする必要があったのであり、それを的確に研究開発や生産に反映させることは製造業にとって極めて重要なことであった。そして、こうした一連のマーケティングを通じて製造業は市場でのより良い取引を成就したのである。

　ところで、この市場取引は主体が互いに利己的であることで需給が調整され、社会全体の利益が得られるという考え方のもとで行われる。つまり、周知のように、アダム・スミスのいう「神の見えざる手」によって導かれるのである。ここでは、社会が売り手と買い手、言い換えれば、企業と消費者に利己的

行動を求めているということに留意しておきたい。そして，明らかなことは，そうした利己的行動の多くは短期的な視点から行われるということである。何故なら，市場取引の最適解は，その時々において異なっており，そのことが企業と消費者に短期的行動を促すことになったからである。

　何れにせよ，こうして製造業は工業社会にあって重要な位置を占めるに至ったが，他方，それは同時に商業・流通業の成長を促すことでもあった。というのも，大量の工業製品は，それが円滑に流通し，確実に消費者の手元まで届くことが必要であったが，その大量流通の担い手となったのが実は商業なのであり，具体的にはスーパーという新たな業態である。小売業は，もともと小規模分散立地を旨としており，規模の経済性を取り込むことは難しいと考えられてきたが，スーパーは，チェーン・オペレーションという手法によって巧みにその課題を克服した。

　いうまでもなく，小売業の主たる業務は仕入と販売にあるが，チェーン・オペレーションは，それらを分離して行うことで規模の経済性を確保するものである。具体的には，仕入については本部一括集中大量仕入れを行い，販売についてはこれまで通り，消費者が居住する場所に分散的に立地し，たとえ各店舗の販売が少量であっても，スーパー全体としては大量販売を実現する。こうしてスーパーは規模の経済性を発揮することで，巨大化し，大きな成長を成し遂げていった。言い換えれば，チェーン・オペレーションの考え方を経営に導入したスーパーにあって，多店舗での展開はいわば宿命的なものであったといえる。そして，物流を含むこうした大量流通体制の進展は，金融・保険といった補助的流通の発達も同時に促していった。

　このように工業社会では，生産も流通も規模の経済性を取り込み，いわゆる大量生産・大量流通体制の構築に成功したのであるが，それを支えたのは，「大量消費」の存在である。そして，この受け皿としての大量消費は，モノに溢れる豊かな社会への到達を促進した。

　しかし，一方でこうした動きはますます生産，あるいは企業のパワーを強化させることになり，消費の側としては広義の生産に対する拮抗力（Galbreith[1952]）として消費者運動を生起させ，また，消費者主義思想ともいえるコンシューマリズムを生んだことに注目したい。そして，それらがいわゆる消費者主権の確立を意図するという考え方に基づくものであることを忘れてはならない。とはいえ，現実としては，企業からの働きかけによって欲望が作られ，消

費が生産に依存してしまっているとする依存効果（Galbreith［1958］）という概念が示されたことからもわかるように，相対的に生産，あるいは企業のパワーは非常に大きなものがあった。

　そして，確認すべきことは，こうした消費者主権が市場における消費者の主権を想定し，依存効果も市場での購買に関わるものであったということである。また，この市場を舞台とした売り手である企業と買い手である消費者の攻防において，消費者が考えるような状況，即ち，消費者主権の確立に至るのは必ずしも容易ではなかったということである。

　しかし，後述するようなサービス社会が新たに示そうとする人間中心社会は，そうした市場ではなく生活世界こそがその舞台であり，そこでの主権が消費者・顧客／ヒト（人間）にあるとするものであることから，両者には極めて大きな違いがある。

　さて，話しを戻すなら，工業社会における大量生産・大量流通体制の確立は，同時に産業全体の第3次化を促すことでもあった。その結果，卸売業，小売業，輸送業，倉庫業，そして，金融，保険，さらには，不動産，旅行，宿泊，飲食，医療，福祉，情報通信といった多様なサービス業を含む第3次産業の就業者数や国内総生産（GDP）の比重は，農林水産業といった第1次産業，製造業や建設業を中心とした第2次産業のそれを上回り，さらには産業構造の上でも大きな地位を獲得するようになった。これをいわゆる経済のサービス化といい，それは急速な勢いで進展することとなった。そして，これまで第3次産業は第1次産業と第2次産業の残余として捉えられてきたことを考えるなら，それは，まさに隔世の感がある。また，近年，先進諸国における第3次産業の比重は70〜80％にまで達しており，さらに，新たなサービス業も加わり，ますます第3次産業の多様化がみられるようになった。

　但し，ここで指摘しておきたい点がある。それは，こうした産業，あるいは産業構造の捉え方は，あくまでもモノに焦点を置いたものだということである。いうなれば，資源を採取し（第1次），加工し（第2次），流通させる（第3次）場合の客体はモノそのものだからである。確かに，サービス経済とはいうが，そこで想定されているのは市場取引の俎上に載せるために敢えてモノ化されたサービスでしかない。したがって，後述するプロセスとしてのサービスとは明らかに意味を異にしている。

　そして，その工業社会も1990年代中頃からのインターネットの普及により，

情報社会への移行が指摘されるようになった。したがって，この情報社会という用語は，「脱」工業社会（Bell [1973]）を言い表すものの1つとなった。

2. 情報化とサービス社会

　これまでみてきたように，本章では情報化がもたらした新しい社会をサービス社会と呼ぶが，ここでその理由を明確に示すことにする。
　一般に「脱」工業社会の「脱」としてイメージされたのは，パソコンやインターネットの普及を背景とした急速な「情報化」の動きへの注目であり，そこから情報社会の到来ということが喧伝された。しかし，情報化は企業と顧客の直接的な繋がりを可能にし，企業による顧客へのサービス提供を容易にするのであり，そこにおける企業と顧客の関係は「サービス関係」と呼ぶことが相応しい。というのも，サービスを構成するのは与え手と受け手であるが，それを企業と顧客に置き換えるなら，企業による顧客へのサービス提供によって両者の関係が成立するが，そこでは企業による事前的なサービス提供は出来ず，あくまでもサービスの始動は顧客の意志に依存し，さらに，そこにおいて顧客が決める顧客にとっての価値が共創される。即ち，顧客が主導する企業との関係こそがサービス関係なのである。
　この点，工業社会では事前的な価値をもった製品を企業が強い意志を持ってあらかじめ生産していたということになる。言い換えれば，工業社会にあって製造業は事前にモノを生産するわけであるが，それも規模の経済性を取り込んだ生産システムによって大量に生産してしまう。しかし，そうした大量生産も大量販売に支えられてこそ意味がある。そこで製造業は自ら大量生産されたモノの「販売」に関心を持たざるを得なくなった。そして，当然といえばそうであるが，大量生産されたモノの後処理的な大量販売ではなく，大量生産すべきモノをあらかじめ決定し，その後，大量生産に入るというマーケティングの考え方に行き着くことになったのである。
　つまり，新しい社会における企業と顧客のサービス関係は顧客主導のもとにあるのであり，工業社会におけるそれとは極めて対称的なことなのである。そして，そうであれば，そのことを際立たせることが必要であり，本書では，敢えて情報社会ではなく，今日をサービス社会と呼ぶのである。
　そして，次に述べておきたいのは，このサービス社会は生活世界を舞台とす

る人間中心社会なのであり，そこでは主体的な消費者／顧客／ヒトが存在するということである．

　こうした主体的な消費者ということでいうなら，古くは Toffler［1980］によるプロシューマー（prosumer）がそうである．このプロシューマーは consumer（消費者）と producer（生産者）からなる造語であり，生産的消費者とも呼べるものである．工業社会にあって，これまで分離していた生産者と消費者が一緒になることを意味するが，典型的には生産に積極的に関与する消費者ということになる．

　また，アクティブ・コンシューマー（濱岡［2002］）も同じような概念といえる．そこでは，ただ単に受動的に企業の製品を選択・消費する消費者ではなく，製品開発への関与に見られるように創造的・能動的な消費者像が描き出されている．

　そして，今日，情報化の進展は企業と顧客の直接的な関係を深め，それは，モノがインターネットで繋がる IoT（Internet of Things）を遙かに超え，ヒトと繋がる IoH（Internet of Human）ともいえる状況にある．もちろん，この IoH にはインターネットを通じたヒトとヒトの直接的な繋がりも含まれ，今日，いわゆるネットコミュニティといわれるものが多く存在しており，企業のマーケティングに少なからず影響を与えている．そして，このことはサービスの本質が与え手ではなく受け手が主導するということを一層助長させることになる．

　さらに，企業によるサービス提供の時空間はモノの場合のように市場にあるのではなく，前述したようにヒトの生活世界にあり，そこに企業のマーケティングが入っていく（村松［2015］）．そして，それは企業と顧客のサービス関係に基づくサービスの提供であることから，われわれの社会は，ますます人間中心社会へと向かっていく．改めて考えるなら，もともとヒトが市場と関わるのは生活，人生の中で僅かな時間（ほんの一瞬）でしかなく，むしろ，市場とは関わりのない時空間で生活，人生の営みがある．言い換えれば，市場はヒトの生活，人生にとって単なる手段でしかない．さらに，ヒトはモノを求めて市場で企業と取引するが，その目的はモノの消費・使用を通じて豊かな生活，人生を送ることにある．

　この点，興味深いデータがある．内閣府の調査（『国民生活に関する世論調査』2017）によれば，人々が物より心の豊かさを重視するようになってから，すで

に40年余りが過ぎており，今日では，6割超の人々が心の豊かさを求めているという。そして，こうした心の豊かさが市場ではなく，人々の生活世界で満たされると考えるのはごく自然なことだろう。したがって，企業と顧客の関係は，市場ではなく，生活世界という新たな時空間において論じられる必要がある。言い換えれば，今日のサービス社会では，企業は生活世界で顧客にどのようなサービス提供を行うかが問われている。

しかし，それは，決して，モノの存在を否定しているわけではない。人々の関心がモノの所有ではなく使用に多くあるということであり，使用を通じて自身の生活，人生の価値を創造するようになったことを意味している。今日がシェア社会といわれる一因はそこにもある。むしろ，重要なことは，生活という時空間においてはヒトが中心になるということであり，それは，そのままサービス社会そのものを表しているということである。

第3節　サービス社会の論理

1. 文脈価値とオペラントな顧客

これまで，いわばモノ社会と対比されるべきサービス社会とは何かについて述べてきたが，そのことを踏まえつつ，本節ではそれがどのような論理に基づく社会であるかについて明らかにする。

さて，近年において，マーケティング研究，あるいはサービス研究に最も大きな影響を与えたのが Vargo and Lusch [2004] によって提唱された Service-Dominant logic（S-Dロジック）である。何故なら，これまで無形財として理解されてきたサービスをプロセスとして捉えたからであり，そこには，社会科学の他分野にも波及するほど大きな主張が含まれている。例えば，前述したように第1，2次産業以外の残余として見られてきたのがサービスであり，それを敢えてモノとして捉えることで市場取引の対象としてきた。つまり，そこにおいては，モノ（モノ化されたサービスを含む）とカネが交換される。しかし，S-Dロジックでは，サービスは，プロセスを通じたナレッジ・スキルの適用として理解されており，それ故に，サービスはサービスと交換されること

から，すべての経済はサービス経済ということになるという。

そして，このようにプロセスとしてサービスを捉えるなら，モノに規定された産業概念そのものが問い直されることが必要となり，この意味において，S-Dロジックは多くの研究領域に影響を与える可能性があるといえる。

このことを企業と顧客の関係に落とし込んで考えるなら，繰り返すまでもなく，両者はサービス関係にあり，企業は顧客にサービスを提供するが，そこにおいては相互作用関係にあるといえる。そして，このサービス・プロセスのゴールこそが顧客にとっての価値の創造にある。したがって，S-Dロジックの考え方において企業ではなく顧客が中心となるのは必然的なことなのである。そのことは以下の点において如実に表れている。

第一に，S-Dロジックはこれまでの交換価値と対比させる形で新たに文脈価値という考え方を示し，第二にオペランドではなくオペラントな存在として消費者・顧客を捉えたからである。

まずは文脈価値である。それがどのようなものかといえば，例えば，モノであれば市場取引後（交換後）の消費・使用段階で初めて生まれ，顧客が独自に判断する価値を文脈価値という。それは，これまで支配的であった交換価値とはまったく異なっている。交換価値は，いうまでもなく企業がその生産プロセスにおいて決めたものであり，市場で消費者に受け入れられるかどうかが課題であるが，より円滑に取引が行われるように企業は様々なマーケティングを展開する。こうした考え方は，経済学をベースに組み立てられてきたのがマーケティングであることを考えるなら，至極，当然なことといえる。これに対して，文脈価値は顧客の消費プロセスで創り出されるもので，企業は敢えてそこに入り込むことで顧客との共創に挑むことになる。しかし，文脈価値そのものを決めるのは企業ではなくあくまでも顧客である。即ち，これは先に述べたサービスの本質からもたらされる顧客が決める顧客にとっての価値にあたる。その意味からすれば，企業はそれを知ることは出来ず，サービス社会では，情報の非対称性ならぬ，「情報の逆非対称性」（村松［2011］）が成立しているといえる。

次にオペランドとオペラントの違いは，前者が働きかけられ，後者が働きかける，という意味から明らかなように，オペランドとしての顧客はまさに従属的で受動的な存在として位置づけられる。一方，オペラントとしての顧客というのは積極的に働きかけをする主体的，能動的な顧客のこという。したがっ

て，これまでの記述からすれば，それは，プロシューマー，アクティブ・コンシューマーのような存在ということになるが，これらが想定するのは生産やモノへの関与であり，オペラントとしての顧客とは必ずしも時空間が同じではない。

　ここでいうオペラントとしての顧客は，むしろ，Grönroos [2006] がService logic（Sロジック）を提示する中で示した価値創造者として捉えることができる。即ち，顧客は単独で価値を創造する価値創造者としてまずは理解される。しかし，それが叶わない場合は，企業をはじめとして，他からサービスの提供を受け，価値を共創する。言い換えるなら，自身のより豊かな生活，人生を創造していく。したがって，企業が顧客にサービス提供する時空間は，まさに顧客の生活世界そのものなのであり，前述したように，そこには主体的な消費者／顧客／ヒトが存在することから人間中心社会が成立することになる。

2. 消費者主権と人間中心社会

　そして，この人間中心社会ということからすれば次のことがいえる。つまり，これまで経済学，あるいは社会科学は長きに亘って，消費者主権ということを唱えてきたが，それにも関わらずそれが理念の提示に終わってきたのは，消費者主権が市場における消費者の主権を確立することを旨としてきたからである。

　しかし，サービス社会にあっては，サービスが受け手主導であることから，与え手の企業ではなく受け手のヒト＝人間が中心となり得る。本章が述べてきたサービス社会にあっては，市場における消費者主権ではなく，人々の生活世界という時空間で人間中心社会が成立するのである。こうしてヒトに焦点をあてるなら，前述したように，彼が自身の生活や人生の創造のために市場と関わるのは，ほんの一瞬でしかなく，さらに，市場でモノを購入するというのは目的ではなく手段でしかないということである。彼らが営む生活世界の主権はまさにヒト＝人間にあり，そこにいるのは，プロシューマー，アクティブ・コンシューマーを超えたオペラントな存在としてのヒトなのであり，企業が決める交換価値ではなくヒトが決めるヒトのための文脈価値が共創される。

　したがって，サービス社会において意図すべきは人間中心社会ということに

なるが，繰り返すなら，サービス関係という考え方の本質は受け手が主導することにあり，それは，オペラントな顧客，そして，文脈価値という考え方と極めて整合的であるといえる。

3. 市場と生活世界の関係

そこで次に，これまで述べてきたことを，市場と生活世界の違いを企業と顧客の行動という視点から描くとともに両者の関係についても明らかにする。

顧客であるヒトは，自身の生活・人生の創造者であり，何らかの価値を創造する主体者として捉えられることから，前述したようにヒトは価値創造者（Grönroos[2006]）である。即ち，ヒトはナレッジ・スキルの適用を意味するサービス（Vargo and Lusch[2004]）を自身に提供することで新たな生活・人生（言い換えれば，価値）を創り出す存在である。そして，価値創造に際して，自身のナレッジ・スキルが不足する場合，他者からのサービス提供を受けることで価値創造を成し遂げるのであり，これを価値共創とすることで，単独での価値創造と区別することができる。ここに他者とは，友人・知人，家族，企業等が考えられ，価値共創におけるサービスは，これまで述べてきたように，受け手主導のもとで与え手によって提供されるが，それは受け手と与え手による直接的な相互作用を内実としており，その時空間は市場ではなく顧客の生活世界そのものにある。そして，両者の相互作用から顧客によっての価値が共創される。この意味で，与え手は受け手に対して利他的なのである。即ち，ヒトが中心となる生活世界におけるサービスは，他者による利他的行動のもとでヒトはそれを享受するのであり，さらに，それは相互作用のもとで行われることから，一定の時間軸を持っているということに留意したい。

図表1-1 市場と生活世界における企業と顧客

市　場		生活世界
企業と顧客は「利己的」	利得性	企業は顧客に「利他的」（利他的利己主義）
企業と顧客は「短期的」	時間軸	企業は顧客に「長期的」
企業と顧客は「対峙的」	関係性	企業と顧客は「支援・被支援的」
交換価値	価　値	文脈価値

出所：筆者作成。

このように受け手が主導というサービスの本質からすれば，企業と顧客は支援・被支援関係（村松［2017］）にあり，そのもとで企業による利他的行動がとられるが，先に述べたように，こうした関係をサービス関係にあるという。
　但し，ここで確認したいことがある。それは，利己と利他をどのように考えるかである。一般に，両者は対照的なものとして理解され，それ故，行動主体も二者択一的にどちらかに類型化されることが多い。しかし，われわれ人間がそうであるように100％利己，あるいは利他というわけではない。両方を同時に持ち合わせているというのが現実であり，その時々において配分が違い，多い方に色づけられるだけのことである。そして，こうした考え方は，サービス社会における企業にも当てはまる。即ち，サービスの与え手である企業は，生活世界で受け手である顧客へのサービス提供という利他的行動によって利潤機会を得るのである。それは，市場で顧客と利己を巡って対峙する企業とはまったく異なるものである。その意味で，生活世界における企業は顧客への利他を通じた利己なのであり，これを利他的利己主義ということができる。
　そして，前述したように，これまでの議論を踏まえるなら，企業と顧客にあっては常に顧客が被支援，そして，企業が支援という立場にあり，そのことは，文脈価値が支配するサービス社会が人間中心社会であることと整合的である。
　ところで，こうしたサービス提供による価値創造，あるいは価値共創がモノを伴って行われる場合，何らかの方法でモノを獲得する必要がある。その1つの手段として，市場を通じてモノを購入することが出来るが，まさに効率性が担保されているのが市場であり，サービスの当事者は単独，あるいは共同で市場から安くモノを手に入れることができる。さらに，これも市場経由ということになるが，企業と顧客が共同でモノを開発することもできる。
　このように，サービスは生活世界で行われるが，モノは市場によって提供されるのであり，生活世界と市場は共になくてはならない補完的な関係にある。
　最後に，以上のことを要約するなら，生活世界で企業と顧客はサービス関係という支援・被支援関係にあり，企業による利他的行動（顧客支援）が長期的視点から行われる。一方，市場では企業と顧客が対峙関係にあり，そこにおける両者の行動は利己的・短期的なものといえる。そして，生活世界の企業と顧客を先行的に考えるなら，両者はサービス関係の構築と維持のために時として市場に関わるということになる。

第4節　新たな企業，そして，マーケティング研究と経営学の関係

1. サービス社会における企業

　それでは，サービス社会における企業はどのようものとなるか。ここで新しい企業像を示すのは，工業社会とサービス社会で企業の役割が明らかに異なるからである。端的にいえば，サービス社会では，すべての企業がサービス企業となる。

　さて，モノの豊かさが求められた工業社会では，企業は市場でのモノの交換価値を高めるために入念なリサーチや観測を行い，明らかになった消費者ニーズに基づき，それに見合う製品を開発し，大量生産した上で，顧客との市場取引に臨んだ。即ち，如何にしてモノの事前的な交換価値を高めるか，また，規模の経済性を如何にして獲得するか企業の課題であった。

　しかし，サービス社会においては，市場ではなく顧客の生活世界で創造，共創される文脈価値に焦点が当てられる。したがって，企業の在り方も当然ながら変わってくる。即ち，企業は市場を超えて顧客の生活世界に入り込み，顧客と文脈価値を共創することが求められる。そして，さらに，生活世界での顧客との価値共創を起点として企業の仕組みを改めて考える必要がある。そこで以下，製造企業，小売企業，サービス企業を取り上げ，新たな企業像を具体的に示していく。

　まず最初に，モノづくりを旨としてきた製造企業は，これまでのようにより良い市場取引の完遂だけでなく，自社製品が顧客によって消費・使用された段階に入り込み，顧客と文脈価値の共創に挑むことが重要である。これは，アフターサービスと呼ばれてきたものと同じではない。アフターサービスは，買って貰った状態にモノを戻すためのものであり，そこから新たな価値が生まれるわけではない。そして，この入り込みは，リアルとネットの2つの方法があり，また，それらを組合せることもできる。

　しかし，すべての企業がサービス企業という視点から考えるなら，こうした製造企業もさらにその思考を進める必要がある。即ち，一度，モノづくりから

離れて企業の仕組みを考えることが重要となる。どういうことかといえば，顧客との接点を生活世界において持ち，そこで顧客とサービス関係を構築し，顧客にサービス提供する。これこそがサービス企業である。そして，その際にモノを伴うのであれば，モノへの関与を考えることになる。モノへの関与は，市場で顧客と共同選択する場合，顧客と共同開発する場合との２つがあり，その取り組み如何によって当該企業の仕組みが決まるのである。即ち，サービス企業としてサービス事業だけに留まるか，小売事業，そして，製造事業まで遡って垂直統合した企業となるかである。

　次に，小売企業の場合はどうか。これまでの小売企業は，工業社会の中で製造企業のモノづくりを反映して，モノを軸としたビジネスを行ってきた。例えば，「品揃え」は小売企業にとって重要課題であったといえるが，良い品揃えは仕入を通じてなされ，販売によって完遂する。言い換えれば，常にモノがビジネスの仕組みを規定していた。そして，本来的に小売企業が持ち合わせてきた顧客との接点を極力減らしてきたのがスーパーという業態であり，それが工業社会に広く受け入れられたのはいうまでもない。しかし，サービス社会にあって，小売企業は，その接点をどのように活かすかが問われている。具体的にいうなら，これまで顧客接点は販売のためのものであったが，今後は，顧客に購買して貰ったあとの消費プロセスに入り込み，顧客と共創するために利用されることが求められる。即ち，自社で販売した商品であれば，その消費・使用段階でのサービス提供を通じて顧客と価値を共創することになる。しかし，このサービス提供による価値共創を起点とするなら，先の製造企業の場合で説明したように，サービス提供に伴うモノへの関与という点で小売事業，製造事業の内部化が起こり，最終的な企業の仕組みが決まる。

　最後が，サービス企業である。これまでサービス企業はサービスをモノとして捉え，市場取引に臨んできた。しかし，これからのサービス企業は顧客の生活世界でプロセスとしてのサービスを提供していくことになる。言い換えれば，すべての企業の基本モデルがここにあり，すべての企業がサービス企業として存在する。したがって，サービス企業と称するのであれば，すべての企業はプロセスとしてサービスを扱っているかが問われることになる。そして，その際にモノを伴う場合は，サービス企業として，小売事業，製造事業の内部化といった選択が起こり，企業の仕組みが決まることになる。

　以上において共通するのは，まずは，サービス関係という形で顧客との関係

が生活世界で構築されるということであり，それ故に，すべての企業がサービス企業なのであり，その後のモノとの関わり方によって，企業の仕組みは様々なものへと変わっていくことになるが，それは，サービス企業におけるオプションといえる．

2．マーケティング研究と経営学

そして，新しい企業の理論的バックボーンとなるのがマーケティング研究と経営学であると考えられるが，両者の新たな関係はどのようなものとなるか．

ここで，経営学の起こりを科学的管理について言及した Taylor［1911］に求めるとするなら，それは，極めて内部志向の経営学であった．というのも，そこでの課題は，工場の内部管理にあったのであり，作業環境を変えることで如何にして生産性を高めるかにあった．ここに経営学の本質がある．一方，同時期に市場流通の問題を Shaw［1915］が扱ったことは大変興味深い．彼は生産された製品を所与とし，それを如何にして流通させ，そして，最終消費者にまで到達させるかを研究課題として扱った．その意味でマーケティングは外部志向であった．しかし，すでに作られてしまった製品から始まる考え方は，マーケティングの理論および実践において比較的早い時期に転換を迫られた．それがマーケティングによる生産すべき製品への関与である．即ち，市場取引のリスクを減らすには，マーケティング・リサーチによって明らかにされた消費者ニーズに適合する製品を生産すべきだということになる．したがって，マーケティングは生産に先行するのであり，このことからも外部志向の発想を持つものがマーケティングということになる．

周知のように，21世紀の工業社会にあって，マーケティングがマネジメントとして体系化される契機となったのが Howard［1957］である．その後，マーケティング研究は，マーケティングに導かれた製品の研究開発，生産，販売を中軸とした企業活動，言い換えれば，外部志向のマーケティングの理論的・実践的な枠組が確立し，さらに，内部志向をもって生まれた経営学とが相俟って，人々に物の豊かさで満たされた社会を提供することになった．

そして，今日の情報技術に彩られたサービス社会においては，外部志向のマーケティングは，市場を超え，顧客（消費者）の生活世界に到達した．即ち，インターネットを介し，生活世界で顧客（消費者）と繋がることで，サー

ビス提供者である企業は価値創造者たる顧客（消費者）の生活・人生の創造に共創的に関わることとなった。それは，前述したように，生活世界で顧客とのサービス関係を構築することから企業が形づくられていくのであり，さらに，顧客とのサービス関係の変化に企業は適応していく。その意味で，サービス社会にあっては，外部志向のマーケティング研究が先行し，内部志向の経営学が後行することになる。そして，今日，新しいマーケティングは，その起点および時空間を市場から生活世界に移すことで「消費プロセスで直接的相互作用によるサービス提供を通じた顧客との共創によって文脈価値を高めるマーケティング」（村松［2017］）として理解され，研究されるようになった。

第5節　おわりに

　そこで最後に，本章で述べてきたことを振り返るなら，次のようになる。まず，情報化を背景としつつも，それが具体的に可能にする社会とは何かを明らかにした。

　即ち，情報化は，企業と顧客を直接的に結び付けるが，そこにおける顧客はもはや主体的・能動的な存在であり，企業は顧客にサービス提供を通じて，彼らの人生・生活の創造・共創を支援することになる。そこで本章では，こうした社会を情報社会ではなく，敢えてサービス社会と呼んだ。それは，サービスが経済システムの中軸である市場ではなく，顧客の生活世界という社会システムのもとで相互作用的に提供されることをより明確に示すためでもあった。とはいえ，モノを最も効率的に生み出すのは経済システムであり，このことから，両者は補完関係にあり，社会システムのもとで経済システムは連動することになる。

　そして，サービス社会のもとではすべての企業がまずはサービス企業であることが求められるが，顧客の生活世界に入り込み，相互作用による顧客支援の理論的基盤を与えるマーケティング研究の先行的な展開がますます重要となる。さらに，そこから見えてくる人間中心社会の到来は，ヒトをより自由にさせることになるが，そのことは同時に，これからの社会のあるべき姿にヒトが大きな責任を負うことでもある。

［参考文献］

Bell, D.［1973］*The Coming of Post-Industrial Society：A Venture in Social Forecasting*, Basic Books.（内田忠夫ほか訳［1975］『脱工業社会の到来—社会予測の一つの試み（上・下）』ダイヤモンド社。）

Galbraith, J. K.［1952］*American Capitalism:the Concept of Countervailing Power*, Houghton Mifflin Co.（藤瀬五郎訳［1955］『アメリカの資本主義』時事通信社。）

──────［1958］*The Affluent Society*, Houghton Mifflin Co.（鈴木哲太郎訳［1960］『豊かな社会』岩波書店。）

Grönroos, C.［2006］"Adopting a Service Logic for Marketing," *Marketing Theory*, Vol.6,No.4, pp.317-333.

Howard, J. A.［1957］*Marketing Management:Analysis and Decision*, Richard D. Irwin.（田島義博訳［1960］『経営者のためのマーケティング・マネジメント その分析と決定』建帛社。）

Shaw, A. W.［1915］*Some Problems in Market Distribution*,Harvard University Press.（伊藤康雄・水野裕正訳［1975］『市場配給の若干の問題点』文眞堂，丹下博文訳［1992］『市場流通に関する諸問題』白桃書房。）

Taylor, F. W.［1911］*The Principles of Scientific Management*, Harper & Brothers Pub.（上野陽一訳・編［1969］『科学的管理法〈新版〉』産業能率短期大学出版部。）

Tofller, A.［1980］*The Third Wave*, Bantam Books.（徳岡孝夫監訳［1982］『第三の波』中央公論社。）

Vargo. S. L. and R. F. Lusch［2004］"Evolving to a New Dominant Logic for Marketing," *Journal of Marketing*, Vol.68, No.1, pp.1-17.

濱岡 豊［2002］「アクティブ・コンシューマーを理解する」『一橋ビジネスレビュー』Vol.50, No.3, 40-55頁。

村松潤一［2011］「サービス・ドミナント・ロジックのマーケティング理論構築への示唆」明治大学経営品質科学研究所編『経営品質科学の研究—企業活動のクオリティを科学する』中央経済社，143-148頁。

──────［2015］「価値共創の論理とマーケティング研究との接続」村松潤一編著『価値共創とマーケティング論』同文舘出版，129-149頁。

──────［2017］「価値共創マーケティングの対象領域と理論的基盤— サービスを基軸とした新たなマーケティング—」『マーケティングジャーナル』Vol.37, No.2,6-24頁。

（村松潤一）

第 2 章

サービス社会における消費者と価値創造

第 1 節　はじめに

　前章では，サービス社会や，その社会における企業と顧客の関係などについて議論してきた。そこで述べたように，サービス社会での企業の役割とは，消費者や顧客への支援となる。例えば，これまでのシューズメーカーの役割は，高品質のシューズを生産し販売することが中心であった。しかし，あるシューズメーカーは，ランニングアプリを介して顧客のランニング状況を把握・蓄積し，それぞれの顧客の能力や意欲に応じた個別の練習メニューを提案するといった取り組みを始めている。このような企業の活動は，シューズ生産という従来のシューズメーカーの枠を超えて，ランナーである顧客を支援する取り組みであると考えたほうが良いであろう。

　また，サービス社会では，情報化の進展によって企業と消費者，消費者同士が繋がることが容易となり消費者が主役となる。あるブランドのファンたちはソーシャル・ネットワーキング・サービス（SNS）を活用しながら，そのブランドに対する思いを投稿したり情報を共有したりすることを楽しんでおり，企業も積極的に SNS に関与しているという。もちろん，SNS 等のインターネット上の限られた世界だけでなく，あらゆる消費者たちが，現実世界において，自身の生活を豊かにするために色々な活動に従事している。仕事を生きがいとするビジネスマンもいれば，友人との旅行といった余暇や趣味に幸せを感じる人もいるであろう。したがって，私たち消費者（人間）は，何かしらの価値を

創造しているといえるかもしれない。サービス社会を理解する上で，消費者および価値創造は重要なキーワードとなる。

　では，サービス社会における消費者と価値創造の関係をどのように理解すれば良いのであろうか。そこで，本章の目的を，サービス社会における消費者と価値創造との関係を明らかにすることとする。具体的には「誰が」「いつ」「どこで」「どのように」「どんな」価値を創造するのかについて考えていく。

　本章の構成は以下の通りである。次節では，消費者や消費者行動を捉える枠組みについて簡単に整理する。続く第3節では，価値創造の主体が企業から消費者へ移行していることを確認する。さらに，第4節では，消費者と価値創造の関係について詳しく議論し，最後に本章をまとめる。

第2節　消費者行動を捉える枠組み

　本節では，マーケティング領域における消費者行動研究の主な焦点や特徴について整理する。最初に消費者行動の分類について確認した上で，これまでの消費者行動研究の問題点について述べる。

1. 消費者行動の分類

　消費者行動に関する定義はいくつかあるが，消費者行動とは，個人ないしは集団がニーズや欲望を満たすために財・アイディア・経験を選択し，購買し，または廃棄することに関わるプロセス（Solomon [2013]）である。Blackwell et al. [2005] は，人々が製品やサービスを取得し，消費し，処分する際に従事する諸活動と定義する。これらの定義に共通するのは，消費者が何かを購入する際の，購買前，購入，購買後（消費）の活動を含む点である。消費者行動は大きく購買行動と消費行動に分けることができる（図表2-1参照）。

(1) 購買行動

　広義の購買行動は，消費者が，何を，どこで，どのように購買するのかを選択・決定し調達する一連のプロセスとなる。さらに，そのプロセスは，①問題認識，②情報探索，③選択肢評価，④購買からなる。問題認識とは，消費者

図表 2-1　消費者行動の分類

出所：杉本編著［2012］，井上［2012］を参考に筆者作成。

が，欲求や問題を認識した際，それを充足したり解決したりするために，ある製品やサービスを購入しようと考える段階である。この段階には，問題認識だけでなく，それをいかに解決するかというプランの構築も含まれる。情報探索とは，購入する製品を決定するための情報を収集することである。消費者は，これまでの自分自身の経験を参照したり（内的情報探索），他者などから得ることができる情報を利用したりする（外的情報探索）。選択肢評価とは，情報探索から得られた色々な情報を利用し選択肢を考え，問題を解決するために一番適している選択肢はどれなのか，といった観点から総合的に選択肢を評価することである。そして，その評価結果にもとづいて，最終的にどの選択肢を購買するかを決定し購入する。

(2)　消費行動

消費者の行動は，製品やサービスを購入することで終わるわけではなく，それらを実際に使用・消費し，廃棄・処分することで完了する。製品の場合は，購買を使用するための準備段階と捉えることもできる。その使用は，廃棄・処分するまで続くことになる。これに対して，レストランでの食事のようなサービスの場合は，購買と使用（消費）が同時に行われることとなる。

2.　消費者行動研究の問題点

消費者行動研究の領域においては，購買行動に注目する研究が多く，消費行動について，ほとんど取り上げてこなかった（堀内［2001］）。「人々はなぜ購買するのか」という購買動機や「どのように購買するのか」という購買行動の問題，購入時における消費者と製品の相互作用が，多くの研究の中心的テーマと

なっている。堀内［2001］は「「消費者行動研究＝消費者の購買行動研究」であるかのように，購買に関する研究が積み重ねられてきた」（9頁）と指摘する。特に，購買過程におけるブランドの選択行動に関しては，多くの研究蓄積がある（青木［2010］；阿部［2013］；Solomon［2013］）。なぜなら，これまでのマーケティングの学問および実務では，製品の交換（購買）を目標とするメーカーのマーケティング活動に主な研究関心が向けられてきたからである。

井上［2012］は「①購買行動と消費行動を区別していない。②暗黙裡に購買行動に力点を置いている。③購買行動を経済行動として把握している。④問題認識あるいは情報の入手から購買に至るまでのプロセスに力点を置いている。⑤購買後の消費活動そのものに力点が置かれていない。⑥結果として，消費行動の意味についての研究が不十分である」（65頁）という点を，購買行動を中心とする消費者行動研究の問題点であると指摘する。

購買は特定時点での行為でしか無いが，消費は日常生活の中で製品やサービスを使用したり利用したりする時間軸を伴う行為である。製品やサービスの有用性は，消費後に確定するものである点を踏まえると，より消費活動に重点を置いた研究を行うことが必要である。前述のような井上［2012］や堀内［2001］の指摘は，製品やサービスの消費を通して，消費者が感じる満足感や楽しさなどに注目する必要があることを示唆するものである。また，マーケターにとっても，消費者が自社製品をどのように消費しているのか，その製品に満足しているかどうか，他人に経験を話しているのかといった消費に関連する消費者の行為や経験に注意を払うことは重要であると考えられる。

そこで，1980年代に入り，消費者行動研究においては，購買後のプロセス，即ち，消費行動を研究対象として取り上げようとする動きが出てきた（堀内［2001］）。例えば，Hirshman and Holbrook［1982］は，音楽や芸術作品の鑑賞のような娯楽を対象とした研究で「快楽的消費」という概念を提示している。近年では，研究対象は，一般的な製品やサービスへと広がっている。それらの研究では「消費者は何を消費しているのか」，「どのように消費しているのか」といった消費経験に焦点が当てられる。

第3節　価値創造とは何か

　前節では，サービス社会の重要なキーワードの1つである消費者に注目し，これまでの消費者行動研究について簡単に確認した。その研究の焦点は購買行動が中心であったが，近年では消費行動に関する研究の必要性が指摘され，研究蓄積が進みつつある。そこで本節では，2つ目のキーワードである価値創造について整理する。

1. 企業による価値創造

　これまでのマーケティング研究および実務においては，製品（有形財）の交換に主眼が置かれてきた（例えばBaggozzi [1975]；Kotler [1967]）。この交換とは，企業が製品を販売し，消費者がその対価（代金）を支払うという活動である。そこでの企業の目標は，より良い交換，即ち，競合他社よりも多くの自社製品を販売することである。なぜなら，そうすることで，競合他社との競争に勝つことができ，多くの利潤を獲得することが可能となるからである。マーケターは，その目標を達成する手段としてマーケティングを駆使するようになり，マーケティングという学問が生まれ理論の構築がなされてきた。その代表が4Psマーケティングである。企業は，4Psモデルに基づき，顧客ニーズを調査し，優れた製品（Product）を開発・生産する。さらに自社製品を消費者にアピールするために広告といった販売促進（Promotion）を行う。また，消費者が購入できるよう流通（Place）させ，価格（Price）を高く設定することによって他社製品よりも高品質であることを示そうとする。

　このような4Psの考え方によるマーケティング活動を価値創造の視点から捉え直すと以下のようになる。企業は，提供しようとする価値を事前にデザインし，その価値を生産過程で製品に埋め込み，完成した製品を販売する。価値の大きさは価格で測定することができ，その価値は交換価値と呼ばれる（Lusch and Vargo [2014]）。そのような考え方に基づけば，高級腕時計メーカーが生産した腕時計は，高品質およびブランドという価値が時計に埋め込まれているため高い交換価値を有するといえる。

以上のように，これまでのマーケティングにおいては，企業が価値創造者であると捉える。したがって，消費者は企業によって創造された価値を消費（破壊）するという価値創造の外側に位置する存在とみなされてきたのである。

2. 価値創造に対する新たなアプローチ

しかし，2000年代に入り，サービスを中心とした新たな考え方が登場する。前項で確認したように，これまでのマーケティング研究においては，企業を価値創造の主体と捉えてきたが，サービスを中心とする考え方においては，企業ではなく，消費者や顧客が価値を創造する主体であり，価値創造プロセスに内在する存在であるとする。それでは，内在する存在とは，どのようなことを意味し，そこでの消費者の役割とはどのようなものとなるのであろうか。

繰り返しになるが，サービスを中心とする考え方では，価値創造の主体は消費者や顧客であると理解する。なぜなら，価値は最終消費者によって独自にかつ現象学的に判断されるからである（Lush and Vargo [2014]）。消費者が価値を知覚してはじめて価値は創造されると捉えるため，消費者は価値創造において最も重要な主体となる（Grönroos and Gummerus [2014]）。この考え方に基づけば，腕時計の価値は，時計メーカーが事前的に価値（例えば，時間を正確に刻むことができる，富の象徴）を決定するのではなく，消費者が腕時計を使用することにより事後的に生じることとなる。その価値は，腕時計のユーザーである消費者の使用状況に依存する。例えば，同僚や彼女から時計を褒められたことに対して価値を感じるかもしれない。以上のような，消費者や顧客による事後的な価値判断による価値は，文脈価値（Vargo and Lusch [2004]）や使用価値（Grönroos and Voima [2013]）と呼ばれる。

このように，サービス社会においては，消費者や顧客が最終的に価値判断を行う主体であり，その意味で，価値創造の内側に位置する存在であると考えるのである。

さらに，Grönroos and Voima [2013] は，図表2-2のように価値創造における企業と消費者または顧客の役割を具体的に示す。

図の左側の提供者領域は，消費者や顧客に閉じられた領域であり，企業は価値促進者として，消費者が使用する財の生産や販売を行う（Grönroos [2008]）。図中央のジョイント領域は，企業と消費者が直接的に共同で価値創造する場で

図表 2-2　価値創造の範囲と各主体の役割

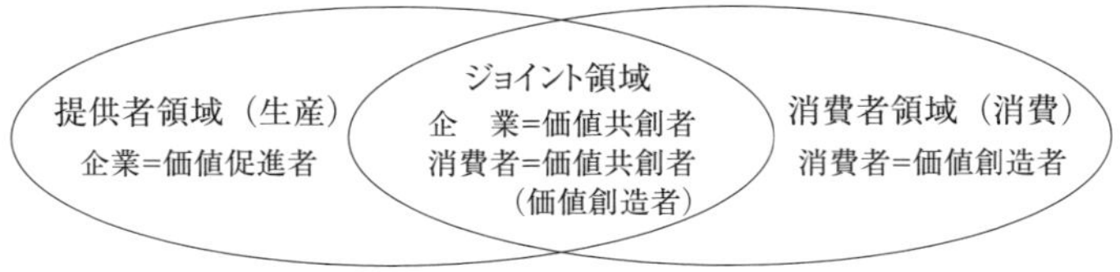

```
  提供者領域（生産）      ジョイント領域         消費者領域（消費）
  企業=価値促進者      企　業=価値共創者      消費者=価値創造者
                     消費者=価値共創者
                       （価値創造者）
```

出所：Grönroos and Voima ［2013］を基に筆者作成。

ある。例えば，窓口での銀行員と顧客の直接的コミュニケーションなどが挙げられる（Grönroos and Voima ［2013］）。また，図右側の消費者領域は，サービス提供者である企業に閉ざされた独立した価値創造の領域であり，消費者や顧客は企業から購入した製品を使用することにより単独で価値を創造する（Grönroos and Gummerus ［2014］，Grönroos and Voima ［2013］）。

このように，サービスを中心とした考え方においては，最終的な価値判断を行う消費者や顧客が価値創造者であること，企業は価値を創造することができず価値促進者にしかすぎないことが強調される。もちろん，図表 2-2 のように，企業と消費者が共同で価値を創造する場合，両者は価値共創者という役割を担うこととなるが，その場合でも顧客が消費段階において文脈価値を創造することに変わりはない。

第4節　生活世界と価値創造

前節で，サービスを中心とした考え方では，消費者や顧客が価値創造の主役となる点について整理した。前節までの議論からも分かるように，消費者や顧客の観点からみれば，重要なのは購買段階ではなく消費段階である。なぜなら，価値は，企業によって生産段階において事前に作られるものではなく，消費者が有形財や無形財を手に入れ，それらを使用したり利用したりすることによって，はじめて生じるからである。この指摘は，十分に納得できるものであるといえるであろう。そこで，本節では，これまでの議論を一歩進め，サービス社会において消費者はどのように価値を創造しているのかという価値創造プロセスについて詳しくみてく。

1. 価値はどのように創造されるのか

Heinonen and Strandvik［2015］によれば，価値創造とは，日々の生活の中で消費者や顧客がオファリングを経験したり統合したりする身体的および精神的プロセスである。そのようなプロセスについてより深く理解するために，消費者や顧客が「いつ（when）」「どこで（where）」「どのように（how）」「どんな（what）」価値を創造するのかという4つの側面に注目する。

まず，顧客が創造する価値（what）についてである。繰り返しになるが，価値は，消費者が企業から提供された有形財や無形財を消費する文脈の中で，経験され評価される（Grönroos［2008］;Grönroos and Gummerus［2014］; Vargo and Lusch［2004］）。それらは，消費者の経験を通して個別的に現象学的に判断されるため，同じ財を使用しても消費者や顧客毎に異なる場合がある。

次に，価値創造の場所（where）と時間（when）に関して，Heinonen *et al.*［2013］やHelkkula *et al.*［2012］は，消費者や顧客の生活世界を強調する。空間的観点から生活世界をみれば，実際に消費者が特定企業から提供された有形財や無形財を消費する場となる。また時間的観点からみれば，生活世界には，まさに消費する瞬間だけでなく，価値創造に影響を与える過去や現在，未来の経験も含まれる（Heinonen *et al.*［2010］;Heinonen *et al.*［2013］;Heinonen and Strandvik［2015］）。したがって，消費者が，過去に訪問したテーマパークでの楽しい出来事を思い出したり，憧れのブランドの洋服を着ている自分を想像したりすることも生活世界の一部となる。

最後に，価値創造プロセス（how）についてである。既に述べたように，価値は，ある消費者や顧客が企業から提供された有形財や無形財を消費する中で創造される。しかし，単純に考えても，特定企業からの単一の財だけで価値を実現することは難しいことは明らかであろう。なぜなら，私たちは毎日多種多様な財を使い分けたり，時には同時に上手く活用したりしながら生活しているからである。そこで，サービス中心の考え方においては，様々な資源（財や知識等）が統合されて価値が創造されると捉える。さらに，その価値創造プロセスは，消費者の生活世界において時間経過とともにダイナミックに変化する（Gummerus［2013］）。また，それぞれの消費者や顧客が認識する文脈価値は，彼ら自身の価値観や行動により駆動されるが（Heinonen and Strandvik［2015］），

図表 2-3 生活世界における価値創造

Where	価値は，消費者や顧客の身体的および精神的活動を含む日常生活において出現する。
When	価値は，過去や現在，未来の経験に影響を受けながら出現し，時間経過とともに変化する。
How	多様な資源（オファリングや知識）が統合されることで価値は出現する。価値は消費者の価値観や行動だけでなく，消費者や顧客が保有するネットワークから影響を受ける。
What	消費者や顧客が個別に文脈価値または使用価値を決定する。

出所：筆者作成。

各消費者が有する家族や友人といった他のアクターの行動からも大きな影響を受ける（Gummerus [2013]；Heinonen et al. [2013]）ため，消費者ネットワークは，価値創造にとって重要であり消費者や顧客の生活世界の一部となる（図表2-3参照）。

このように，サービスを中心とした考え方では，価値創造は生活世界において実現すると理解する。しかし，生活世界という言葉には注意が必要である。なぜなら，生活世界とは，単純に日々の日常的な生活といった限定的な場面を意味するのではないからである。例えば，平日にテレビドラマをみたり入浴したりするという行為は日常的体験であり，生活世界の一部である。さらに，海外旅行や映画館での映画鑑賞といった非日常的経験も生活世界に含まれる。つまり，生活世界は，対象となる消費者や顧客の価値創造に影響を与えるあらゆる経験から構成され（Heinonen and Strandvik [2015]），消費者の過去や現在の経験，消費者が保有するネットワーク（企業とのネットワーク・公的ネットワーク・私的ネットワーク）や，消費段階で利用する多様な有形財や無形財を含んだ幅広い時空間からなる，より広い概念である。

2. 具体的事例：フィンランド家庭におけるディナー消費

前節でも指摘したように，価値は消費者や顧客と特定企業との直接的相互作用により創造される場合もあれば（Grönroos [2008]；Grönroos and Voima [2013]），単独で創造される場合もある（Carù and Cova [2003]；Gummerus [2013]）。いずれにせよ，価値創造の中心的主体は消費者や顧客であり，彼ら

は自身の生活世界の中で価値を創造する。そこで，本項では，Holttinen による一連の研究（Holttinen［2010］；Holttinen［2014a］；Holttinen［2014b］）を参考にしながら価値創造プロセスについて具体的にみていこう。その文脈はフィンランドの家庭のディナー（夕食）消費である[1]。

　ディナー消費の中で色々な文脈価値が創造される点が，彼女の研究で明らかになっている。具体的には，健康，美味しさ（快楽的な味覚），理想的な家族生活の実践という価値である。例えば，ある母親は，子供に美味しいと感じてもらうために，食後のデザートとしてホイップクリームたっぷりのフルーツを準備する。また，家族全員が一緒に食事をすることを通して，理想的な家族生活の実践という価値が，多くの家族で創造されていた。それらの価値は，食事やデザートの準備といったディナーに関わる母親の行動はもちろんのこと，食材や調理器具などの有形財，食事についての母親の過去の経験や家族のあり方や食事に対する価値観，一緒に食事をするメンバーの存在等と密接に関係する。

　特に，フィンランド人は，幼い頃から学校や親やメディア，保健機関などから，健康についての教育を受けてきており健康維持に敏感である。したがって，フィンランド人は，添加物が含まれる調理済み食品ではなく手作りの料理を準備すべきであるという価値観を持っている。実際に，調査対象の多くの家族は，休日のディナーでは，パートナーや子供たちと一緒に食事の準備を一から行い，お気に入りの食器を使って，健康的で楽しい食事に多くの時間を費やしていた。その一方で，平日のディナーでは，仕事を持つ母親は，料理の時間を短縮することで子供と遊ぶ時間を増やすことができるため，調理済み食品を購入し，できるだけ早く料理を子供に提供していると話す。この母親の例からも分かるように，ディナー消費における価値創造は，多くのフィンランド人が持つ価値観や仕事や子供と一緒に過ごす時間などの他の経験とも関係している。

　また，食事にこだわっている夫婦は，美味しさを追求するために，様々な調理器具や広いキッチンを用意し高価で高品質な食材を使用する。その夫婦は料理本などからレシピを探したり，それらをアレンジしたりしていた。また，お互いの友人を招待し一緒に楽しいディナーを囲み理想的な家族生活を実現していた。このように，調理器具や料理本，新鮮で高価な食材といった多様な資源が統合されることで，美味しさや理想的な生活の実践といった価値が創造されていると考えることができる。さらに，一緒に食事をする人の存在も不可欠で

あり，家族が有するネットワークも，その家族のディナー消費における価値創造に貢献している。

第5節 おわりに

　本章では，サービス社会における消費者と価値創造の関係について議論してきた。これまで主流であったマーケティングや消費者行動研究とサービス社会における消費者および価値創造に対する考え方について整理し比較することにより，その関係について検討している。

　これまでの消費者行動研究においては，消費というよりはむしろ購買に焦点が当てられ，消費者の購買意思決定に関する議論が中心であった。しかし，サービスを中心とする考え方に基づけば，その焦点は，より長い時間軸を含む消費段階へシフトすることが明らかとなった。そして，価値創造者である消費者や顧客が，彼らの生活世界において，企業や他の主体から提供される資源や自身が保有する資源を統合することによって，価値は事後的に創造される。したがって，消費者や顧客が価値の最終決定者であり，その価値は，消費者や顧客の行動や経験，価値観，ネットワークから影響を受ける。このように，消費者や顧客が価値創造の主体であり，価値は購買後の消費プロセスの中で創造されると捉えるサービス社会の考え方は，主に交換段階（購買）に焦点を当て企業が価値創造の主体であるとする既存のマーケティングの考え方とは大きく異なるのである。

[注]
1) Holttinen [2014a] では，2009年から2010年にかけてフィンランドの20家族のディナー現場に訪問しフィールド調査を実施している。それぞれの家庭における調査時間は1.5-4時間程度であり，4つのタイプの家庭（独身，夫婦のみ，7歳以下の子供を持つ家庭，8歳以上の子供を持つ家庭）が調査対象となった。

[参考文献]

Bagozzi, R. P. [1975] "Marketing as exchange," *Journal of Marketing*, Vol. 39, No. 4, pp. 32-39.

Blackwell, R. D., P. W. Miniard and J. F. Engel [2005] *Consumer Behavior*, 10th ed., South-Western.

Carù, A. and B. Cova [2003] "Revisiting Consumption Experience: A More Humble but

Complete View of the Concept," *Marketing Theory*, Vol. 3, No. 2, pp. 267-286.
Grönroos, C. [2008] "Service Logic Revisited: Who Creates Value? And Who Co-creates?," *European Business Review*, Vol. 20, No. 4, pp. 298-314.
Grönroos, C. and J. Gummerus [2014] "The Service Revolution and Its Marketing Implications: Service Logic versus Service-Dominant Logic," *Marketing Service Quality*, Vol. 24, No. 3, pp. 206-229.
Grönroos, C. and P. Voima [2013] "Critical Service Logic: Making Sense of Value Creation and Co-creation," *Journal of the Academy of Marketing Science*, Vol. 41, No. 2, pp. 133-150.
Gummerus, J. [2013] "Value Creation Processes and Value Outcomes in Marketing Theory: Strangers or Siblings?," *Marketing Theory*, No. 13, Vol. 1, pp. 19-46.
Heinonen, K. and T. Strandvik [2015] "Customer-Dominant Logic: Foundations and Implications," *Journal of Services Marketing*, Vol. 29, No. 6/7, pp. 472-484.
Heinonen, K., T. Strandvik, K. J. Mickelsson, B. Edvardsson, E. Sundström and P. Andersson [2010] "A Customer-Dominant Logic of Service," *Journal of Service Management*, Vol. 21, No. 4, pp. 531-548.
Heinonen, K., T. Strandvik and P. Voima [2013] "Customer-Dominant Value Formation in Service," *European Business Review*, Vol. 25, No. 2, pp. 104-123.
Helkkula, A., C. Kelleher and M. Pihlström [2012] "Characterizing Value as an Experience: Implications for Service Researchers and Managers", *Journal of Service Research*, Vol. 15, No. 1, pp. 59-75.
Hirschman, E. C. and M. B. Holbrook [1982] "Hednic Consumption: Emerging Concepts, Methods and Prpositions," *Journal of Marketing*, Vol. 46, pp. 92-101.
Holttinen, H. [2010] "Social Practices as Units of Value Creation: Theoretical Underpinnings and Implications," *International Journal of Quality and Service Sciences*, Vol. 2, No. 1, pp. 95-112.
───── [2014a] "How Practices Inform the Materialization of Cultural Ideals in Mundane Consumption," *Consumption Markets & Culture*, Vol. 17, No. 6, pp. 573-594.
───── [2014b] "Contextualizing Value Propositions: Examining How Consumers Experience Value Propositions in Their Practices," *Australasian Marketing Journal*, Vol.22, pp. 103-110.
Kotler, P. [1967] *Marketing Management: Analysis, Planning, and Control*, Prentice-Hall.
Lusch, R. F. and S. L. Vargo [2014] *Service-Dominant Logic: Premises, Perspectives, Possibilities*, Cambridge University Press.
Solomon, M. R. [2013] *Consumer Behavior: Buying, Having, and Being*, 10th ed., Pearson Education Limited.
Vargo, S. L. and R. F. Lusch [2004] "Evolving to a New Dominant Logic for Marketing," *Journal of Marketing*, Vol. 68, No. 1, pp. 1-17.

青木幸弘［2010］『消費者行動の知識』日本経済新聞出版社。
阿部周造［2013］『消費者行動研究と方法』千倉書房。
井上崇通［2012］『消費者行動論』同文舘出版。
杉本徹雄編著［2012］『新・消費者理解のための心理学』福村出版。
堀内圭子［2001］『「快楽消費」の追究』白桃書房。

（大藪　亮）

第3章

マネジメントの論理と構造

第1節　はじめに

　独力では為し得ないような大きな目的に挑むとき，人は目的を共有する複数の人たちで組織を構築してその達成にあたる。例えば，オリンピックでメダル獲得を目指すアスリートの場合，選手が一人きりで競技に挑むことは極めてまれである。多くの場合，選手を支えるトレーナーやサポートスタッフ，そして同じチーム内で協力しながら練習が重ねられる。ここでの豊富で質の高い練習が下地となり，メダル獲得に至る記録が生み出されていく。

　目的を達成するために複数の人が組織を組み，協力しあう構図は企業も同じである。企業は移ろいやすい消費者ニーズにしなやかに対応することで対価（売上）を得る。そのために自社技術の高度化・複雑化を推し進めながら商品化に取り組む。この商品の開発には社内外の様々な技術領域を専門にする開発者だけでなく，他社動向を勘案しながら価格や広報手段を検討するマーケティング部門，製品を販売する営業部門，これら組織の事務管理を担う人事，経理部門など，多様な部門の人々が横断的に協力することとなる。企業が掲げる目標を達成するため，それぞれの部門が勝手気ままに事業活動するのではなく，全社最適になるように組織的に管理しながら事業活動が展開されるのである。

　しかしこうした組織の管理も市場の成熟化が進んだ我が国では綻びが目立つようになり，近年では企画した製品・サービスが計画通りには販売に結びつくことがなくなる例も見受けられる。

そこで本章では，組織を管理する経営管理（以下，マネジメント）の諸理論を概観し，マネジメントを捉える視点の変化について検討する。これら研究の時系列での流れを整理したうえで，サービス社会におけるマネジメント研究の発展方向性について，バーナードが示した組織成立の要素の1つであるコミュニケーションに焦点をあて，その範囲の拡大について議論する。

第2節　古典的管理論の概要

ODE[1)]によるとマネジメントとは「人や物事を解決へ取り組む，あるいは操作する一連の行為」と意味づけられる。つまり，「管理」という日本語のニュアンスが与えるような，指示命令の下で，ある特定の行為の型を強制する狭義の意味ではなく，組織の形成と運営において何かしらの解決策を示唆する考え方を模索するという広義を意味する。

マネジメントの研究も狭義の意味での成果をより効率よく生み出すための管理方法に対する研究から始まっている。そこで本節では組織をマネジメントするための黎明期の理論である古典的管理論を概観する。

1. 科学的管理法

マネジメント論の礎を築いたTaylor[1911]は，労使間でのトラブルの源であった分配に関する問題とそれによって発生する組織的怠業に対して，数値に基づく科学的管理を導入することで解決の糸口を見いだした。

19世紀末のアメリカでは，従業員の給与は出来高に賃率を掛け合わせた出来高給制でまかなわれていた。しかし当時は経営者の古い勘や経験を多用した成行（drift）管理が横行しており，賃率も一日の作業量を明確に示さず，さしたる根拠が薄弱なまま決められていた。たとえ従業員の創意工夫が出来高を高めたとしても，賃率は経営者によって恣意的に決められたため従業員の賃金には反映されず，経営者の利潤へと分配されていった。従業員も能率を高めることによって退職者を生み出すリスクを持つという誤った理解を持ち，能率を意図的に低下させるような組織的怠業（サボタージュ）を実施して生産性を抑え，賃率を維持するという対応をとった。

このような労使の対立が激化している時代において、Taylor は作業にかかる所要時間を計測し、それを基に標準作業量と標準作業時間を設定した。そして、1日の作業量（課業：タスク）を設定したうえでその課業を達成したときの賃金は高くなるような仕組み、すなわち出来高に対してインセンティブを付与する差率出来高賃金制を提案した（図表3-1）。このような客観的数値に基づく管理の科学化を推し進めた。

この Taylor の科学的管理法を自動車産業に導入し、大量生産方式を確立したのがフォード自動車の創始者であるヘンリー・フォードであった。フォードは T 型フォードの生産にあたってベルトコンベアによる流れ作業方式（フォードシステム）を導入し、従業員の作業範囲を区切ることで作業の標準化と専門化、時間管理の標準化を推し進めた。作業範囲が限定されたことから作業内容の単純化が進み、たとえ労働者の大半が非熟練工の移民で占められていても、容易に雇用され、成果を出すことが可能となった。また作業の合理化は生産コストの低下につながり、大量生産・大量販売による自動車の大衆化が進むきっかけともなった。

Taylor の科学的管理法では、人は経済的・金銭的動機に駆られて働く存在と位置づけられ、それゆえに出来高に対する客観的な評価とそれに見合うインセンティブが必要との考えが底流に流れる。しかし、この管理法はチャップリ

図表 3-1　Taylor による差率出来高賃金制

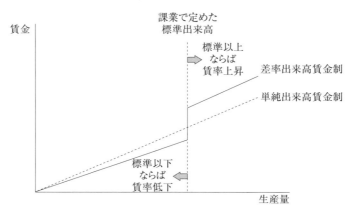

出所：上林ほか［2007］156 頁を加筆修正。

ンが喜劇映画の「モダンタイムス」で風刺するように，人が組織の歯車として無機質に取り扱うようにも理解された。そのため，個人の威厳や人間性を奪うと批判され，作業の標準化は労働者の意欲や士気の低下を招くことにもなった。

2. 人間関係論

　作業能率の向上に人間関係をはじめとした非論理的な側面が影響を及ぼすことを明らかにしたのが Mayo［1933, 1945, 1947］や Roethlisberger［1939, 1941］であった。

　彼らハーバード大学研究者らによる指導の下，1924年より7年半にわたってウェスタンエレクトリック社ホーソン工場において，作業効率と作業条件の関係性に関する実験が行われた。初期の研究では継電器（リレー）の組立作業を対象に2つのグループに分け，照明の明るさが生産性に影響を及ぼすという仮説の下での実験を展開した。しかし照明が明るさに影響を受けることなく生産高は徐々に増大したため仮説は否定され，照明の照度以外の能率を高める要因を探すこととなった。

　その後に実施したリレーの組立作業実験でも，たとえ作業条件が悪化しても生産量は徐々に増大する結果となり，作業条件の中でも特に休憩時間と能率との間に因果関係を見つけることはできなかった。一方で，労働者の勤務に対する自由度が高まったことが職務への満足感を高め，それはすなわち従業員の態度といった心理的・感情的な側面が生産性の向上に影響を及ぼすことが新たに発見された。これまで職場全体だった管理範囲が自分たちの小集団単位に縮小されたため，作業速度などが監督者に管理されることなく自分たちで任意に設定できることとなった。これが生産性を高めた原因と理解されたのであった。

　引き続き実施されたバンク（配電盤）配線作業観察では，出来高を増やす施策を施したにもかかわらず，労働者自身が出来高に制限が設けられ，その基準が守られた。その理由として，労働者同士が協調することで組織内部での内部統制を図る。これによって自身の地位や立場を守ることができるとともに，その協調は外部からの介入や圧力に対して抵抗する手段として労働者を守ることに結びつくためと理解された。

　これら一連の研究から，Mayo らは職場の人間関係が効率を高める要因であ

ることを指摘した。前述の Taylor は人が経済的・金銭的動機に駆られて働くとする論理的な経済人モデルを示したのに対し，Mayo らは人が心理的・感情的動機に駆られて働くとする非論理的な社会人モデルを示したのである。

第3節　近代的管理論の概要

20世紀に入ると企業は目的達成を目指した協働体として認識され，その行動は意思決定の概念の下で解明された。そこで本節では，近代組織論，コンティンジェンシー理論，意思決定論について概観する。

1. 近代組織論

1920年台後半のフォードシステムに見られるような大量生産による産業発展と富の増大は，アメリカ的資本主義の成功を象徴するものであった。しかし1929年の株価大暴落をきっかけとした恐慌が世界規模に広がった。経済は一時的に破綻し，その後10年間は景気後退が続いた。このような時代背景の下，「組織において管理者（マネジャー）は何をなすべきなのか，なぜその行動するのか」に焦点をあて，理論化を進めたのが Barnard [1938] であった。

Barnard は，まず組織を「2人以上の人々の意識的に調整された活動や調整された活動や諸力の体系」（邦訳：76頁）と定義した。ある目的に対して1人で達成できなければ，複数の人で協力しながら達成を目指すのだが，そこでは目的を共有するだけでなく，その達成に向けて相互に意見や行動を調整しながら共に行動すること（協働）を指摘する。そこで協働する人々を組織への「貢献者」（邦訳：78頁）と位置づけ，従業員だけでなく「商品を購入する顧客，原材料の供給者，資本を提供する投資家も貢献者となる」（邦訳：79頁）。つまり組織とは内部構成者だけでなく，利害関係者たる組織外部も広く含めたうえで，それぞれの貢献が調整される。

このような組織が成立する要素として，Barnard は「共通目的」「貢献意欲」「コミュニケーション」の3点を挙げる。共通目的がなければ，協働する人々の目標が定まらずベクトル（方向性）を集中させることができない。また，たとえ共通目的が存在しても，そこに組織に貢献しようという意欲，すなわち役

割を果たすという意志がなければ行動につながらない。さらに，人は役割を帯びて行動するが，その行動が独りよがりではなく組織として統制されたものになるには互いに意見を調整したり指示したりすることが必要となる。物事の判断を下すには目的に合致した情報を適切なタイミングで送受信することが必要となるのだが，この機能を果たすのがコミュニケーションとなる。

　Barnard によると組織と組織内外の利害関係者との間には貢献と誘因で結びつく関係性が存在し，そのバランスが維持されるときに組織は存続すると指摘する（図表3-2）。誘因とは貢献者に対する配分，すなわちインセンティブを意味する。つまり，貢献者が生み出す成果（アウトプット）を原資として誘因が配られるのだが，前者は社会に対する効用としての組織的効率が求められ，後者は組織内部での配分である組織的能率が求められる。この効率（対外的均衡）と能率（対内的均衡）のバランスをとることが組織の存続につながると Barnard は論じる。

　このように Barnard の組織均衡論は，科学的管理法や人間関係論を包括しながら，組織をシステム[2]として捉える点で画期的であった。特に，貢献と誘因の価値は利潤といった経済的価値にのみ立脚するのではなく，貢献者の主観的な価値に焦点をあてた点が近代管理論としての要点となる。また，貢献と誘因のバランスを維持・確保することが経営者の課題と指摘する点が特色となる。

図表 3-2　組織均衡

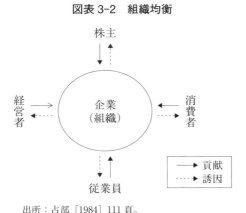

出所：占部［1984］111 頁。

2. コンティンジェンシー理論

　従来の理論は組織内部で人が自己完結的に活動することに対する議論であり，いわば組織内部に目を向けたクローズな環境における議論だった。しかし1960年代にイギリスで社会-技術システム論が議論され始めたことを契機として，技術や市場といった組織外部の影響を加味した，環境に対してオープンな関係性を持ったマネジメントのあり方が検討された。組織は外部環境から資源を得て，それを組織内部に投入して何かしらの価値を産出し，それを外部環境に送り出す。このような組織と外部環境との間に取引関係が存在するならば，環境の影響を加味した研究が必要と認識されたのであった。

　Burns and Stalker [1961] はイギリスの電気機器メーカー20社を調査し，その結果から組織体系の有効性は，市場や技術といった外部環境変化率の大小に影響を受けることを明らかにした。具体的には，外部環境の変化のスピードが遅く安定的ならば，従業員の職務や権限の細分化が進み，その権限や責任が明確で職務階級が明確に定められる機械的組織が有効とされた。一方，外部環境の変化のスピードが速く不確実性が高ければ，職務や権限が曖昧で職務階級ではなく専門性や知識を軸とした水平的かつ柔軟な関係性が重視される有機的組織が有効とされた。どちらも環境が組織の体系に影響を及ぼすということを明らかにしたことが特色であった。

　Lawrence and Lorsch [1967] は，外部環境の変化に対して企業は組織内部で分化と統合で対応することを明らかにした。たとえ同じ企業であっても部門毎に直面する外部環境は異なる。そのため，彼らは①組織構造（機械的／有機的），②対人志向性（仕事中心／人間関係中心），③時間志向性（短期／長期），④目的の志向性（社内（技術・経済）／社外（市場））の4つの要素で製造や研究開発等の部門を調査し，部門は直面する外部環境の変化の度合いに応じて分化の程度を変えることを明らかにした。しかし分化するだけでは部門間の部分最適となり，部門毎の考え方や活動の対立といったコンフリクトが生じる。そのため，部門間で連携しながら協力を図ることが求められ，より複雑な統合が必要になると指摘した。

　このように外部環境の変化に伴う組織内部の適応の研究がコンティンジェンシー理論として展開されていった。その本質は，野中 [1978] が統合的コン

図表 3-3　組織現象の統合的コンティンジェンシー・モデル

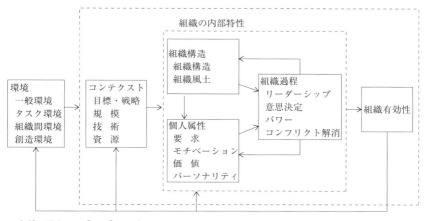

出所：野中ほか［1978］14頁。

ティンジェンシー・モデル（図表3-3）で示すように，組織の内部特性で示される3要素のバランスだけではない。それに加えて環境との相互作用の中で生み出されているコンテクストとの整合性，さらにはそれらと環境との間の整合性などとのバランスも考慮する必要がある。組織有効性を高めるには，このような多元的な要素とのバランスが成立することで機能すると指摘されている。

3. 意思決定論

Simon［1976］は，マネジメントを「『物事を成し遂げること』の技法」（邦訳：3頁）と位置づけるのだが，数ある技法の中から適切なものを選択することが管理の基本と論じた。つまり意思決定のプロセスこそがマネジメントの本質であると指摘した。

従来の経済理論では，企業の意思決定者は全ての物事を予め知り得る全知全能であり，常に最適解を導出することが前提とされていた。しかしSimonは，人には後述する限界があることから必ずしも最適解を導き出すことはできず，ある一定のレベルで満たされる解の選択に留まると指摘した。具体的には，意思決定のプロセスは探索活動（情報収集・分析）→設計活動（計画の立案，代替え案の作成）→選択活動（評価に基づく選択）→検討活動（選択案の実施・

評価フィードバック）の順に進むのだが，設計活動において人はある限界を持つ。それは，①設計活動において経営者はあらゆる情報を全て収集することはできず，情報収集能力に限界があるため，全ての代替え案を探索することはできないこと，②設計活動において，たとえ全ての情報が網羅されたとしてもその関係性や意味を全て網羅的に処理することはできず，情報処理能力に限界があるため，完全な予想や評価は不可能なことである。こうしたことにより，不完全な情報しか収集・処理できないため，選択活動においても手元にある不完全な情報を基にしか判断ができない。したがって合理性に限界があるのだが，そこでは判断者の基準が満たされるという満足化原理に基づく意思決定がなされることとなる。

そこで Simon は，①決まったルーチンで同じ処理を繰り返す反復的で定型的な意思決定と，②その場の状況に応じて処理方法が異なる非定型的な意思決定の 2 つに分けて分析した。前者はプログラム化できるものとしてコンピュータによる機械化が進められ，非定型的な意思決定こそマネジャーにとって重要なスキルであることを示した。

Simon が示した意思決定プロセスは原則に基づく規範的で連続的な流れをたどる。しかし，現実的には既に決まった判断の後付けで議論が行われたり，判断自体を先送りにしてやり過ごしたりするなど，全ての意思決定が合理的なプロセスを経て決まる訳ではなく，むしろ混沌とした曖昧な状況の中で意思決定が下されている。Cohen *et al.* ［1972］はこのような問題と解が紐付けられていない流れを「組織化された無秩序」と指摘し，そこでの意思決定は合理性を担保する職務階層やルールを拠り所としない「ゴミ箱モデル」で取り組まれると論じる。ゴミ箱モデルとは，問題，解決案，参加者がゴミにたとえられ，それらが出会う機会（選択の機会）としてゴミ箱に放り投げられる。そして，この 4 者が偶然結びつくことによって意思決定がなされ，問題解決へと至るのである。

第4節 マネジメント研究の発展の流れと
　　　サービス社会に向けた新しい視座

1. これまでのマネジメント研究の流れと課題

　これまで概観してきたように，マネジメント研究は時間と共に成熟を重ねながらより現実を精緻に捉える理論として発展してきた。Scott［1998］は，この理論発展の流れは目的達成に対する合理性の追求から人の内面への理解といった自然的（非合理性）を追求するというプロセスを，最初は組織だけに焦点をあてて外部とは閉ざされたクローズな状況で，1960年以降は外部との適合性を加味したオープンな状況で展開されたと論じる（図表3-4）。

　いわば，人の発達が社会的認識とともに成熟するのと類似するように，時代毎に事実そのものを認識し，複数の事実関係を論理的に整理しながら部分的な意味を紡ぎ出しながら，管理のあり方に対する全体としての意味を導出する。そこで批判を通じて問題点を見いだしながら，さらに視野の範囲を広げ，それに関する事実認識以降のプロセスを繰り返しているといえる。

　しかし，マネジメントの礎となった古典的管理の側面は経営の実務から廃れた訳ではない。今日でもしっかり業務の中に活かされている。例えば，ものづくりの生産現場や販売現場では，作業工程や道具の標準化が今なお実践され，QC活動を通じて生産性の向上が日々検討されている。また人間関係論は行動科学として受け継がれ，リーダーシップや動機付けなどへの研究へと発展す

図表3-4　経営管理論の発展経緯

	クローズド・システム	オープン・システム
合理的 (rational)	(1900-1930) 科学的管理法	(1960-1970) 意思決定論 コンティンジェンシー理論
自然的 (natural)	(1930-1960) 人間関係論 協働システム論	(1970-) ゴミ箱モデル

出所：Scott［1998］，遠山ほか［2003］から作成。

る。今日では，従業員が役割外だが組織にとって有益な行動を自主的に行う組織市民行動や新しい職に就いた従業員が理想と現実の乖離に衝撃を受けるリアリティショックなど，現実に生じる細部の精緻化へと取り組まれている。また，コンティンジェンシー理論の本質は多様性への対応であり，市場や組織の多様性に対応するには，組織の中に多様性を構築して対応する以外に手立てはないとの考えによる（野中［1978］）。ゴミ箱モデルも偶発性に富む様々な意思決定を説明するモデルであるが，これも組織の多様性への対応に他ならない。

しかしながら，これらマネジメント研究は，主語が「I」，すなわち「企業が」という一人称で検討されてきたものであることは見過ごせない事実である。例えばBarnardの組織均衡に関する議論では，自社である企業が中心に位置づけられ，組織均衡を司る中心的役割を担うと解釈されてきた。したがって顧客は外部環境の要素に1つに留まり，自社（企業）が管理・操作する被管理対象として捉えられてきたといえる。またSimonによる限定合理性の議論も，企業における意思決定において満足化原理の下で判断するのは企業に属する人間であることが前提となる。そのため，自社による意思決定を前提とした，すなわち自社に対する満足化原理の下で情報収集や情報処理がなされることに終始してきたといえる。

このように，これまでのマネジメント研究は自社を起点とした視野から物事が捉えられ，そのための管理が中心に議論されてきたといえる。つまりそれは，自社以外の視点を容易には容認してこなかったという課題が指摘できる。

2. サービス社会で求められる新しいマネジメント

企業の存在理由の1つに社会に対する価値の創出・提供が挙げられるのだが，これまでのマネジメントでは企業がその価値を主体的に判断してきた。しかし今日のサービス社会でもその構図は同じなのだろうか。

Prahalad and Ramaswamy［2004］は，価値は顧客との共創経験から生まれ，それは特定のタイミングや場所，出来事に紐付けられたものであると指摘する。そのうえで，企業における競争優位の源泉は組織内部で生み出されるのではなく，組織外部に位置する消費者からもたらされることを示唆する。一方，製品開発におけるデザインのあり方を議論するKrippendorff［2006］は，「人は，常に，何であれ自分が直面するものの意味に従って，行動する」（邦

訳：65頁）と指摘し，その意味は人（ユーザー）自身が感知したものを換喩的に喚起したのであると述べる。ここでの製品の意味，すなわち製品の価値は企業が独善的に決めるのではなく，顧客が使おうとする局面で初めて生まれる（共創される）ことになる。そして企業が把握できるのは，製品価値の全体像を鳥瞰的に捉えるような一次的理解ではなく，「他の人の理解を理解する」（邦訳：74頁）という二次的理解であることを指摘する。

両者の議論から浮かび上がるのは，価値創出の源泉が企業内部だけでなく，顧客にも拡大することであり，両者はそれぞれ異なる価値を認識することにある。価値の判断主体が企業ならば，自社が中心に据えて能動的な視点から，すなわち一人称の視点から判断することとなる。これに対して顧客が価値の判断主体になるならば，企業は顧客に寄り添うような受動的な視点から顧客の価値を捉えることになる（図表3-5）。

すなわち組織外に位置する顧客を見据え，二人称の視点も加えて判断することが求められる。これは組織内に留まってきたマネジメントを組織外部まで拡張することに他ならない。このようにサービス社会ではマネジメントの範囲を再定義することが必要になる。

図表3-5　組織外に拡張したマネジメント理論の考え方

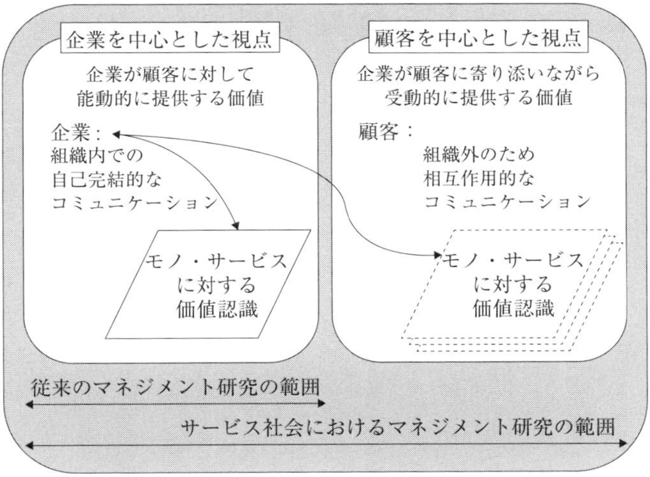

出所：筆者作成。

また二人称のマネジメントでは企業が受動的な役割を担うことになるのだが，そこで必要となるのは顧客と企業とを橋渡しするコミュニケーションである。一人称のマネジメントにおけるコミュニケーションは自己完結的であり，伝え方などのルールは企業が一元的にマネジメントすることで対応できる。しかし二人称のマネジメントでは顧客と企業が接点を持つだけではなく，そこで相互作用的なコミュニケーションが図れるような操作が必要となる。なぜならば，必ずしも明示的ではない顧客の価値を企業が認識して共有するには，コミュニケーションが対話の手段となるためである。したがって，Barnard は組織成立の要素にコミュニケーションを挙げるが，サービス社会では組織の枠にとらわれず，価値共創する共同体として顧客との間にも円滑なコミュニケーションを構築することが課題となる。そのための新しいマネジメント理論の発展が望まれるところである。

受動的な視点の取り組みとして，顧客に寄り添いながら提供される製品・サービスや日本特有の「おもてなし」といったサービスが挙げられる。しかしこれらを説明する理論は構築されておらず，マネジメント研究の中での位置づけも確立されていない。いわば今後のマネジメント研究の発展に不可欠な議論として残されている。

第5節 おわりに

本章では，企業経営におけるマネジメント研究の発展経緯をふり返りながら，マネジメントの管理範囲の広がりといった視点の変化を時系列で整理しながら議論を進めてきた。そのうえで，これまでのマネジメント研究が自社（企業）を規準として視野の中心に据えながら検討が進められてきたことも議論した。

サービスを中心とする考え方に基づけば，自社の範囲外に位置する顧客が必要とする価値を自社が認識し，提供するためのマネジメントが必要となる。それは組織外の顧客が認識するであろう価値の多様性を認め，それに対して寄り添うという受動的な姿勢から価値を提供する仕組みと管理が新たに求められることに他ならない。中でも特に組織外の顧客と自社との橋渡しが必要になるため，これまでほとんど議論されてこなかったコミュニケーション・マネジメン

トの深耕は喫緊の課題となる。このように，マネジメント研究のあり方も，サービス社会の到来を機会にマインドセットを切り替えて，さらに精緻に発展させていくことが望まれる。

[注]
1) Oxford Dictionary of English, 3rd ed., 1998:2010. 原文では the process of dealing with or controlling things or people と定義される。
2) システムとは複数の独立した要素が有機的に結合し，1つのまとまりや仕組みとして体系的に成立するものを指す。ODE では，A set of things working together as parts of a mechanism or an interconnecting network ; a complex whole と定義される。

[参考文献]
Barnard, C. I. [1938] *The Functions of the Executive*, Harvard University Press.（山本安次朗・田杉競・飯野春樹訳 [1938]『経営者の役割』ダイヤモンド社。）
Burns, T. and G. M. Stalker [1961] *The Management of Innovation*, Tavistock.
Cohen, M. D., J. G. March and J. P. Olsen [1972] "A Garbage Can Model of Organizational Choice," *Administrative Science Quarterly*, Vol.17(1), pp.1-25.
Daft, R. L. [2001] *Essential of Organization Theory and Design*, 2nd Ed., South-Western College Publishing.（高木晴夫訳 [2002]『組織の経営学』ダイヤモンド社。）
Kagono, T., I. Nonaka, A. Okamura, K. Sakakibara, Y. Komatsu, A. Sakashita [1981] "Organic vs Mechanistic Management System : A Comparative Study of Adaptive Patterns of U. S. and Japanese Firms," *Annals 1981 of the School of Business Administration*, Kobe University, No.25, pp.115-139.
Krippendorff, K. [2006] The Semantic Turn-A New Foundation for Design-, CRC Press.（向井周太朗ほか訳 [2009]『意味論的転回』エスアイビー・アクセス。）
Lawrence, P. R. and J. W. Lorsch [1967] *Organization and Environment : Managing Differentiation and Integration*, Harvard University Press.（吉田博訳 [1977]『組織の条件適応理論：コンティンジェンシー・セオリー』産業能率短期大学出版部。）
Mayo, E. [1933] *The Human Problems of an Industrial Civilization*, MacMillan.（村本栄一訳 [1967]『新訳　産業文明における人間問題』日本能率協会。）
―――― [1945] *The Social Problems of an Industrial Civilization*, Harvard Business School Press
Mayo, E. [1947] *The Political Problem of an Industrial Civilization*, Harvard Business School Press
Prahalad, C. K. and V. Ramaswamy [2004] *The Future of Competition*, Harvard Business School Press.（有賀裕子訳 [2004]『価値共創の未来へ』ランダムハウス講談社。）
Roethlisberger, F. J. and W. J. Dickson [1939] *Management and the Worker*, Harvard University Press
Roethlisberger, F. J. [1941] *Management and Morale*, Harvard University Press.（野田一夫・川村欣也訳 [1954]『経営と勤労意欲』ダイヤモンド社。）
Scott R. W. [1998] *Organizations : Rational, Natural, and Open Systems*, 4th ed., Prentice-Hall.
Simon, H. A. [1976] *Administrative Behavior*, 3rd ed., The Free Press.（松田武彦・高柳

暁・二村敏子訳［1989］『経営行動』ダイヤモンド社。）
―――― ［1960］The New Science of Management Decision, Prentice-Hall.（稲葉元吉・倉井武夫訳［1979］『意思決定の科学』産業能率大学出版部。）
Taylor, W. F.［1911］ The Principles of Scientific Management, Harper & Row.（有賀裕子訳［2009］『新訳　科学的管理法』ダイヤモンド社。）

上野恭裕・馬場大治［2016］『経営管理論』中央経済社。
占部都美［1984］『新訂　経営管理論』白桃書房。
大橋昭一・竹林浩志［2008］『ホーソン実験の研究』同文舘出版。
上林憲雄・奥林康司・團泰雄・開本浩矢・森田雅也・竹林明［2007］『経験から学ぶ経営学入門』有斐閣。
倉田致知［2011］「Management and Worker の概要」『京都学園大学経営学部論集』Vol.21(1), 259-302 頁。
高木清・丸山祐一編著［1988］『経営管理の理論と歴史』中央経済社。
高橋正泰編著［2011］『経営管理論』文眞堂。
遠山暁・村田潔・岸眞理子［2003］『経営情報論』有斐閣。
野中郁次郎・加護野忠男・小松陽一・奥村昭博・坂下昭宜［1978］『組織現象の理論と測定』千倉書房。
森本三男［1998］『第 2 版　現代経営組織論』学文社。
渡辺　俊［2008］『「組織と個人」のマネジメント』中央経済社。

（奥居正樹）

第Ⅱ部

各論編

第4章

ヒトのマネジメント
―従業員満足を高める新たな人的資源管理―

第1節　はじめに

　20世紀のはじめ，経営学は産業革命後に出現してきた工業社会を背景にして製造業の経営者へ向けて研究が開始された。伝統的マネジメント論は経営者が管理可能な経営資源の中にヒト（従業員）を位置づけてきた経緯がある。20世紀にその強い影響下で進展した伝統的マーケティングの研究はアメリカを中心に発展して工業社会のもとで大いに企業活動に貢献をしてきた。

　1980年頃からサービス経済化が急速に進展する。当初，北米のマーケティング研究は工業社会の製造業の視点で考察されたモノを扱うためのマネジメント理論をサービスにも適応しようと試みた。顧客の満足度は企業が提供する商品の品質によって影響を受ける。企業はモノの品質は管理可能な工場出荷時で安定的に規定できるが，サービス商品の品質は現場で顧客と相互作用する従業員が大きな影響を与える。したがって，必然的に北米のサービス・マーケティング研究はヒトのマネジメントに関心を示すことになった。

　一方で，北欧は企業間取引の産業財を中心とした研究に関心があった。そこでは，特定顧客企業との長期的な関係性やサービス提供のプロセスが研究されてきた。このように，北欧を中心として発展したサービスを扱う研究は北米のマーケティング研究と距離を置いた独自の視点で，主体間の関係性や相互作用に焦点を当てた研究を進展させた。現在の，サービス社会におけるサービスを

対象とするヒトのマネジメント論は伝統的な製造業の理論に依拠して編成できるのであろうか。ヒトのマネジメント論には個人と人の集合体の組織を対象とする研究がある。本章では個人としての従業員を対象とするマネジメント論を扱い，組織を対象とする研究は第8章の組織のマネジメントで考察する。

　本章では続く第2節で，北米マーケティングのヒトのマネジメント，第3節で，北欧で発展したヒトのマネジメントについて概観する。そして第4節で，サービス社会のヒトのマネジメントへ向けて考察して，最後に残された課題を提示する。

第2節　北米マーケティングのヒトのマネジメント

1.　伝統的マーケティング

　経営管理（マネジメント）は20世紀の初頭からの工業社会において，企業が生産性や効率を高めることを目的に本格的な研究が開始された。大手製造業の経営者の関心は，大量に生産した商品を如何にして効率的に市場へ流通させるかに移っていった。北米の経営者のこのような課題を解決する目的で研究が進展したのがマーケティング研究である。

　マーケティングは経営諸機能の中の，市場や顧客を対象とするミドル・マネジャーが担う1つの部門と位置づけられた。したがって，工業社会の中では，必然的にミドル・マネジャーが与えられた権限内で管理可能なマーケティング・マネジメントの理論が組み立てられた。

　マーケティング・マネジメントの中心であるマーケティング要素間の組み合わせはマーケティング・ミックスと呼ばれる。企業が製品を市場に流通させる時に管理すべき主要な要素を「製品（product）」「価格（price）」「流通（place or distribution）」「販売促進（promotion or communication）」として分かりやすく提示した。このように工業社会のもとで，代表的なマーケティング・ミックスの「4Ps」はモノを中心として考察された。したがって，伝統的マーケティング研究におけるヒトのマネジメントに焦点を当てた体系的な研究はマーケティング・ミックスの「人的販売」の視点から営業，販売などの分野で考察されて

きた。伝統的マーケティングにおけるヒトのマネジメントはマーケティング部門のミドル・マネジャーが与えられた権限の範囲内で部門内のヒトを対象に役割を担ってきた。伝統的経営管理論ではヒトを担当とする経営諸機能は人事部門の役割であったからである。

2. 北米のサービス・マーケティング

サービスを扱う研究には大きく北米型と北欧型の研究がある。北米における初期のサービス・マーケティング研究はモノのマーケティングから強い影響を受けた。一方で，独自の視点で研究を進展させたのが北欧のサービス・マーケティングである。北欧のサービス研究は第3節で考察する。

(1) サービス・マーケティング・ミックス

1980年代に入り北米でサービス社会が進展するとサービス（無形財）を対象としたサービス・マーケティング（マネジメント）研究が本格的に開始した。サービスにはモノと違う特性があり，従業員の行動が企業の提供するサービスの商品品質と密接な関係がある。したがって，経営者は必然的に従業員をマネジメントするためのマーケティングに関心を示すことになった。

そこで，発展したのがサービス・マーケティングにおけるヒトのマネジメントについての研究である。企業が提供する商品のサービス品質を維持するためには顧客と現場で接する従業員の質が重要である。企業は実践においてモノと違う特性をもつサービスを扱うことから，モノを中心として発展してきた既存の方法に修正を加えながら企業活動を実施してきた。

Lovelock and Wirtz [2008] はサービスを提供する場合は「4P」をサービス特性に合わせて「サービス・プロダクト (product elements)」「場所と時間 (place and time)」「価格とその他のコスト (price and other user outlays)」「プロモーションと教育 (promotion and education)」と解釈して，さらに「物理的環境 (physical environment)」「サービス・プロセス (process)」「ヒト (people)」「生産性とサービス品質 (productivity and quality)」を加えて「8P」として提示した（邦訳26頁）。そして，顧客と接する「サービス・エンカウンター」の重要性を挙げている（邦訳59頁）。企業は従業員を雇用して保持するために動機づけ，成長，満足させるためのシステムをつくることが重要とな

る。このように，北米で進展したサービス・マーケティングの研究は「4Ps」の延長線上にヒトのマネジメントを位置づけて進展したのが大きな特徴である。

(2) サービス・プロフィット・チェーン

Heskett et al. [1994] は従業員満足が顧客満足に影響を与えるというサービス・プロフィット・チェーンの概念を提示した。そして，従業員に向けた社内サービス品質を高めることが結果的に企業の業績に繋がるとの仮説を提示した（図表4-1）。

社内サービスの品質が良ければ従業員満足が高まり，従業員満足が高ければ定着率や生産性が上昇して顧客サービスの品質が高まる。高い顧客サービスの品質が顧客満足度，顧客ロイヤルティを高めることから売上高と成長，利益率の向上に繋がるという考え方である。さらに，売上高と成長，利益率が良くなると，社内サービスの品質を改善し従業員満足を高めることに繋がってくる。このように，サービス・プロフィット・チェーンの仮説は定性的な満足の価値を定量的に評価することで一連の好循環の流れを示している。

21世紀に入ると，Heskett et al. [2003] は顧客満足と従業員満足を企業の利益に結び付けるバリュー・プロフィット・チェーンの概念を提示した。従業員満足は「上司の公平さ」「職場での同僚との関係の質」「個人の成長の機会」「能力」「権限の自由度」「職務での満足度」「金銭的報酬」の要因から成り立っている。従業員満足は高い価値と低費用を実現する組織能力を作り上げる努力の中核となる。これらのバリュー・プロフィット・チェーンの要素間の関係は，自己強化的であり，組織業績にプラスにもマイナスにも働くことを提示し

図表4-1　サービス・プロフィット・チェーン

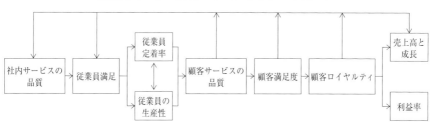

出所：Heskett et al. [1994] p.166。

た（邦訳49頁）。

　そして，高い能力を持つ組織を目指すためには従業員を顧客のように扱う従業員関係性管理（ERM）の重要性を提示している。具体的には，高い能力を持つ組織は土台から作り出される。事業の使命や目的を認識し従業員が提供するものを必要とする顧客を標的として個々の従業員を選抜するところから始まる。優れた組織は人と技術の双方で優れた支援システムを作り出すことで，従業員の能力開発を手助けする。従業員には顧客の問題を解決することができる幅広い権限が常に付与されていることが重要である（邦訳201-202頁）。

3. 小　括

　北米のマーケティング研究は20世紀の工業社会のもとで大規模化した製造業を中心に大きく発展して企業活動に貢献した。しかし，マーケティングは経営諸機能の中の一部門の範囲内であり，ヒトのマネジメントは人事部門が担当した。サービス・マーケティング初期のヒトのマネジメント論はヒトを機械と同じような経営資源として考察してきた。北米で発展したサービス・マーケティング論は，企業があらかじめ決めたマニュアルに沿って商品を市場に届ける考え方を基本として編成されている。したがって，Heskett *et al.* が提示するサービス・プロフィット・チェーンやバリュー・プロフィット・チェーンの概念は企業の利益の実現のために従業員を上手に管理していこうとする意図が強いのが特徴である。

第3節　北欧で発展したヒトのマネジメント

1. サービスを対象とする北欧研究

（1）　サービス・マネジメント・システム

　北欧の企業は市場の人口が少なく，企業間取引が中心であったことから産業財の取引に関心があった。北欧のマーケティング研究は，顧客企業との関係性

や問題解決のプロセスとしての活動に焦点を当てた。したがって，北米型の研究が消費財取引における不特定多数の最終消費者を対象として発展したのに比べると，特定の顧客（企業）との相互作用や長期的な関係性を重視した特長がある。サービスの活動や関係性を対象とする北欧のマーケティング研究グループは北欧（ノルディック）学派と呼ばれる。

Normann［1991］は，サービスを生産するマネジメント・システムを5つの構成要素で提示した（図表4-2）。構成要素は，①マーケット・セグメンテーション，②サービス・コンセプト，③サービス・デリバリー・システム，④イメージ，⑤経営理念・文化である。これらの要素はそれぞれ相互に関連しながら全体として1つのシステムをつくる。

この中でヒトが大きく関係するのがサービス・デリバリー・システムである。サービス・デリバリー・システムは計画したサービス・コンセプトを提供するためにサービスを生産して顧客に届けることである。サービスはモノとは違い工場で生産できない。従業員が顧客と一緒に相互作用しながら販売までを担当する。したがって，サービス・デリバリー・システムでは人的資源が最も重要な要素である。モノの生産システムでは技術が重要であって従業員はそれ

図表4-2　サービス・マネジメント・システム

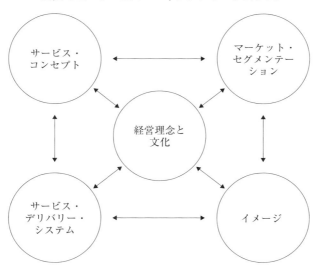

出所：Normann［1991］邦訳83頁。

をマニュアル通りに遅滞なく運営することになるが，サービスはヒトが生産の中心になるからである。サービス品質はサービス生産の結果とプロセスの両方で提供者のヒトの活動に大きく影響される。

(2) 真実の瞬間

サービスは顧客とサービスを提供する従業員との接点において展開され提供される。したがって，顧客がサービスを評価するとき，サービス提供に携わる従業員は重要な意味を持つ。

Carlzon [1987] は，サービス・エンカウンターを担う最前線の従業員に「彼らが以前から望んでいたようなサービスを顧客に行なうよう」に徹底的に指示した。顧客が企業の評価を決める「真実の瞬間」は顧客と直接接する最前線の従業員が提供するサービスの質が決めるからである（邦訳5頁）。従業員と顧客の接点で，企業のイメージが創造され顧客はサービス品質を知覚する。そのため，顧客と接する従業員がいかに行動するかが決定的な「真実の瞬間」であるとした。このように，Carlzonはスカンジナビア航空（SAS）のCEOをしているときに「真実の瞬間」を重視した経営を行い不振の航空会社を蘇らすことに成功した。サービス・エンカウンターで動機づけがされた，やる気のある従業員が顧客に接する方がやる気のない従業員が担当するよりも顧客の満足度は高くなる。Normann [1991] は，このような関係を「ミクロの循環」と呼んだ（邦訳279頁）。真実の瞬間においての良い循環は高揚した気分の従業員がサービスを提供することで顧客が高揚する気分（集中，興奮，または良い経験の気づき）を感じられることである（図表4-3）。

2. グルンルースのインターナル・マーケティング

北欧学派は北米研究よりも早い段階から従業員のマネジメントに焦点を当てた研究を進展させている。インターナル・マーケティングは従業員を組織内の顧客とみなしてマーケティング活動を実施することを意味する。インターナル・マーケティングは組織にとって従業員が内部市場の顧客であるという考え方を起点としている。インターナル・マーケティングは組織内部のあらゆる従業員に対してサービス志向性および顧客やマーケティングに興味をもたせるための新しいアプローチである。具体的には職場設計，エンパワメント，報酬と

図表 4-3　真実の瞬間における良い循環

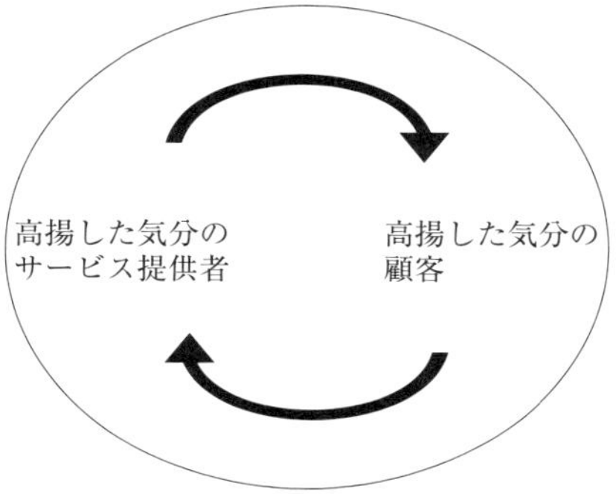

高揚した気分の
サービス提供者

高揚した気分の
顧客

出所：Normann［1991］邦訳 279 頁。

認知，仕事に関連するツールの整備，社内キャンペーンの実施，従業員セミナーの開催，広報活動，啓蒙活動などがある。

　インターナル・マーケティングは組織全体が顧客志向で機能するために全部門に働きかけるトップ・マネジメントの役割である。Grönroos［2007］は，インターナル・マーケティングの中心概念として従業員に対する「エンパワリング（Empowering）」と「イネーブリング（Enabling）」を挙げている（邦訳 343 頁）。従業員に対するエンパワリングは，接客社員に意思決定と行動する権限を付与することである。イネーブリングとはエンパワリングが機能するための環境づくりを指している。したがって，組織全体が顧客志向で機能して目的を達成するためには，トップ・マネジメントはエンパワリングして，サポート体制や精神的な支えなどの環境づくりや支援体制を整備することが不可欠となる。

　インターナル・マーケティングの役割はサービス・プロフィット・チェーンの社内サービスの品質，従業員満足を高める組織内部向けの働きかけである。企業はインターナル・マーケティングをとおして，採用・研修・教育を実施し，従業員に対して権限委譲や評価・報酬を与えることで動機づけ，十分な情報提供とコミュニケーションの場を提供する。その結果，エクスターナル・マーケティング（外部向けの活動）やインタラクティブ・マーケティング（従業員と顧客との相互作用）を有効に機能させることができると考えた。

3. 小　　括

　第2節で概観したように北米のサービスを対象とする研究は工業社会の伝統的マネジメント研究の強い影響を受けて発展した。これに対して，北欧学派は独自の視点で顧客企業との相互作用や関係性に焦点をおいて研究を進展させてきた。北欧のサービス・マーケティングは従業員を内部顧客として位置づけて顧客と同様に扱うことを重視してきた。そして，インターナル・マーケティングを全社レベルのマネジメント，すなわちトップ・マネジメントの役割として位置づけてきた。

　サービス社会では，ヒトがサービス品質に与える影響が大きくなる。サービスを対象とする場合はモノを対象として製造業を中心に発展した人的資源管理から解放された新たな理論編成が必要であることがわかる。

第4節　サービス社会のヒトのマネジメントへ向けて

1.　従業員の捉え方

　サービスを対象に研究が進展した北欧研究ではインターナル・マーケティングの概念で従業員を内部顧客として扱う研究が進展した。北米研究も今世紀に入り，バリュー・プロフィット・チェーンの概念化で従業員満足に焦点を当てた研究に関心が移ってきたことから同じ方向に進んでいる。

　サービス社会のロジックは従業員を自律的な主体を意味するオペラントとして捉える必要がある。なぜならば，サービス社会ではサービス・エンカウンターでの相互作用を顧客満足につなげるために従業員に対して権限委譲と支援をすることが求められるからである。したがって，サービス社会では従業員を受動的な客体のオペランドとして捉えがちな経営学の人的資源管理論とは違う独自の概念化が必要である。

　経営資源の種類には，能動的なオペラント資源と受動的なオペランド資源の2種類がある（Constantin et al.［1994］pp.143-145）。オペラント資源は人，金，

機械などの使用に対して能動的に働きかけるために使用するナレッジやスキルのような知的な資源のことである。これらのオペラント資源が協働して作用するときに何か新しい価値を創造することができる。

　北米で進展したサービス・マーケティングの従業員観はサービス品質を管理するために従業員をオペランドとして管理・操作しようとする考え方が強い。この前提は工業社会のヒトのマネジメントと同じ考え方である。サービスの工業化の視点はあらかじめ決めた価値をマニュアルで再現することに重点を置いている。この従業員観は従業員を機械と同様にオペランドとして捉えることに繋がりやすい。サービス社会で必要とされる考え方はオペラントとして従業員を捉えることである。

　サービスの同時性の性格上サービス・エンカウンターの従業員に権限が移譲され，真実の瞬間における品質が顧客の評価のすべてとなる。顧客の評価の究極は従業員のやる気にかかっているといっても過言ではない。では，このような重要な役割を担う従業員がやる気を出すための動機づけはどのように捉えたら良いのであろうか。サービス社会のヒトのマネジメントの理論化で参考となるのが内発的動機づけとサーバント・リーダーシップなどの研究である。

2. 内発的動機づけ

　動機づけの研究には，自律的な人を考察する内発的動機づけ理論の系統がある。Deci [1995] は「他者をどのように動機づけるか」ではなく「どのようにすれば他者が自らを動機づける条件を生み出せるか」が重要だと提示した。人が見た目には外的な報酬がないのに自発的にその活動自体が目的となって従事するような活動を内発的に動機づけられた活動という。Deci は内発的に動機づけられた行動は自己を有能で自己決定的であると感知する行動であると定義した（邦訳12-13頁）。

　マズローの欲求段階説は先天的潜在能力を前提にするが内発的動機づけは出生時から存在しているだけではなく後発的に派生すると考えられている。内発的動機づけは高められた気づき（heightended awareness），悟りといわれるもので，それ自体に価値がある。シカゴ大学の心理学者ミハイ・チクセント・ミハイはこのような経験を「フロー（flow）」状態と呼んでいる。フローとは時間の感覚が消え去り，集中力が持続し，ワクワクするような気持ちで満たさ

れ，その時間がいつまでも終わらないでほしいと願うような心理的状態を指す（邦訳61頁）。

　従業員が内発的に動機づけられると自律性が高められ，自らの成長を支える力となり思考力，集中力，直感力や創造性が高まる。外発的な動機づけは統制することを目的として用いるとそれらの力が妨げられる。そして，内発的動機づけに比べて人は従事する活動を楽しむことができないばかりか問題をうまく解決することができない（邦訳67頁）。

　したがって，サービス社会では従業員の自律性を支援することは選択を与えることであり，上の地位にいる者がもつ力をサービス・エンカウンターの従業員が共有できることが必要である。それでは，このようなオペラントとしての従業員の捉え方を前提としたリーダーシップはどのように発揮したら良いのであろうか。

3．サーバント・リーダーシップ

　Greenleaf［1977］は，サーバント・リーダーとはフォロワーが自分の意志で意識的にリーダーとして認めた相手であると提示した（邦訳48頁）。リーダーが現場における部下の成功のために奉仕するべきだと考えるのがサーバント・リーダーシップである。サーバント・リーダーは自ら与えられた仕事を楽しみ夢中に実行することから部下が自然と引き込まれる。リーダーが本気で楽しんでいない環境下では部下が本気で楽しめるはずがないからである。

　サーバント・リーダーは企業の経営理念を実現するためにフォロワーが一生懸命に働いているのならば，一緒になって尽くそうとする。たとえ上司であっても地位や権限の力に頼るだけでは，リーダーシップは発揮されないことから部下は真剣についてこない。すなわち，上に立つ人こそがみんなに尽くしていくタイプの人でなければならないのである。サーバント・リーダーは大きなビジョンを描いて部下が本当に困っているときはコーチングをおこない，自分が信じる理念の実現のために邁進している人たちをしっかり支援する（池田・金井［2007］55頁）。

　リーダーは従業員や関係する社内外の組織を互いにメリットがあるパートナーとして捉えることで従業員を巻き込むだけでなく，他の組織との関係性を構築していく必要がある。リーダーが周囲を巻き込んで相互作用することで，

組織の内部と外部を分ける境界線が曖昧になり1つの組織が生成される。したがって，最も重要な経営者や管理者の役割は自分が信じる理念を実現するために発揮するリーダーシップである。経営者や管理者がサービス・エンカウンターの従業員に求めることと同様の行動を彼らは従業員に対して実施しなければ説得力がない。

　従来のリーダーは，目的を達成するために外発的動機づけによる組織運営を中心に行ってきた。しかし，リーダーが内発的動機づけを重視する場合は，オペラントな存在の従業員と相互作用するための新たなナレッジ，スキルを身につけることが必要となる。すなわち，経営者や管理者は力や権限によって管理することから，創造的な支援型の人間関係中心の組織運営に転換することが求められる。

4. 小　　括

　サービス社会におけるヒトのマネジメントの理論化の大前提は社員をオペラントとして自律的・能動的な主体として捉えることである。サービスの品質は，サービス・エンカウンターで実施する従業員のやる気に究極は委ねられるからである。そして，企業が従業員にやる気を出させるためには，外発的な動機づけよりも内発的な動機づけが効果的であることが分かった。サービス社会のリーダーは内発的に動機づけされた従業員を支援するためのリーダーシップを発揮することが求められる。

　これらの概念化には心理学の先行研究の内発的動機づけさらに支援型リーダーシップのサーバント・リーダーシップの研究から多くの示唆が得られるであろう。

第5節　おわりに

　工業社会では経営者がヒト・モノ・カネなどの経営資源の1つである人的資源としてヒトを管理して目標達成することを目指した。サービス社会では顧客と同様に従業員が満足することが高い品質を維持するためには不可欠となる。本章ではそのための新しいヒトのマネジメントについて考察した。

サービス社会では企業の立場での経済活動とは違い，顧客の生活の立場から顧客にとっての価値を実現するための活動が重視されることになる。サービスは顧客の求めに応じて利用・消費段階に企業が直接的に顧客と関り相互作用することで成立する。そこでは，企業にとっての価値を優先させるサービス提供ではなく，顧客が実現したい価値を支援するサービス提供のためにヒトをマネジメントすることが求められる。

[参考文献]

Carlzon, J. [1987] *Riv Pyramiderna*, Albert Bonniers Förlag AB.（堤猶二訳 [1997]『真実の瞬間：SAS のサービス戦略はなぜ成功したか』ダイヤモンド社。）

Constantin, J. A. and R. F. Lusch [1994] *Understanding Resource Management*：*How to Your People, Products, and Processes for Maximum Productivity*, Oxford, OH.

Deci E. L. and R. Flaste [1995] *Why We Do What We Do：The Dynamic of Personal Autonomy*, G. P. Putnam's Sons.（桜井茂男監訳 [2012]『人を伸ばす力：内発と自律のすすめ』新曜社。）

Greenleaf, R. K. [1977] *Servant Leadership：A Journey into the Nature of Legitimate Power and Greatness*, 25th Anniversary Edition, The Robert.（金井壽宏監訳 [2009]『サーバント・リーダーシップ』英治出版。）

Grönroos, C. [2007] *Service Management and Marketing：Customer Management in Service Competition*, 3rd ed., John Wiley & Sons Limited.（近藤宏一監訳 [2014]『北欧型サービス志向のマネジメント：競争を生き抜くマーケティングの新潮流』ミネルヴァ書房。）

Heskett, J. L., T. O. Jones, G. W. Loveman, W. E. Sasser, Jr. and L. A. Schlesinge [1994] "Putting the Service-Profit Chain to Work", *Harvard Business Review*, March–April, pp.164-174.（小野譲司訳 [1994]「サービス・プロフィット・チェーンの実践法」『DIAMOND ハーバード・ビジネス・レビュー』6月-7月。）

Heskett, J. L., W. E. Sasser, Jr. and L. A. Schlesinger [2003] *The Value Profit Chain：Treat Employees Like Customers and Custmers Like Employees*, The Free Press.（山本昭二・小野譲司訳 [2004]『バリュープロフィットチェーン―顧客・従業員満足を「利益」と連鎖させる―』日本経済新聞社。）

Lovelock, C. and J. Wirtz [2008] *Service Marketing：People, Thechnology, Strategy*, 6th ed., Pearson Education.（白井義男監修 [2008]『ラブロック & ウィルツのサービス・マーケティング』ピアソン・エデュケーション。）

Normann, R. [1991] *Service Management：Strategy and Leadership in Service Business*, 2nd ed., John Wiley & Sons.（近藤隆雄訳 [1993]『サービス・マネジメント』NTT出版。）

池田守男・金井壽宏 [2007]『サーバント・リーダーシップ入門』かんき出版。

（藤岡芳郎）

第5章

モノのマネジメント
―価値共創を軸とした商品開発―

第1節　はじめに

　製造業において商品開発は非常に重要な位置づけを占めるが，良い商品を作るだけでは近年苦境に立たされる企業が多く見られる。良い商品を作っても競合他社との競争の中，コモディティ化などで十分に利益を確保できない企業は決して少なくない。そのような中で製造業も商品を作って売るだけでなく，様々なサービスに取り組み，その結果多くの収益を得る企業が増えてきた。
　既に1980年代から製造業のサービス化の研究は行われていたが，Vargo and Lusch［2004］がS-Dロジックを発表して以降，サービスの概念でモノも含めたエコシステム全体を捉え直す研究がされている。しかし，どのような企業活動をすれば良いかについての議論は少ない。特に価値共創を行うために，どのように商品開発を行うか，つまりモノのマネジメントについては議論がなされていない。本章ではサービスに関連する議論の中でも特に顧客と直接的な相互作用を行う価値共創に焦点を当て，価値共創を行うための商品開発とはどのようなものか，そして伝統的マーケティングに従ってきたこれまでの商品開発とどのような違いがあるかを明らかにし，商品開発を捉え直す。
　議論の流れとしては，まず，伝統的モノづくりの原点となる伝統的マーケティング研究と伝統的モノづくり研究の接続を行い，伝統的モノづくりがコモディティ化といった経営課題に直面する要因を示す。次に製造業のサービス化

の議論からサービス化がその課題の解決方法の1つとなりうることを示す。最後に直近のサービス研究を踏まえ，価値共創を行うための商品開発マネジメントについて述べる。

第2節　伝統的モノづくりとその課題

　モノづくりは，単独で存在するのではなく，マーケティングと深く結びついている。伝統的モノづくりもその企業のマーケティングが目指すところを実現する手段である。ここではまず伝統的モノづくりの出発点となる伝統的マーケティングについて概観し，伝統的モノづくりとの関連性を見てゆく。

1.　伝統的マーケティング

　Kotler and Armstrong [1980] は，「欲求やニーズに応えるために市場に提供されるものならなんでも商品になりうる。有形財，サービス，経験，イベント，人，場所，組織，情報，アイディアがある」(p.318) と述べている。有形な商品だけに限定せず，顧客が求めることに対するソリューションが得られるためのもの，それをサポートするもの全てを含むという考え方である。しかし，一方で企業が顧客のニーズを事前に理解していることが前提にある。顧客のニーズは本来，顧客が商品を使用する現場で発生するものであり，顧客へのニーズのリサーチを行おうとも，顧客が回答し得るのはその時点で発生しているニーズあるいは想像でしかない。顧客が商品を使用するためのナレッジ・スキルも事前には分からない。企業が事前に価値や商品のベネフィットを一方的に決め，それを商品の中に織り込んで販売するという伝統的マーケティングの特徴が，これまでの商品開発のマネジメント論の起点となっている。

　顧客を努力対象としたこと（McCarthy [1960]）が，マーケティング理論に十分には生かされておらず，あくまでも顧客の購買行動を誘発することが関心事であり，それを達成するために，顧客と相対するのではなく，顧客から遠く離れ，操作できる対象である4Psを理論体系の中心としたことが，伝統的マーケティングの課題である。なぜならば，あくまでも顧客は対価と引き換えに確実に価値を得たいはずだからである。本来論からすれば，得た価値に対し

てのみ対価を支払いたいであろう。顧客を努力対象としたことに議論の誤りはないものの，遠く離れたところから，できることだけを理論化したことに伝統的マーケティングの根本的な課題がある。

2. 伝統的商品開発のマネジメント

これまで商品開発における企業間の競争は，コスト競争→品質競争→多品種化競争→時間競争へと移り変わってきた（圓川・安達［1997］）。モノの普及が十分でない段階では，所得の上昇に加え，大量生産をバックグランドにした商品の価格低下により，普及が促進されてきた。しかし，企業はコスト競争へと陥ることによる体力低下を避けるため，商品の品質をあげ，価格を維持する方向へと動いていった。これとて各社ともより大量に販売しようと品質競争を行い，その結果，品質向上だけでは同質化してしまい，価格競争へと陥った。次の段階では各社競合との差別化を行うことで価格維持に努め，その結果，多くのバリエーションを生み，顧客に対していかに自社商品がユニークかを競うようになった。しかし，当然ながら他社の売れ筋については競合他社が模倣することで同質化を招き，価格競争へと陥ることとなる。そして，現代においては，いかに市場のニーズが生じたタイミングでタイムリーにユニークな新商品を投入するかが重要視されるようになった。伝統的マーケティング，すなわち事前に商品に価値を埋め込むマーケティングに基づくと，競争優位に立つために顧客のニーズにあった良い商品を他社よりもいかに早く市場に投入するかが重要視され，同質化する前に利益を稼ぎ出そうとする。

商品開発のプロセスでは大きく，①商品コンセプト創造，②商品仕様決定，③商品設計，④生産ライン設計，⑤生産立ち上げの5つのプロセスがある。商品仕様が決定した以降の開発プロセスは，系統的に進めるシーケンシャルなプロセスであったが，MITが日本の自動車メーカーを調査したことにより，開発リードタイムを短縮するコンカレント・エンジニアリングという概念が台頭した（Dertouzos *et al.* ［1989］）。コンカレント・エンジニアリングでは，上記のプロセスのうち，商品仕様の決定から生産立ち上げまでの間のプロセスのシーケンシャルな流れを，重なりを持たせ同時並行的に進める。これを実現するためには，組織のマネジメントと情報のマネジメントを必要とする。

組織に関して，従来は機能による部門構成を行い全体を統括するスタッフ部

門という形が取られてきたが，縦割り機能的組織は情報伝達遅延の課題がある。この欠点を補完するためには多様な部門から構成される部門横断チームが有効である（圓川・安達［1997］）。商品開発プロセスにおいて，各部門ではインプット情報を上流部門から受け取り，作業を行い，その結果生み出された情報を次の工程へとアウトプットする。したがって，前工程がアウトプット情報を作成できない限り，次の作業は行うことができない。それがまさに情報伝達の遅延を生み出している。コンカレント・エンジニアリングでは，部門横断的にお互い途中段階の情報を受け取り，作業開始を早める。また，早い段階で，全体で情報共有されることによって，課題の共有と解決行動が早期に行われ，手戻りを減らすことによって開発作業を効率化することができる。

商品開発において主たる作業は前行程から得た情報の加工であり，非公式な情報を含めた共有化が重要となる。したがって，情報のマネジメントが大きな役割を果たす。こうした情報を自部門の業務に効果的に活かすためには，開発領域の技術課題を深く理解し，多方向へ対応できる専門能力が必要となる。

一方，開発の初期段階における商品コンセプト創造や基盤要素技術開発では，ルーチンワークとは本質的に異なる創造的な作業が多く，コンカレント・エンジニアリングには限界がある（圓川・安達［1997］）。試行錯誤を行うことが基本となるコンティンジェンシー・エンジニアリングが主となる。この段階では顧客のニーズを理解し，いかに他社にない差別化された商品コンセプトや技術を生み出せるかが重要となる。

以上のように，伝統的マーケティングにおける事前価値に基づき，商品開発では事前に顧客のニーズに適合し，差別化された商品をできるだけ短期間で開発することが重要視されてきた。

3. 商品のコモディティ化とその対応

製造業における1つの重大な課題にコモディティ化があげられる。コモディティ化とは，「参入企業が増加し，商品の差別化が困難になり，価格競争の結果，企業が利益を上げられないほどに価格低下することである」（延岡［2006a］91頁）。日本企業においても電機メーカーなどがコモディティ化によりこれまで大きな痛手を被ってきた。

コモディティ化の要因はいくつか挙げられるが，1つの要因として顕在化し

ているニーズに対応していることがある。それへの対応として顧客が言葉にできないニーズを探ったり，技術的にブラックボックスにする（楠木［2006］）ことがあるが，現実的には時間が経てば代替手段が見出されることが多い。いずれもコモディティ化しない期間の延命措置である。2つ目の要因として顧客のニーズがある一定の水準を超えると飽和してしまうことがあげられる。これに対しては，機能面ではなく意味的価値や経験価値といった感情面に訴えるものを開発することがある（延岡［2006b］）が，それらとて模倣可能である。そして3つ目の要因として企業間のベネフィット競争と価格競争があげられるが，それに対しては高価格帯へのポジショニング（D'Aveni［2010］）や他の商品との差異を強調したプロモーションなどが行われる（恩蔵［2007］）が，いずれも市場で成功していたならば競合による追従は容易である。これらに共通している問題点は，企業が事前に価値やベネフィットを決め，それを埋め込んだ商品を販売するところまでしか企業努力を求めておらず，各社あらかじめ用意した商品を顧客に提示するに留まっている点である。販売までという容易に過当競争を招きやすい構造となっている点が問題であり，事前に価値を商品に埋め込もうとする限り，製造業ではコモディティ化は避けられない。

第3節　製造業のサービス化

1. 製造業のサービス化研究

　コモディティ化の議論も伝統的マーケティングの概念である交換前までの企業努力に基づいている。しかし，現実に目を向けてみると，製造業においても商品以外に何らかの付加価値を与えるような方向へ動いている。Vandermerwe and Rada［1988］は，「サービス化」という言葉を製造業に用い，商品に加えサービスなどを提供する企業が増えていることを示した。ここでサービスとは，コアとなる商品に価値を付加するために施される，無形なものを指す。またBaines et al.［2009］は「サービス化」を商品単体の販売から，商品とサービスを組み合わせた機能価値システムの販売へとシフトするための能力やプロセスに関するイノベーションであるとしている。技術的に成熟した

製造業において，製造業からサービス業へのドメインの変更，アフター・サービスなどによる付加価値を強化した商品の販売などの戦略は，コモディティ化した商品群から抜け出す1つの戦略として位置づけられている（佐伯［2008］）。製造業はサービスと関連付けた，より儲かる商品へ動いて行っており（Wise and Baumgartner［2000］），サービス化は伝統的な製造業にとって付加価値を付け加える能力を生み出す方法とされている（Baines *et al.*［2009］）。

2. サービス化の解釈の流れとその効果

Vandermerwe and Rada はあくまでも商品の内容の拡張として，有形財の商品に無形財としてのサービスが徐々に加わっていくと解釈している。あくまでも価値は物質的な商品から生まれると考えられており，サービスは純粋に商品に付け加えたものであり，商品の内容の拡充として捉えられていた（Gebauer and Fridli［2005］）。

企業によってサービス化の程度が異なり，商品を重視する企業においては，サービス化により商品の機能を適切に引き出すことが行われ，サービスを重視する企業においては顧客のプロセスの中で商品がより有効なものにすることが行われている（Oliva and Kallenberg［2003］）。また，サービスを重視する企業は，顧客との相互作用を取引ではなく，関係性に重きをおいたものとする傾向がある。そこには，商品を取引する際の内容を充実させるサービスから，顧客が使用する際に価値を生むために，商品に留まらずサービスを行うという進化が含まれている。

しだいに顧客の使用プロセスへと時間軸を移したサービス化に変容を遂げてきた結果，伝統的マーケティングの課題である交換までに限定したマーケティングの限界を超えることができるため，コモディティ化の問題を解消できるマーケティングと考えられている。

サービス化に取り組む企業は，多くの場合，サービス化により財務的に多くの利益が見込むことができ，収入が安定化し（Wise and Baumgarter［2000］），サービス化は商品が提供するものを差別化するサービスの要素として使われ，重要な競争力の源泉を企業にもたらしている（Frambach *et al.*［1997］）。

商品による差別化は，競合他社がベンチマークを行うことにより，追従され，やがて競争優位を失っていく。商品だけに頼ったマーケティングの最も脆

弱な部分の代表例がコモディティ化であり，上記の指摘はコモディティ化解消のための，重要な手がかりとなるはずである。商品のイノベーションや技術だけの差別化は極めて難しく，サービス化が市場で増加するコモディティ化を防ぐ手段として，実際にマーケティングに反映されている（Coyne［1989］）。

3. サービス化を行うための企業組織と文化

　サービス自体が商品の製造とは本質的に大きく異なるため，製造業からすると，企業が行うことが曖昧であり定義するのが難しく，商品開発，製造，販売など商品づくりとは全く異なる（Slack［2005］）。したがって，サービスを行うのに必要な組織構造へと変貌を遂げ，事業のプロセスをサービスに適応させなければならない（Mathieu［2001］）。サービス化に適応させた組織によって，商品とサービスの組み合わせ，顧客の抱えている問題解決や要望に対するソリューションを提供する必要がある。

　そこでは，伝統的マーケティングとは打って変わって，商品中心から一変して，組織は顧客を中心としたものとする必要があり，個々の顧客に対してカスタマイズされた，個々の顧客が望む結果をもたらす必要がある（Miller et al. ［2002］）。従来，競合優位の源泉としていた資源を，より多くサービスの開発へ振り向けなければならない（Coyne［1989］, Oliva and Kallenberg［2003］）。サービスを提供する上でマネジャーは，人が主な資産であることを理解し，製造業の文化からサービス業の文化へと変容しなれなればならいことを理解する必要がある（Mathieu［2001］）。ものづくりのマインドセットを失わずに基礎をなす行動規範や価値観を持った，サービス文化を作り出せるように独立したサービス組織が必要である（Oliva and Kallenberg［2003］）。

第4節 サービス社会における商品の役割と商品開発

1. サービス社会における商品の役割

　伝統的マーケティングにおいて，商品そのものの交換に既に価値があるとの

解釈に基づいていたため，製造業は価値を埋め込むことに力を注いで来た。しかし，サービス化が進展するにつれ，しだいに顧客の使用段階に視点が移って来た。ここでは，まずサービス概念，特に価値共創における商品の役割を述べる。

価値共創における商品の位置付けは，S-D ロジック，S ロジックで大きく異なる。S-D ロジックにおいては，商品は価値の伝達装置である（Vargo and Lusch［2004］）。つまり企業がナレッジ・スキルを適用し，商品開発し，製造したものであり，既に企業が事前的に価値を規定し，企業の持つナレッジ・スキルを，商品を通して伝達するものである。

S ロジックにおいては，商品は価値を生み出すための資源の1つである（Grönroos［2006］）。顧客が必要な資源を用いて，そこに自らのナレッジ・スキルを適用し，価値を生み出す。価値共創においては，そこへ企業が入り込み，顧客が価値を生み出すことを支援する（Grönroos［2011］）。顧客は通常自らのナレッジとスキルに，資源である商品を合わせて，価値を創造するのに必要十分な状態にして初めて価値を創造しうる。必要十分な状態である時は，顧客自ら価値創造できるが，十分な状態でない場合，そこに企業が入り込み，支援する余地が生まれる。顧客一人一人のナレッジ・スキルは当然ばらつきがあり，欲することも異なるために，1つの商品が持つ特性では，顧客のナレッジ・スキルが十分である場合もあれば，不足する場合もある。価値共創の意義は，まさに顧客単独では価値の創造ができない場合に，企業が顧客の文脈に入り込み，顧客だけでは足りないナレッジ・スキルを補い，顧客の価値の創造を支援する。したがって価値共創する際には，顧客のナレッジ・スキルと企業のナレッジ・スキルおよび資源である商品を加えた全てのケイパビリティが価値を創造するのに十分なものである必要がある（図表5-1）。

2. サービス社会における商品開発

サービス社会において顧客の価値を実現するためには，顧客，企業のサービス，商品を統合して考える必要がある。したがって従来マーケティングで考えられてきた商品単独での競争力は意味を持たない。顧客がどのようなことを欲し，どんな商品が必要か，顧客がどのようなナレッジ・スキルを持つかを事前に想定することはできない。そのためサービスによる対応と共に，常にフィー

図表 5-1　顧客の価値を実現する顧客・企業・商品のケイパビリティ

出所：村松［2010］243 頁を基に筆者が作成。

ドバックのプロセスを回し，着実に企業のサービスと商品を統合したケイパビリティを向上し続ける必要がある。価値共創においては，顧客のナレッジ・スキル，サービスを行う企業のエンカウンターのナレッジ・スキルを踏まえる必要があるが，顧客にどのようなナレッジ・スキルがあるかは事前に把握することは困難なため，サービスの現場から顧客の要望とスキル・ナレッジの情報が常に商品開発にフィードバックされる必要がある。そして，常に現場で発生していることをモノづくりにフィードバックし，より良い価値共創ができる商品の開発を行う必要がある。つまり，モノづくりも販売したら終わりではなく，販売後も顧客が購入した商品をアップデートし，顧客との価値共創をより行いやすくする必要がある。通常次に顧客が購入する時をめがけて商品に顧客の情報を反映させるが，価値共創においては，次の使用段階に反映させ，交換後も常に商品が最新のものにアップデートされた状態を保つことは重要である。開発者自らも価値共創を実践し，顧客との接点で価値を生み出す経験をし，現場を十分知り尽くす必要がある。

　一方，価値共創を行う上で商品に要求されることは，顧客からの要求は事前に把握できないため，汎用性が高く，共創する際に応用性が高いことである。例えば，カメラなどに見られるプロ仕様などは，使用する者のナレッジ・スキルのレベルが高く，自分の思った通りのことが行いやすい応用力の高さが要求されるが，これと同様に企業がサービスを行いやすい商品が要求される。従来であれば，顧客が使いやすいことが重視されるが，サービスでは企業がサービスを行いやすいことも重要となる。当然，サービスを行う企業の社員のケイパビリティ向上でも対応可能な場合もあり，商品とサービスのどちらでの対応を

行うかは企業の意思で決められる。価値共創においては，商品同士が他社と比較されることに意味を持たない一方，商品を資源として活用しやすい，価値を生み出しやすいというサービスを行う企業側の視点は重要である。また，価値共創を行う際，企業が直接顧客と相互作用することができれば問題ないが，物理的に顧客と接することができない場合には顧客と離れていてもコミュニケーションが取れ，商品を動作させることができるなどの特性も求められる。

　顧客の価値を実現することを考えた場合，商品を所有することが重要ではなく，常に価値を実現できる可能性を高くできる商品が使用の現場にあることが重要である。一方，商品を所有しようがしまいが，顧客の手元にある商品は常に最新のものにアップデートし続ける必要があり，新商品を販売することを意図した従来マーケティングにおける商品改良とは大きく意味合いが異なる。したがって，よりアップデートしやすい商品構造やそのための開発プロセスも考慮する必要がある。

　従来の商品開発ではコンカレント・エンジニアリングによる期間短縮が行われたが，定常的に短期間で商品改良を行い，顧客の商品に反映するプロセスはこの場合でも必要である。リアルタイムで顧客の要望が次々と生まれ出ることを考えれば，従来の競争という視点からの開発期間短縮を上回る期間短縮も必要となってくる。従来，新商品導入にあわせ一挙にまとめて改良を織り込んでいくのに対して，少ない改良を定常的に織り込むことは，非効率を生むこととなるため，そこに対する新たな方策も必要となる。

第5節　おわりに

　本章では，製造業が価値共創マーケティングに取り組む際のモノのマネジメントについて議論し，伝統的マーケティングに基づいた商品開発との違いを述べた。伝統的マーケティングでは商品による競合他社に対する競争優位を築くため，他社に先駆けて差別化された良いものを早期に市場に投入するためコンカレントな開発プロセスにより，短期化を実現して来た。

　一方，価値共創においては，商品そのものの差別化は意味を持たず，むしろ，共創を行う企業にとっていかに顧客の価値を生み出しやすいかに従う。事前に顧客の求めていることは明確ではないため，使用の現場で柔軟に価値共創

を行うことができるよう，商品そのものには応用性の高いものが求められる。物理的に直接的な接点を持てない場合などはコミュニケーションを行うことができる仕組みも必要となる。そして，価値共創の現場から顧客の要望，ナレッジ・スキルに関する情報を開発にフィードバックし，常にアップデートされた最新の商品が顧客の手元にあることは重要であり，そのための開発効率なども考慮する必要がある。

[参考文献]

Baines, T. S., H. W. Lightfoot, O. Benedettini and J. M. Kay [2009] "The Servitization of Manufacturing: A Review of Literature and Reflection on Future Challenges," *Journal of Manufacturing Technology Management*, Vol.20, No.5, pp.547-567.

Coyne, K. [1989] "Beyond Service Fads–Meaningful Strategies for the Real World," *MIT Sloan Management Review*, Vol.30, No.4, pp.69-76.

D'Aveni, R. A. [2010] *Beating the Commodity Trap: How to Maximize Your Competitive Position and Increase Your Pricing Power*, Harvard Business Press.

Dertouzos, M. L., R.K., Lester and R.W. Solow [1989] *The MIT commission on industrial productivity, Made in America*, The MIT Press.

Frambach, R., I. Wels-Lips and A. Gündlach [1997] "Proactive Product Service Strategies–An Application in the European Health Market," *Industrial Marketing Management*, Vol.26, No.4, pp.341-352.

Gebauer, h. and T. Friedli [2005] "Behavioral implications of the transition process from products to services," *Journal of Business & Industrial Marketing*, Vol.20, No.2, pp.70-78.

Grönroos, C. [2006] "Adopting a Service Logic for Marketing," *Marketing Theory*, Vol.6, No.3, pp317-333.

―――― [2011] "Value Co-creation in Service Logic: A Critical Analysis," *Marketing Theory*, Vol.11, No.3, pp.279-301.

Kotler, P. and G. Armstrong [1980] *Principle of Marketing*, Prentice Hall.

McCarthy, E. J. [1960] *Basic Marketing: A Managerial Approach*, Richard D. Irwin.

Mathieu, V. [2001] "Product services: From a Service Supporting the Product to Service Supporting the Client," *Journal of Business & Industrial Marketing*, Vol.16, No.1, pp.39-61.

Miller, D., Q. Hope, R. Eisenstat, N. Foote and J. Galbraith [2002] "The Problem of Solutions: Balancing Clients and Capabilities," *Business Horizons*, Vol.45, No.2, March/April, pp.3-12.

Oliva, R. and R. Kallenberg [2003] "Managing the Transition from Products to Services," *International Journal of Service Industry Management*, Vol.14, No.2, pp.160-172.

Slack, N. [2005] "Operations Strategy: Will It ever Realize Its Potential," *Gestao & Producao*, Vol.12, No.3, pp.323-332

Vandermerwe, S. and J. Rada [1988] "Servitization of Business: Adding Value by Adding Services," *European Management Journal*, Vol.6, No.4, pp.314-324.

Vargo, S. L., and R. F. Lusch [2004] "Evolving to a New Dominant Logic for Marketing," *Journal of Marketing*, Vol.68, No.1, pp.1-17.

Wise, R. and P. Baumgartner [2000] "Go Downstream: The New Profit Imperative in Manufacturing," *Harvard Business Review*, Vol.77, No5, pp.133-141.

圓川隆夫・安達俊行［1997］『製品開発論』日科技連出版社。
恩蔵直人［2007］『コモディティ化市場のマーケティング論理』有斐閣。
楠木　建［2006］「次元の見えない差別化―脱コモディティ化の戦略を考える―」『一橋ビジネスレビュー』第53巻第4号, 6-24頁。
佐伯英由季・香月祥太郎［2008］「製造業におけるサービス化とその付加価値要因の分析」『研究・技術計画学会年次学術大会講演要旨』第23巻, 71-74頁。
延岡健太郎［2006a］『MOT［技術経営］入門』日本経済新聞社。
―――［2006b］「意味的価値の創造：コモディティ化を回避するものづくり」『国民経済雑誌』第194巻第6号, 1-14頁。
村松潤一［2010］「S-Dロジックと研究の方向性」井上崇通・村松潤一編著『サービス・ドミナント・ロジック―マーケティング研究への新たな視座―』同文舘出版, 229-248頁。

（清野　聡）

第6章

カネのマネジメント
―資金調達と運用―

第1節　はじめに

　企業経営におけるカネのマネジメントは，経営目標に対して，どのような事業対象にいくら投資するか，また，どのような手段を用いて必要な資金を調達するかを判断し実行することにある。さらに，これら調達した資金を，ROI（投資利益率）[1]を考えた上で，設備などの固定資産や在庫などの流動資産の購入に用いたり，配当支払いに充てたりすることで資金の運用を行い，事業拡大やシステム整備に再投資することで既存事業を強化していく。

　企業では，主に，設備や材料，土地や建物などの実物資産に資金が投下されるので，これらの資産が運用先になる。結果，資金の運用は，収益を求めて行われるので，調達に伴って発生するコストを上回る収益が期待できるときに行われる（青木［1972］）。

　従来の企業における資金調達の手段は，金融機関等からの借入れと，市場から直接資金を調達する株式発行が主であった。これら従来型のファイナンス[2]のステイクホルダー（利害関係者）は，主に投資家や銀行であり，企業はそれらに対してのコミットメント，つまり責任を持った関わり合いを求められる。

　資金提供者である投資家や金融機関が求めるものは，対象企業の収益拡大による，投資（出資・融資を含む）に対するリターンである。故に，その事業の社会的価値や，全く新しい試みについては，正しい評価がされないことが少な

くなかった。そこには資金調達者である企業（投資を受ける企業，個人事業者等）の意思は存在せず，企業が直接ファイナンスに関与することは稀で，選択権は資金提供者（投資家や金融機関）が持っていた。

また，従来のファイナンスの資金提供者が投資家や銀行等の金融機関に限られたのは，それら以外に，資金調達が必要な金額を集め，企業の資金使途に対する調査ができる主体がいなかったからである。

しかし，サービス社会においてはICTの進展により，企業と資金提供者，さらに企業間同志での情報交換が容易になりつつある。企業同士の意思統合や，企業の意思を直接資金提供者につなげることも可能となった。これら情報化の進展が企業の資金調達手段を多様化させ，借り手である企業が主導する社会，いわゆるサービス社会の到来となった。

一方，資金提供者である金融機関等にとっても，真に企業に評価される価値の高い金融サービスを提供できるかは，これからの最大の課題であると同時に，環境変化の中で大きなチャンスでもある（清水［2017］）。

ファイナンスの世界でもICTによって，フィンテックが新しい金融サービスとして生まれている。資金調達では，インターネット・プラットフォームやソーシャル・ネットワーキング・サービス（SNS）を介し，個人が出資・融資を行うインターネット・ファイナンスの仕組みが登場したことにより，その状況は大きく変わりつつある。

そこで本章では，「従来型のファイナンス」におけるカネのマネジメントについて整理し，確認した上で，「サービス社会のファイナンス」のカネのマネジメントの展望について，資金調達に重点を置いて検討を行う。

本章の構成は以下の通りである。次節では，「従来型のファイナンス」における資金調達および大企業の資金運用について整理し，概観する。続く第3節では，「サービス社会のファイナンス」の資金調達方法として世界の新潮流であるフィンテックを取り上げ，「従来型のファイナンス」からICTを駆使した新たな金融サービスへと移行しつつあることを確認する。さらに，第4節では，これらフィンテックのうち，購入型クラウドファンディングを取り上げ，従来型とサービス社会におけるファイナンスの比較から，企業におけるカネのマネジメントの展望と課題を議論し，最後に本章をまとめる。

第2節　「従来型のファイナンス」によるカネのマネジメント

　本節では，企業と資金提供者の関係性について整理し，零細・中小企業（以下，中小企業）と中堅・大企業（以下，大企業）とによる資金調達方法の違い，さらに大企業による資金運用の増減を確認した上で，「従来型のファイナンス」によるカネのマネジメントについて述べる。

　「従来型のファイナンス」においては，大きく3つの資金調達に分類される。負債（他人資本）による資金調達（デットファイナンス）と自己資本による資金調達（エクイティファイナンス），そして会社の「資産」を何らかの形で資金に変える資金調達（アセットファイナンス）がある。尚，本節では，「従来型のファイナンス」で主として利用される，負債（他人資本）による資金調達と自己資本による資金調達について説明を行う。

　先ず負債（他人資本）による資金調達（デットファイナンス）については，企業が株主以外の外部の資金提供者に対して債務を負い，企業は事前に契約した決済期限までに収益を上げ，返済を行う責任を生じる。手法としては間接金融であれば，銀行・信用金庫等の金融機関等からの長期，短期借入金また直接金融であれば社債・割引手形，営業債務などが存在する。

　次に自己資本としての資金調達（エクイティファイナンス）は，新株を発行して増資する第三者割当増資と呼ばれる株式が主である。他にも，ベンチャーキャピタル[3]やエンジェル[4]，新株予約権（ストックオプション）[5]，従業員持ち株会，中小企業ファンド，クラウドファンディング[6]，事業譲渡・M&A，IPO（株式公開，上場）[7]などが自己資本としての資金調達にあげられる。

　債券や貸出であれば，約束された元利金を期日に支払うことになるが，株式は投資した金額が返済されるわけではない。資金提供者は株式に投資すると，会社の利益水準に応じて株式配当金が入るほか，会社の業績によって株の資産価値が上昇した場合は，株式購入経費と売却価格の差がキャピタルゲイン[8]として収益となる。

1. 企業と資金提供者の関係性

　企業が借入を行う際，資金提供者は貸出を行うため調査，与信審査[9]を行う。審査において金融機関は，企業の資金使途や資金計画のほか，企業の財務状況を確認するため財務諸表を徴取し，必要に応じて信用調査機関から企業の情報を買い，企業の取引先への聞き取りや，経営者の人格等も把握する。このような情報によって担保能力等を図り，企業への総合的な貸出の可否を判断する。

　株主資本としての資金調達においても，資金提供者は株式の購入に際して，企業の財務諸表，配当の状況を勘案し，企業の収益性を考慮に出資を判断する。これら資金提供者側の情報収集のコストが発生するのは，企業と資金提供者の間の情報の非対称性によるエージェンシー問題[10]が存在するためである。

　資金の貸し手である資金提供者は，借り手である企業についての情報を当然，借り手自身以上には持ち合わせておらず，借り手側の情報が正しいか虚偽かの判断を行うには十分な調査能力が必要となる。その為，資金提供者は，企業の情報とその分析に膨大なコストをかけ，「企業が調達した資金を詐取する可能性」や「企業に資金を十分に活用する能力が無い可能性」といった，資金提供の欠格の可能性を排除する必要がある。

　元来，金融機関は情報収集業務の経験やノウハウを蓄積しており，通常，他業種が金融機関同様に情報収集を行うことは難しい。逆に企業は，資金提供に向けての信用を得るために，資金提供者に対して積極的な情報公開を行う必要がある。しかし，これらの関係性には直接的な利用者のニーズ等の声はあまり考慮されない。

2. 中小企業と大企業による資金調達の違い

　新たな事業を展開するには，当然ながら資金が必要となる。資金は，基本的には金融機関などの資金提供者から調達されるが，金融・資本市場は，市場原理が機能する以上，リスクとリターンの均衡関係により資金が流れる。したがって，経営者は，金融・資本市場の仕組みを熟知すると同時に，有効な事業

の機会を絶えず追求する必要がある。

2000年を迎え，金融市場の加速度的なグローバル化が急速に進展してきたが，日本の中小企業は，依然として負債（他人資本）による資金調達（デットファイナンス）である国内の金融・資本市場に依存せざるを得ない状況にあるばかりか，むしろ日本の金融機関等からの間接金融への依存度は高い傾向のまま推移してきた（図表6-1）。

これに対して，大企業の場合は，自己資本による資金調達（エクイティファイナンス）である直接金融による資金調達の手段が多様化し，国内・国外を問わず資金調達が容易になり，結果として自己資本比率が高まるとともに金融機関への依存度が低くなっている（図表6-2）。

特に，資本金10億円以上の大企業については，借入金が徐々に減少し，そ

図表6-1　中小企業の資金調達[11]

	自己資本による資金調達	負債（他人資本）による資金調達					（単位：％）
	自己資本	社　債	長期借入金	短期借入金	割引手形	営業債務	その他
2008	12.9	0	27.4	19.6	4.3	21.7	14
2011	12.9	0.1	31	20	3.3	17.5	15.2
2013	11.7	0.3	33	20.5	3.4	16.3	14.9
2015	12.2	0.2	32.8	20.8	2.8	16	15.2
2017	9.2	0.1	38.1	18.3	2.2	17.3	14.8

出所：財務省財務総合政策研究所「法人企業統計」2008～2017年度調査を基に筆者作成。

図表6-2　大企業の資金調達[12]

	自己資本による資金調達	負債（他人資本）による資金調達					（単位：％）
	自己資本	社　債	長期借入金	短期借入金	割引手形	営業債務	その他
2008	22.7	7.7	15.4	17.6	2	17.2	17.4
2011	23.5	7.7	17.3	17.1	1.4	14.7	18.2
2013	24.4	7.9	17.4	17.1	1.1	14.6	17.5
2015	25.2	7.3	16.2	17	0.8	15.4	18
2017	26.6	7.9	15.3	16.6	0.7	13.9	18

出所：図表6-1と同じ。

れに代わり普通社債,転換社債,株式等の発行を通じて資金調達する傾向が強まっている。結果として,自己資本による資金調達(エクイティファイナンス)が進み,企業の「銀行離れ」と言われる現象を生み出している。

一方で,中小企業については,社債の発行は殆ど不可能に近く,他人資本(負債)による資金調達(デットファイナンス)が進み,金融機関での借入れの割合は増大しているのが,「従来型のファイナンス」と言われる資金調達の特徴の1つである。

3. 大企業による資金運用の増減

資金運用に関しては,中小企業による実態把握調査が極めて難しい状況であり,本項では,日本政策投資銀行が大企業に対して実施した「設備投資行動等による意識調査」のデータから,企業の資金運用の実態を整理し,確認する。

1990年初頭からの大企業の資金調達,運用行動は,資産の伸びを抑制し,負債を圧縮する方向で推移している。その中でも配当は安定的に推移している。2000年前後の景気拡大局面でも,設備投資は増加しているものの,キャッシュフローの伸び率の方が大きく,企業の借入れは減少が続いてきた。

負債圧縮の結果,財務指標は大幅に改善している。しかし,資本収益率の改善が充分でないこと,労働配分率が1990年代初頭の水準に比べて高いことから,設備投資や賃金がキャッシュフローの伸びを大きく上回って増加すること

図表 6-3 大企業の資金調達・運用増減

(内部留保 = 100)

	運 用					調 達			
	設備	土地	金融資産	企業間信用,在庫	配当	借入・社債	その他	資本金等	内部留保
1981-1985	97.3	6.2	23.1	17.1	12.6	41.3	-2.7	17.7	100
1986-1990	90.3	9.5	48.9	24.1	10.2	58.6	-3.1	27.5	100
1991-1995	102.4	11.3	-3.7	2	10.6	8.8	6.4	7.4	100
1996-2000	79	7.2	6.7	-10	10.1	-6.8	-10.9	10.8	100
2001-2005	66.7	1.9	-1.3	-16.8	13.1	-23.3	-14.4	1.2	100
2006-2010	52.6	1.1	-8.7	-16.3	14.6	-31.2	-16.2	0.9	100

* 運用の「企業間信用」は,資産と負債を相殺している。資本金等は,資本金+資本準備金。
出所:日本政策投資銀行「設備投資行動等による意識調査」[2014]を基に筆者作成。

はないと判断し，米国等と比べて，極端に低い配当等の株主還元に資金が流れており，企業の資金余剰が縮小している。

図表6-3の大企業の資金調達・運用増減を見ていくと，90年代後半以降は，設備，土地，金融資産等の保有を抑え，借入・社債の返済を重視していることがわかる。配当の比率は少しずつだが上昇傾向が続いている。

第3節　ICTによる金融サービスの新たな出現と可能性

前節では，「従来型のファイナンス」における資金調達および大企業の資金運用について整理し，確認した。本節では，伝統的な金融サービスとは異なる価値提案を有した新たな金融サービスの「フィンテック」に着目し，これらの資金調達手段が，企業におけるカネのマネジメントにどのような変化をもたらしているのか，について整理し，確認する。

近年，海外においては，資金調達ではスタートアップ（ベンチャー企業）に主導されるフィンテック（Fintech）と呼ばれるトレンドが活発化しており，多くの金融機関もフィンテックを活用した新しい金融サービスを創出しようという取り組みが始まっている。

日本の金融機関においても，フィンテックのトレンドを取り込み，顧客に寄り添った金融サービスを提供すべく，金融当局，金融機関，スタートアップなどの各プレイヤーがエコシステム[13]を構築し，革新的なサービスを開発していく機運が高まっている。

1．フィンテック

フィンテックとは，「ファイナンス・テクノロジー」の略語であり，もとはファイナンス（Finance）とテクノロジー（Technology）の2つを併せた造語であり，現在では，「ICTを駆使した革新的（innovative），あるいは破壊的（disruptive）な金融商品・サービスの潮流」といった意味で解釈されている。

フィンテックは，金融機関が担ってきた決済や資産運用，融資といったカネにまつわるサービスを，インターネットやスマートフォンの普及，新たな企業の参入等にともなう技術の発展によって，今後，企業にとってますます使いや

すくなることが期待されている。

　世界をリードする先進的なICT（情報通信技術）企業であるグーグル（Google），アマゾン（Amazon），アップル（Apple）そしてフェイスブック（Facebook）は，集積地である米国シリコンバレーにおいて，「テクノロジー」を活用して，金融サービスを含む革命的な新サービスを次々と産み出している。現在，シリコンバレーを中心に世界的に広がりを見せ，金融サービスの新たな時代を作る可能性を秘めている。

　フィンテックは，これまで金融サービスを支えてきた金融機関や伝統的な金融系ICT企業のみならず，前述のような様々な起業家，スタートアップ，大手ICT企業が参入し，提携や出資・買収などを行いながら急速に拡大し，今や1つのエコシステムを構築するに至っている（Kosse et al.［2017］）。

　このようなフィンテックの登場によって，これまで金融機関が独占的に提供し，他業態に比べ変化に乏しかった金融商品・サービスを，ICTを活用することによって，資金提供者でなく，資金調達者である企業の視点から「安く，早く，便利」に変えていこうとする動きが活発化している。

2. 企業の価値創造の促進

　代表的なフィンテック・サービスとしては，PFM（Personal Financial Management：個人のお金に関わる情報を統合的に管理するサービス）やロボ・アドバイザー（人工知能（AI）活用による投資助言サービス），マーケットプレイス・レンディング（資金の貸し手と借り手を仲介するサービス），モバイルPOS（スマートデバイスを利用してクレジットカードでの支払いを受け入れることができるサービス）などがあげられる（清水［2017］）。

　例えば，ビッグデータを人工知能で解析することで，資産運用および投資の自動化が実現し，誰もが簡単に資産運用や投資が可能となる。また，決済や送金業務にしても，金融機関という限られた場所でしか送金ができないため，銀行窓口で面倒なやりとりをする必要があったが，フィンテックによりこれらは自動化され，スマートフォンやタブレット，パソコンからリモートに行えるようになっている。

　また，資金調達の側面では，これまで，企業自身が資金を調達することは非常に困難で，調達先を見つけるためにいくつもの企業にメールを送ったり，コ

ネクションを作ったりと，膨大な手間と時間を掛かっていた。何かアイデアを思い付いたとしても，資金が不足し実にならないケースも多かった。

しかし，不特定多数の人が通常インターネット経由で他の人々や組織に財源の提供や協力などを行うクラウドファンディングが登場したことで，個人事業者などの零細企業でも不特定多数から資金を募ることが可能となった。

これらは結果として，企業におけるカネのマネジメントに大きな影響を与えており，これまでよりもアイデアが実になりやすい，すなわちイノベーションが起こりやすくなっており，企業の価値創造を促進することにつながっていると考えられる。

第4節　サービス社会におけるカネのマネジメント

本節では，世界の新潮流であるフィンテックのうち，「クラウドファンディング」を取り上げ，「従来型のファイナンス」と「サービス社会のファイナンス」の違いの比較から，企業におけるカネのマネジメントの展望と課題についてについて整理し，確認していく。

1. クラウドファンディングの分類

クラウドファンディングは，「クラウド（Crowd）＝大衆」からの「ファンディング（Funding）＝資金調達」を意味する。「ある集団が，何らかの価値と引き換えに多くの人々に小さな貢献を求め，それらを受け取ることによるプロジェクト資金調達のプロセス」（Rubinton［2011］）というように銀行や投資家などの専門家ではなく，一般大衆から，少額の寄付を，インターネットを利用して集める資金調達手段を指すことが多い。

クラウドファンディングにおいて，資金提供者が享受するリターン・特典のことをリワード（リターン）と呼ぶ。資金提供に対するリワードの種類によってクラウドファンディングはいくつかのタイプに分類することができる。タイプの中には一般の資金調達と同様に，融資型，投資型，購入型（報酬型）のクラウドファンディングが存在する。

融資型クラウドファンディングは，資金提供者がリターンとして元本と利子

を受け取ることができるものを指す。2005年に英国でサービス提供が開始されて以来，英国や米国中心に同様のサービス提供を行う業者が増加している。

また，投資型では資金提供者はリターンとして，株式を受け取るものや，ロイヤリティーとして利益のなかから配分を受け取ることができるものが存在する。そのほか資金提供者への特典がない寄付型が存在する。これは震災に対する寄付など，ほとんどの場合が慈善活動において行われるクラウドファンディングである。

そして現在，世界中での調達額が急激に増加しているのが，モノ・サービスを特典として受け取る購入型（報酬型）クラウドファンディング（以下，購入型クラウドファンディング）である。

日本国内で最初に普及したのがこの購入型クラウドファンディング[14]である。金銭的なリターンはないが，まだ世の中に出回っていない新しいアイデアの誕生に立ち会うことができ，誕生したモノやサービスを得られるというリターンがある。またアニメやゲーム，音楽や映画などジャンルの充実からも幅広い年齢層からの支持を集めており，現在国内では主流のクラウドファンディングと言える。

そこで，次項では，「サービス社会のファイナンス」として購入型クラウドファンディングを取り上げ，従来型とサービス社会のファイナンスの違いを比較して，考察を行う。

2. 従来型とサービス社会におけるファイナンスの違い

「従来型のファイナンス」と「サービス社会のファイナンス」について，違いを比較したのが図表6-4である。

「従来型のファイナンス」においては，資金提供者は投資家や金融機関であり，サービス利用者とは異なる主体となる。また，これまで述べてきたように資金提供者は，資金調達者である企業が信頼できるか，提供額が適正かについて審査を行う。

それに対して，「サービス社会のファイナンス」では，資金提供者とモノ・サービスの利用者が合致する。さらに資金提供者であるサービス利用者のもとには，提供した金銭が戻るわけではなく，資金によって完成したモノ・サービスが贈られることになる。

第6章 カネのマネジメント　81

図表6-4 「従来型のファイナンス」と「サービス社会のファイナンス」の違い

	従来型のファイナンス	サービス社会のファイナンス（購入型クラウドファンディング）
ステイクホルダー	投資家・金融機関	個人・顧客
資金調達方法	・負債（他人資本） ・自己資本	購入型クラウドファンディング
資金提供判断	財務諸表・資金計画	サービス・コンセプト
企業に求める志向	企業の収益性の向上	サービス・顧客価値の向上
関係性の継続	完済・株式売約時点で解消	永続的に継続
資金提供により取得	金利・配当など	プロジェクトで開発された商品・サービス等

出所：筆者作成。

　資金提供者は，企業を自身の欲するモノ・サービスを実現してくれそうか，モノ・サービスそのものであったり，そのコンセプトの良さで企業を評価し，資金提供を行うかどうかの判断をする。そのため，資金調達者である企業の責任としては，資金提供者の要求を裏切ることがないよう，彼らが満足するようなモノ・サービスの質を向上させ企業にとっての製品価値を高める努力を指向することになる。

　また，「従来型のファイナンス」においては，企業と資金提供者のコミュニケーション，情報公開については，収益的信用を得るために必要となる。

　それに対し，購入型クラウドファンディングを用いた「サービス社会のファイナンス」では，企業とプロジェクトによって創造されるモノ・サービスの最初の利用者となる資金提供者とのコミュニケーションは，企画の質的向上をはじめ，創り上げるモノ・サービスの利用者価値を高めるために活用される。

　このように，「従来型のファイナンス」においては，信用を得るためのコストとして必要に迫られてのコミュニケーションに対し，「サービス社会のファイナンス」では資金提供者からの信用は得たものとして，その資金提供者が求めるモノ・サービスの質的向上に向けた活用のためのコミュニケーションとなっている。

　さらに，「従来型のファイナンス」では，完済後や株式の売却後には積極的に関係性を維持する必要は無いが，「サービス社会のファイナンス」における資金提供者は，リワードの受け渡し後も，継続した関係性が続く。

3. クラウドファンディングの課題

　資金調達者の企業におけるリスクは，通常の資金調達とは異なり，インターネット上で不特定多数の株主を増やすことになるため，仕組みによっては株主名簿の管理や決算情報の公開など事務負担が増加することになる。

　購入型であればリターンとしての商品やサービスの発送，融資型であれば分配金の振込など数多くの手続きや業務が発生する。これらをミスなく管理しようと思うと，人手やシステムなどのコストもさらに必要になる。また，購入型ではプロジェクトページを公開した時点で，途中で止めることが出来ないことから，例えば，支援金が集まらないからといって，途中でプロジェクトを中止にすることはできない，などがあげられる。

　さらに，資金調達者の資金見積りが甘く，資金不足によって実行ができなくなったり，技術不足や環境要因によって実施が困難になったプロジェクトのように，詐欺を意図していなくてもプロジェクトが失敗して，資金提供者に多大な損失を与える可能性もある。

　今後，日本の金融ビジネスがますますITビジネス化していくことにより，IT戦略と同様のアプローチで，国家レベルでの規制戦略，競争戦略を立案・展開することが「サービス社会のファイナンス」にとって必要不可欠であると言える。

第5節　おわりに

　本章では，「従来型のファイナンス」における資金調達と運用およびこれからいよいよ本格化する「サービス社会のファイナンス」における資金調達について整理し，違いを比較することにより，検討している。

　前節で取り上げた購入型クラウドファンディングでは，プロジェクトの実施の可否は，目標調達額を超える資金をユーザーと呼ぶ資金提供者から集められるかによって決まる，つまりは，現存しない商品・サービスに対するユーザーの支持によって決定される。

　「従来型のファイナンス」では，投資に関する選択権は資金提供者が持って

いたことから，資金提供者は借り手である企業の価値追求よりも，自身の収益性確保を優先できていた。

しかし，現在では，ネットワークを通じて資金調達者である企業は，必要な情報をひたすら集められる状況となっており，より大量に，より迅速に，より多様なデータを獲得することが可能である。故に，情報の非対称性は逆転しており，「専門家が負けていく」状況が問題視されている。

現在のサービス社会においては，情報により借り手の企業が主導し，企業の提案する選択肢から能動的に価値を生み出していく。「サービス社会のファイナンス」ではまさに金融サービスの受け手である企業にとっての価値を基準に，企業主導で資金提供者のファイナンスの意思決定を司るカネのマネジメント構造が成立している。

またインターネット・プラットフォームやSNSを通して，情報の受発信から，一般消費者が企業の商品・サービスの製造に深く関わり，企業と一般消費者のインタラクション（相互のやりとり）を通じて，商品・サービスの価値創造を行っている。

まさに，今後のサービス社会において，ICTを駆使した「フィンテック」と呼ばれる新しい金融サービスは，金融システムや社会のあり方を一変させる可能性を秘めたイノベーションである。企業にとって，ますます重要な資金調達手段としての地位を確立していくと考えられる。

［注］
1) 投資利益率，return on investment の略で投資した資本に対して得られた利益のことを指す。
2) 本章では，「ファイナンス」を"企業の資金調達"と定義する。
3) ベンチャー企業に出資をして，そのベンチャー企業が上場することで出資資金を回収し，利益を上げる投資専門会社。
4) 投資家を指し，欧米では盛んに富裕層がエンジェルとして有望なベンチャー企業に投資をしている。日本でも，徐々にエンジェルによる出資が増えてきている。
5) あらかじめ設定した価格で新株を購入できる権利のことを指し，株価が安いときに予約権を持っていれば，その会社が成長して上場したときに以前の価格で購入して，すぐに売却すれば，一般社員であっても高額な資金が手に入ることが可能である。
6) 企業自らがファンドを組成し，直接個人投資家から出資を募る仕組み。
7) 上場することで，取引所で自社の株式が売買されるということになり，個人投資家が株を購入する。結果として，大きな金額の資金調達が直接金融で可能になる。
8) 債券や株式，不動産など資産価値の上昇による利益
9) 金融機関等やノンバンクにおいて，取引先に対する信用供与の可否について判断すること。

10) 委託者の委託を受けたエージェント（代理人）が，委託者の利益のために行動しないことによる取引の失敗を指す。これは，委託者とエージェントの間に利害の対立があり，同時に両者の間に情報の非対称性（通常，エージェントが情報は豊富）があることによって起こる。
11) 1. 零細・中小企業とは，資本金1億円未満の法人企業。
    2. 営業債務とは，支払手形と買掛金の合計値。
    3. 分母を負債＋資本＋割引手形として算出。
12) 1. 中堅・大企業とは，資本金1億円以上の法人企業。
    2. 図表6-1の上記2,3と同じ。
13) ITや通信業界で使用する言葉で元々は生態系の用語。ある領域（地域や空間など）の生き物や植物がお互いに依存しながら生態を維持する関係のようすをエコシステムと呼ぶ。英語圏を中心に発展してきたITや通信業界では，英語の「ecosystem」という言葉で，業界や製品がお互いに連携することで大きな収益構造を構成するさまを表現している。
14) 購入型の主な仕組み：商品の開発やお店のオープンなどを計画している個人や法人が，資金を集める為に目標金額を設定した企画（プロジェクト）で支援者を募集する。その企画に賛同した支援者は予約購入という形で資金を提供し，リターンとして完成したモノやサービスを得ることが出来るという仕組み。

［参考文献］

Bank of International Settlements [2014] "Statistics on Payment, Clearing and Settlement Systems in the CPMI Countries," *Committee on Market Infrastructures*, 〈http://www.bis.org/cpmi/publ/d120.htm〉.

Chen, H. and Q. R. Shen [2017] "The Bank of Canada 2015 Retailer Survey on the Cost of Payment Methods: Calibration for Single-Location Retailers," *Bank of Canada Technical Report*, No. 109.

Jiongo, V. D. [2017] "The Bank of Canada 2015 Retailer Survey on the Cost of Payment Methods: Estimation of the Total Private Cost for Large Businesses," *Bank of Canada Technical Report*, No. 110.

Kosse, A., H. Chen, M. H. Felt, V. D. Jiongo, K. Nield and A. Welte [2017] "The Costs of Point-of-Sale Payments in Canada," *Bank of Canada, Staff Discussion Paper*, 2017-4.

Rubinton, B. J. [2011] "Crowdfunding: Disintermediated Investment Banking," *Social Science Research Network*, Apr. 2011. 〈http://mpra.ub.uni-muenchen.de/31649/〉

青木茂男［1972］『財務の管理と診断』同友館。
清水啓典［2017］「フィンテックと金融サービスの顧客価値」『現代的な『金融業』のあり方―顧客価値を創造する金融業の拡大―』成城大学イノベーション研究第12巻，第1号，1-17頁。
日本銀行決済機構局［2017］「最近のデビットカードの動向について」決済システムレポート別冊シリーズ。
村松潤一［2016］『ケースブック価値共創とマーケティング論』同文舘出版。

（山口隆久）

第7章

情報のマネジメント
―生活世界の顧客情報収集と分析―

第1節　はじめに

　企業を取り巻く環境は，日々目まぐるしく変化している。変化に対応し適応するため，企業は迅速な意思決定が求められている。その中で特に重要な役割を果たす資源として注目されるのが，第4の経営資源と称される「情報」である。企業活動に必要な市場情報や技術情報，技術や各種ノウハウ，顧客の信用やブランド・イメージ，組織文化などがこれにあたる。情報が持つ，その他の経営資源（ヒト・モノ・カネ）と異なる特徴を以下に示す。

　まず第1に，無形資源であるという点である。市場を通じて容易に調達することができず，時間やコストをかけて自社で蓄積しなければならない点が大きな特徴としてあげられる。これらは「見えざる資産（invisible asset）」（伊丹［2003］）ともいわれ，企業特異性が高く，他社からの模倣も非常に困難で，競争優位の源泉となりうる戦略的重要性の高い資源とされている。

　第2に，その他経営資源の活動や管理に密接に関わる点があげられる。その他経営資源と同列に扱われるだけでなく，その他資源が関わる活動や事象を効率的・効果的に管理するために必要とされる資源（村田［2016］）とされている。

　第3に，資源の使用においてその他の資源と本質的に異なる側面をもつ。具体的には，伊丹［2003］が指摘するように，①同時に複数の人が利用可能，②

使っても消耗しない，さらに，③使っているうちに新しい情報が他の情報との結合で派生していくという点があげられる。

　企業はこれら情報資源の特性をふまえ，必要とする情報資源を選別し，企業内にいかに蓄積，獲得するかに注力するとされている。リソース・ベースト・ビュー理論（RBV 理論）（Barney [1986]）にみられるように，資源は，競争優位の源泉として捉えられ，ケイパビリティ，コンピテンシー，組織的プロセス，会社属性，情報，知識と具体化し，企業の内部活動に関心が向けられてきた（Barney [2002]）。これら RBV 理論の貢献を認めつつ，マーケティングの視点から価値共創と資源統合を中核概念に捉えたサービス・ドミナント・ロジック（S-D ロジック）（Mele and Corte [2013]）の出現により，その関心が顧客の生活世界に拡張されるようになった。この新たなパースペクティブは，企業を起点とした活動のみに注目することでは見えなかった生活世界の視点を企業の経営活動にもたらしている。

　そこで本章は，なぜ企業が生活世界の顧客情報に関心を向けるようになったのか，その結果，企業活動にどのような変化をもたらしたのか検討することを目的とする。次節では，経営資源に関する過去の研究から，情報を中心とした経営資源の位置づけについて論じる。第 3 節では，企業内部の活動を中心に情報を捉えていた企業が顧客情報に向けた背景とその目的について検討する。第 4 節では，生活世界の顧客情報がもたらす企業活動について，マーケティング活動に焦点をあてて論じる。

第 2 節　企業活動における経営資源の位置づけ

1.　戦略としての資源

　経営資源は，どのように企業の経営活動につながっているのか。その流れを示したのが図表 7-1 である。経営資源であるヒト，モノ，カネ，情報が生産活動の中で組み合わされ活用されることで，製品やサービスが生み出される。これらを市場で販売し，その結果，カネを得ることができる。このプロセスを通じて市場情報や製造に関わる技術やノウハウなど情報資源が生まれ，蓄積され

図表 7-1　企業の経営活動と経営資源

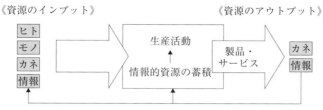

出所：浦野［2008］。

る流れである。これは経営活動において常に繰り返され，その中で蓄積された情報資源は，より効率的かつ有効に資源を活用するための重要な役割を果たす。これら経営活動に不可欠な経営資源の調達および蓄積・獲得，活用に関する構想を「資源展開戦略」という。自社の経営資源に基づき，戦略が立案され，経営活動が行われる。

　吉原ほか［1980］は，経営資源を「可変的資源」と「固定的資源」に分類して捉えている。「可変的資源」は，企業が市場から容易に調達できる資源をさし，原材料や市販の機械，未熟練の作業者がこれにあたる。対して，「固定的資源」は市場からの調達が困難で蓄積に時間がかかる資源をさす。これは，本章が焦点をあてる情報資源をはじめ，熟練作業者や生産技術者，自社開発の機械などがこれにあたる。企業の長期持続的成長の実現，競争優位を獲得するためには必要な資源として位置づけられ，情報資源の活用に重要性を置いている。浦野［2008］は，情報資源の活用のために，2つの戦略の重要性を述べている。情報的資源を自社内で蓄積していく「蓄積戦略」と資源展開戦略をさらに充実したものにするために，情報的資源を市場調達によらず外部から獲得する「獲得戦略」である。この視点は，組織内部だけでなく，外部の情報獲得と活用の重要性を示している。

　経営資源に着目する議論は，戦略論における議論の推移の中でもその捉え方，関心に変化がみられる。1980年代は，ポーターの競争戦略論に代表されるように，企業の関心は外部の経営環境，競争相手に向けられていた。その中で1990年代以降，企業の戦略について，組織内部で保有する経営資源に着目して検討したのがRBV理論（Barney［1986］）である。競争優位の源泉を企業内部の経営資源から求め，優れた能力や資源の蓄積によって競争優位が生まれるとされた。VRIO分析に見られるように，企業内部の資源やケイパビリティ

を4つの視点（①価値（Value）②稀少性（Rarity）③模倣困難性（Inimitability）④組織（Organization））から，他社と比較し，強みと弱みを分析する。リソース・ベースト・ビューにおいて，経営価値を生み出す内部資源が何か特定し，模倣困難な資源の豊富さが市場の多様性をもたらすとされた（野中・紺野［1999］）。

2. 知識創造としての資源

　戦略から捉えた視点に対し，資源を動かすヒト（組織）に着目し，知識をいかに創造し活用するかというプロセスやメカニズムを明らかにすることを目的としたのが，「知識創造」である（野中・紺野［1999］）。組織目標を達成するために知識資産，知識創造能力や生成される場やネットワークに焦点をあて捉えている。この点は，伝統的な資源研究が資源そのものに関心を向けていたのに対し，知識創造を行う個人ならびに個人の集合体としての組織に向けられ，不確実性が高い状況において環境との柔軟な適合を求め，市場創造や顧客価値を実現する組織的システムに着目している。知識を組織の共有資産として，発見，蓄積，交換，共有，創造，活動するプロセスを体系的に扱う手法をナレッジマネジメントと称する。個人の知を組織の知として共有し，さらに高度化して創造することを目指すものである。マニュアルなど言語で表される知識である形式知と，対して，経験などに基づき，明示的に表すことができない知識である暗黙知に分けられる。これらを個人，組織間で，相互に絶え間なく変換・移転することで新たな知識が創造されると考えられる。このプロセスを表したフレームワークがSECIモデルである。4つのプロセス（①共同化（Socialization），②表出化（Externalization），③連結化（Combination），④内面化（Internalization））から構成される（野中・紺野［1999］）。

　具体的には，知識の共有化，可視化だけでなく，データマイニング，データ構築，ドキュメント管理を組み合わせて知識が創造される。これらが実現されるための「場」の議論もあわせて行われ，組織内部はもとより，顧客や取引先などステイクホルダーなど外部も対象とされる。場は物理的な空間だけでなく，インターネット上で実現される空間，経験や空間の共有も含まれる。場の生成と活用について，伊丹［2005］は，「場のかじ取り」として組織のマネジメントの必要性をあげている。ITの進化により，電子メールだけでなく，

SNSやブログなど物理的制約や時間的制約にとらわれない「場」が多くみられるようになり，マネジメントに関する議論も，コミュニティや活用に関連して多様化している。

3. 小　括

　以上の議論から，伝統的な資源研究は企業成長を目標に，資源の把握・蓄積・配分・運用を中心に議論が進められ，その焦点は資源の定義ならびに特定に向けられていた。戦略的視点から，組織能力に着目した知識創造の観点に視点を変えると，資源研究は，個人ならびに個人の集合体である組織に着目し，知識を組織の共有資産として，発見，蓄積，交換，共有，創造，活動するプロセスが研究の中心として捉えられるようになった。このプロセスは，組織の内部だけではなく，顧客や取引先などステイクホルダーもネットワーク上に捉え，知識共有の範囲に捉えている。その範囲は，我々の生活世界における顧客まで拡張して捉えられている。知識創造に関する事例研究では，組織内部を中心に捉えられている研究が多く，情報資源はどのように生成され，自社だけでなく関連する顧客や取引先などの活動への影響までは十分に言及されていない。さらに前項で述べた通り，ITの進化により，場は組織内だけはなく，外部にまで拡張が可能になった。これらの変化を補完するために，主体間で情報資源を捉える視点を加える必要がある。

第3節　情報資源がもたらすサービス社会との接続
　　　　　―サービス社会における顧客と顧客情報―

　経営資源としての情報は，競争優位の源泉として捉えられてきた。これら経営学から捉えた研究に対して，マーケティングにおける資源研究として，2004年にVargo and Lushによって提唱されたS-Dロジックについて概観する。
　S-Dロジックは，価値共創を中核概念において議論されている。価値共創は，企業と顧客が共同で行う活動を通して価値を創造することを意味する。S-Dロジックにおいて資源は，使用を通じて価値共創プロセスを可能にするものとされている（Vargo and Lusch ［2004］）。Vargo and Lusch ［2008］ は，

価値が独自に現象学的に決定される点を指摘した。価値は，受益者である顧客が主体となり，主観的に状況依存的な状況のもと認識するとし，その価値は文脈価値と定義された。村松［2015］は，企業と顧客のナレッジ・スキルが組み合わされながら，価値共創が行われるとし，企業は，ナレッジ・スキルを顧客のために適用し，顧客は自身のために企業から提供されたナレッジ・スキルおよび自身のナレッジ・スキルを自ら適用するとしている。この点は，S-Dロジックにおける資源研究が，企業の視点から顧客の視点へ，資源の定義ならびに特定など資源そのものに向けられていた関心を，資源使用のプロセスに分析範囲を広げて捉えられていることが伺える。

次に資源特性に着目する。S-Dロジックでは，資源をオペランド資源とオペラント資源という概念に区分して捉えている。オペランド資源は，グッズや機械設備など，効果を生み出すため操作が施される必要がある資源，つまりモノとしての財である。この静的な財を有効に機能させるために必要なのが，オペラント資源である。つまりナレッジやスキル等，オペランド資源（や他のオペラント資源）に操作を施す資源を指す。iPhoneを例にとると，iPhone本体，オペランド資源そのものでは価値が見いだせない。自身の目的にあわせて，どのように使用するのかが重要となる。そのためには，自身の目的に最もあったアプリを見つけ出す能力や，アプリを使いこなす能力など，オペラント資源を用いることで初めて効果が見いだせると言い換えることができる。S-Dロジックでは，Vargo and Lusch［2008］が，S-Dロジックの基本的前提のFP4において「オペラント資源は競争優位の基本的な源泉である」と指摘しているとおり，オペラント資源を重要視している。そこには，企業から提供される資源に対して受動的な受け手としての顧客ではなく，資源に対して，積極的に有効活用する顧客の姿が浮かび上がる。これまでマーケティング活動の外的要因と捉えられてきた顧客を，オペラントという能動的な存在として捉えている（Vargo and Lusch［2008］）。

これまでの議論から，S-Dロジックで重視される価値は，グッズやサービシィーズの使用や経験を通じて共創され，あくまでも価値を判断するのは，受益者としての顧客である点が強調されている。企業は，そのプロセスにおいて自社のナレッジやスキルで顧客の価値創造を支援する役割なのである。つまり，企業自身が価値を定義し，それを製品へ事前に埋め込む事はできないのである。以上の点から，企業活動において，オペラント資源である顧客の理解が

従来に増して欠かせないものになっている点が理解できる。これらの背景をふまえ，企業は，オペラント資源である生活世界の顧客情報に着目する必要があると考えられる。サービス社会が実現するサービスとは，本来，受け手である顧客のための行為である。単に製品の付加価値を高めるための行為ではない。これまで企業が重要視してこなかった顧客の消費・使用段階を理解し，そこに接点を見出すため，生活世界の顧客情報を分析することで，より細かいニーズの予測や意思決定の実現が可能になるのである。つまり，企業は，多様化した生活世界の顧客情報に接点を見出すために，インターネット上のバーチャルの場にも広げて，積極的に接点を求めているのである。

第4節　生活世界の顧客情報がもたらす企業活動への変化

1. 顧客情報の変遷

　企業は，企業内だけでなく生活世界の顧客情報に積極的に目を向けるようになった。分析範囲は販売時点から消費を行う顧客の生活世界まで拡張され，これまで見ることができなかった顧客の消費行動を詳細に捉えることが可能になっている。この点は，モノ（商品）を起点とした視点から，顧客の消費段階をプロセスとして捉えようとする視点の変換と言い換えることができる。その背景には，市場ニーズがより高度化・多様化する中で，企業がこれまでの経験に基づいた予測を行うことが難しくなり，顧客の個々の消費行動に関心が向けられるようになった点が要因としてあげられる。従来の分析は，マスマーケティングを目的に，顧客の消費行動の共通性を見出すことに注力されており，その中での関心は個々の顧客ではなく，消費動向を捉えるため，全体としての顧客に向けられていた。新たな分析は，生活世界の顧客情報を起点として，従来の顧客情報を起点としたものとは区別して考えることができる。

　生活世界の顧客情報は，企業と顧客をつなぐ様々な接点を通して蓄積される。店頭での買い物では，ポイントカードや電子マネーを使用することで購買履歴が蓄積される。インターネットショッピングでは，購買履歴だけでなく，検索した商品の履歴情報や，購入はせずとも買い物かごに入れただけの情報も

消費行動を表すデータとして蓄積される。この他にも，一人暮らしの高齢者がポットでお湯を沸かすと，その情報が離れた家族に届き，無事が確認できるサービスや，GPS 機能を使って，小学生の登下校の状況を保護者が把握できるなど，IoT（Internet of Things）を基盤としたデータに基づくサービス提供も注目されている。これらは，従来の購買時点ではなく，購買後，つまり顧客の消費時点に着目したものである。さらに，SNS やブログ，アプリを介して，コメントやダイレクトメッセージ機能を使って，企業と顧客間，さらに顧客間においても，双方向のコミュニケーションを可能にしている。これら接点を支えるのが，IT である。ネットワーク技術の向上や SNS の台頭により，企業は個々の顧客へアプローチが可能となった。また，CRM（顧客関係管理）など顧客情報を構築し，分析するための仕組みづくりにより，顧客情報の収集が容易になった面があげられる。さらに，これまでは企業が接する機会を持つのが難しいとされた顧客間のコミュニティにも接点を見出すことができるようになったのである。IT の進展は，企業だけでなく，顧客にも変化をもたらした。IT の利用を通して，消費者である顧客が，生産者である企業と同等もしくはそれ以上の情報の獲得が可能になったこと（情報の非対称性の消滅）も大きな変化と捉えることができる。つまり，製品に関する情報を十分に得ることができず，生産者である企業の情報に依存するしかなかった顧客の消費活動に変化を与えたのである。製品に関する情報の積極的な収集だけでなく，顧客自身が情報を発信することを可能にした。この点は，国領［1998］が，コンピュータ・ネットワーク上のコミュニティのなかで，従来コミュニケーションの物理的制約から交流することのなかった消費者たちが，商品やサービスの情報を交換・共有しあい，それが商品の売れ行きや顧客満足に大きな影響を与える現象が数多くみられるようになってきたと捉えている。

　顧客情報の収集と分析は，決して新たな取り組みではない。注目すべきは，分析視点の拡張と目的の変化である。これまでは，購入時に店頭で取得した限定的な顧客情報に焦点が置かれていた。例えば，コンビニエンスストアにおいて，レジの担当者が，精算時に顧客の性別と年代を判断してキー登録するオペレーションがあげられる。現在は，SNS やポイントカード情報を加盟店やグループ企業で共有し，顧客の購入後の使用段階に関する情報や他店の購買状況と結合することで，断片的であった顧客の生活世界を，時間軸でより広く立体的に把握できるようになった。従来の交換段階における限定的な販売動向の把

図表7-2 顧客情報の変遷

	従来の顧客情報	生活世界の顧客情報
分析の目的	商品を起点とした販売動向の把握	個々の生活を起点とした消費動向の把握
分析の範囲	販売時点（交換段階）まで	消費時点（消費段階）まで
顧客情報の取得	各社で個別に取得し，活用	各社で取得したデータを加盟店で共有し，活用
主な顧客との接点	ポイントカード，ホームページ，ブログなど	ポイントカード，電子マネー，アプリ，SNSなど
顧客情報から得られるデータ	簡易的な属性情報，購入履歴	詳細な属性情報，購入履歴，検索履歴，SNS上のやりとり
情報のやりとり	一方向	双方向のコミュニケーション

出所：筆者作成。

握から，消費・使用段階における消費行動の把握へと拡張された点が大きな変化と言い換えることができる。このことは，販売時点では顧客の消費行動の多くがつかめない点を指摘するものである。消費行動は，購買後に行われ，その価値の判断もあわせて行われており，その点を重視するようになったのである。以上の点について，顧客情報の変遷としてまとめたものが，図表7-2である。

2. 顧客情報がもたらす企業活動の変化

　生活世界の顧客情報は，企業のマーケティング活動にどのような変化をもたらし，消費者・顧客との関係性にどのような影響を与えているのだろうか。
　企業は前項で述べたように，店舗での接客を通した直接的接点の他，SNSやホームページ，ブログなどインターネット上のバーチャルの場の中で接点を見出し，顧客情報の収集だけでなく，双方向のコミュニケーションも可能となった。接点の範囲も販売時点から，顧客の消費段階まで見出すことが可能となった。これらの情報は，ポイント制度を活用した加盟店やグループ企業が管理するプラットフォーム上で，他企業の情報と結合することで，これまで見えなかった消費行動の側面が見えてきた。顧客情報分析は，「顧客を理解する」ための取り組みである。新たな分析は，顧客の消費段階の情報と，企業と顧客間，さらに顧客間における双方向のコミュニケーションプロセスにより，企業

の経営活動はもとより，顧客の消費行動にも大きな変化を与えている。一例として，マーケティング活動における企業と消費者のアプローチの変化について検討する。

(1) 企業と顧客間ならびに顧客間の情報共有サイト

化粧品に関するユーザーの口コミを中心とした情報共有サイトが一例としてあげられる。多くのメーカー，ブランドと顧客の間でプラットフォームを使い，双方向のコミュニケーションを可能にしている。肌質や年齢に応じた解決したい悩み，なりたいイメージなど多様化するニーズに対し，企業と顧客それぞれのスキルやナレッジが交換される場となっている。人気モデルのメーク手順を動画にして公開する場や，実店舗を展開することで購買の意思決定のサポートだけでなく，顧客の美容に関する問題解決の場として活用されている。

(2) 特定製品・サービスのファンサイト

ビールメーカーが主催する会員限定の非公開サイトが一例としてあげられる。会員は，このメーカーが発売するビールのファンから構成される。サイトをお客様との共創の場と定義して，様々なテーマディスカッションやオンライングループインタビューなどが実施されている。具体的には家でおいしく飲むためのおつまみやグッズなど，購買後のシーンを扱うテーマも取り上げられている。会員を工場へ招いて，この場でしか聞けない開発秘話や販売前の新商品の試飲など，ネット上と実際の交流の場を併用したマーケティングが実施されている。他のメーカーでもSNS上で，商品開発の企画を顧客と企業が一緒に行う事例がある。

これらは，従来の販売時点の消費動向では実現しえなかった提案，アプローチである。いずれも，顧客の消費行動を捉えた顧客情報に基づき行われている。企業による顧客のサポートや，顧客間の情報のやりとりを閲覧する中で企業が想定していなかった反応やコメントを得るなど，ここでの経験が，企業における新たなアイディアや顧客への提案につながっている。顕在的なニーズの把握はもちろんであるが，まだ顧客自身が気付いていない潜在的ニーズへの働きかけを可能にしており，顧客の購買行動，消費行動へも変化を与えている。さらに，顧客の使用段階（プロセス）をふまえたマーケティング活動は，製品開発や商品提案に反映されることで顧客のニーズを満たし，使用段階における

顧客のスキルやナレッジとの組み合わせをスムーズに行わせることで，顧客の価値創造へとつながると考えられる。さらに，これまで実店舗では時間や要員，費用が限られることで実現が限られていた One to One マーケティングを，バーチャルな環境で効率的に顧客と直接的な接点を見出すことで，積極的な実現が可能となった。これらの点が，顧客との長期的関係や顧客満足度の向上へとつながり，企業活動に大きな変化を与えている。

第5節　おわりに

　企業は顧客の購入履歴や属性情報を組み合わせて，消費行動を詳細に捉えることができるようになった。他企業との情報共有や，インターネット上の双方向のコミュニケーションの場の出現により，経営活動だけでなく，顧客の消費行動にも大きな影響を与えている。顧客情報の分析結果に基づき，企業は魅力的な売り場づくりや商品開発はもちろん，顧客の消費行動データに基づき，個々に向き合ったサービス提供を可能にしている。その背景には，多様化・高度化した顧客ニーズへの対応の必要性と，それらを考察するためのITの進化，構築されたデータへの分析力とそれに基づく意思決定のもと行われる経営活動が必要条件としてあげられる。

　経営活動を支える経営資源の1つである情報は，顧客をはじめとする外部環境の情報に目を向け，積極的にそれらの情報を自社のスキルやナレッジのもと組み合わせることで，これまで捉えることができなかった顧客や取引先の側面をつまびらかに描きだすことが明らかになった。

[参考文献]

Barney, J. B. [1986] "Strategic Factor Markets: Expectations, luck, and Business Strategy," *Management science*, Vol.32, No.10, pp.1231-1241.
───── [2002] *Gaining and Sustaining Competitive Advantage* (2nd), Prentice-Hall.
Mele, C. and V. Corte [2013] "Resource-Based View and Service-Dominant Logic: Similarities, Differences and Further Research," *Journal of Business Market*, Vol.6, No.4, pp.192-213.
Vargo, S. L. and R. F. Lusch [2004] "Evolving to a New Dominant Logic for Marketing," *Journal of Marketing*, Vol.68, No.1, pp.1-17.
───── [2008] "Service-Dominant Logic: Continuing the Evolution," *Journal of the Academy of Marketing Service*, Vol.36, pp.1-10.

井上崇通・村松潤一編著［2010］『サービス・ドミナント・ロジック―マーケティング研究への新たな視座―』同文舘出版。
井上善海・佐久間信夫編著［2008］『よくわかる経営戦略論』ミネルヴァ書房。
伊丹敬之［2003］『経営戦略の論理（第3版）』日本経済新聞社。
─────［2005］『場の倫理とマネジメント』東洋経済新報社。
遠山　暁・村田　潔・岸眞理子［2016］『経営情報論（新版補訂）』，有斐閣。
野中郁次郎・紺野登［1999］『知識経営のすすめ』ちくま新書。
吉原英樹・佐久間昭光・伊丹敬之・加護野忠男［1981］『日本企業の多角化戦略』日本経済新聞社。

（徳田美智）

第8章

組織のマネジメント
―価値共創を支える組織とは何か―

第1節　はじめに

　工業社会では，生産現場の工場と顧客の集合体で構成される市場は離れた場所に位置した。企業はあらかじめ市場調査などで市場のニーズを把握した後に，顧客と離れた工場で生産して市場に届ける志向論を前提で活動した。したがって，伝統的な組織のマネジメント研究は企業が決める価値を重視する立場での管理方法について関心を示して発展した。そこでは，あらかじめ企業が策定した計画を実現するための組織運営に主眼が置かれていた。
　サービスは特性上あらかじめ生産しておくことができないことから，顧客と一緒に相互作用するサービス・エンカウンターの従業員の行動に品質が大きく依存する。したがって，サービスを対象とする組織運営は顧客と一緒に相互作用する従業員を支える組織の視点で考察されている。伝統的な組織論は経済社会の時空間からの企業活動が前提で発展してきた。サービス社会での価値共創は企業が顧客の日常生活に入り込んで顧客の立場で顧客が決める価値を一緒に実現するための活動である。
　本章では，第2節は北米の伝統的マーケティング研究の組織論を概観した後に，第3節で北欧のサービス組織のマネジメント研究について考察する。そして，第4節ではサービス社会におけるサービスの価値共創を支える組織論はどのような先行研究の視点や概念が重要なのかについて検討して，最後に残され

た課題を提示する。

第2節　北米の伝統的マーケティングの組織論
―志向論で編成された組織―

1. マーケティング・マネジメントの組織論

　組織とは複数の人々が担当する活動の体系である。組織全体から見るとそれぞれ個人の役割は機能として考察できる。伝統的組織論は組織編成の分業と調整の原則，組織管理原則などを基本的前提としている。しかし，大きく企業を取り巻く環境が変化する状況下で，伝統的組織論は現実に適応するために多様な視点から修正を加えられ進展して現在に至っている。

　伝統的マーケティングは経営学の影響下で進展してきた。大企業化した製造業は市場や流通への関心を高めて大量生産をする前段階として市場調査を重視するようになった。すなわち，事前に消費者ニーズを探索して適合することで大量生産のリスクを削減しようと試みるようになった。大量生産された製品は大量流通，大量販売システムによって効率的に市場に届けられることを目指した。そのために人的販売活動の組織編成や販売チャネル政策などが検討された。

　マーケティングは主にマーケティング部門のマーケティング・マネジャーが担う経営諸機能の1つとして位置づけられた。経営諸機能にはマーケティングの他に，生産，営業，組織，人事，財務，物流，情報などがある。工業社会の中で，モノを中心に発展したマーケティング・マネジメントはミドル・マネジメントが担当して20世紀の環境下で大きな成果を上げた。

　マーケティング・マネジメントは経営管理論の管理過程学派の考え方で理論化されてきた。すなわち，マーケティング・マネジメントは計画，実行，検証のサイクルで編成されている。計画は組織化と指揮・調整などで実行される。組織化は実施すべき諸活動をグループ分けした後で人材を中心に経営資源を割り当てることである。そして，これらの経営資源は計画の目的に沿って指揮調整される。

　伝統的経営管理では，ヒトや組織を扱う経営諸機能は主に人事部門などが

担った。したがって，マーケティング部門が実行に伴って編成する組織はあくまでもマーケティング部門の範囲内である。村松［2002］はミドル・マネジメントとしてのマーケティング・マネジメントにとっては，他の経営諸機能との役割分担が所与のものとして取り扱われていると提示している（229頁）。

2. 戦略的マーケティングの組織論

　1980年代に入ると，北米企業は国際化，大規模化が進み激しい国際競争の中で不透明で不確実な経営環境下で行動をすることになった。このような背景で登場したのが，戦略的マーケティング（ストラテジック・マーケティング）である。戦略的マーケティングは大規模化した企業の多角的レベルで変化に対応すべく自社の競争的ポジショニングを推進して市場へ適応することを目指した。
　Kotler［1980］は，マーケティング組織の発展プロセスを5段階で提示している。マーケティング組織は初期の第1段階で企業が財務，製造，販売の三機能に単純に分かれる時代は販売を担った。第5段階では，トップがマーケティング志向の全社的な組織づくりをする必要性があることを示している。そのためには，トップ自らがマーケティングを理解して全社的な指導力を発揮することが求められている（邦訳457-458頁）。
　しかし，1980年代においてのKotlerはミドル・マネジメントが担うマーケティングの範囲内の立場に留まっており，トップ・マネジメントのマーケティングの戦略的マーケティングではなくマーケティング・マネジメントの視点から研究を進めている。
　さらに，マーケティングの組織は機能，販売地域，製品，そして市場のいずれかにそって編成されると述べている（Kotler［1980］邦訳458-459頁）。このことからモノを中心とした競争を強く意識した工業社会の影響下での研究であることが伺える。すなわち，企業にとって市場や顧客は志向する対象であった。

3. 小　括

　工業社会の出現で進展した経営管理に源流をもつ組織を対象とした研究は，

図表 8-1　マーケティング・コンセプトの変遷

```
┌─────────────┐      ┌─────────────┐      ┌─────────────┐
│ 生産・製品志向 │      │ 市場・顧客志向 │      │ 市場・顧客起点 │
│ (to market)  │ ───▶ │ (market to)  │ ───▶ │ (market with)│
│ モノの移動    │      │ 市場・顧客の  │      │ 価値共創     │
│              │      │ ニーズへの適応│      │              │
└─────────────┘      └─────────────┘      └─────────────┘
   1950年まで         顧客と市場を         顧客とパートナーが
                     マネジメント        継続的な価値に向かって生産
                     1950年～2010年        2010年から
```

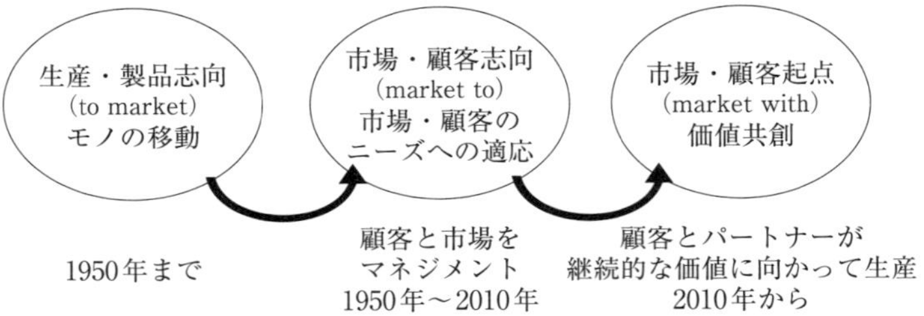

出所：Lusch *et al.* [2007], p.7 を基に筆者作成。

環境の変化と共に分化，専門化して現在に至っている。この系譜の前提は，工業社会における大企業のモノを大量生産する考え方が中心で編成されていることが多い。すなわち，市場や顧客への志向論を前提として編成されていることに留意する必要がある。

　伝統的マーケティング研究は，企業と消費者が「時間と空間」において離れた関係にあることを前提として組み立てられている（村松［2010］4 頁）。顧客志向・市場志向の研究は企業が顧客と離れた立場から，企業にとっての価値創造を目指して市場や顧客に対して接近しようとする視点での研究である。伝統的マーケティングはミドルが担うマーケティング・マネジメントが中心で，トップが担うとされるマーケティングは理想だけで理論的・実践的研究は進展しなかった（村松［2002］229 頁）。

　Lusch *et al.* [2007] は，マーケティング・コンセプトの変遷について述べている。彼らは 1950 年頃までが生産・製品志向（to market），2010 年頃までが市場・顧客志向（market to），現在は市場・顧客起点（market with）の時代だと提示している（図表 8-1）。

第3節　北欧のサービス・マーケティングの組織論

1. 経営理念と文化

　北欧学派は，工業社会の組織論とは距離を置いて独自のサービス組織の視点で研究を進展させた。北欧学派は，サービス志向の経営理念と文化を中心として現場を支援するための組織について焦点を当てている。

　第4章で概観したように，Normann [1991] はサービスを生産するマネジメント・システムの中心に経営理念・文化を位置づけた（図表4-2）。サービス・システムの特長は指導原理としての価値観や文化，エトス（倫理観）の重要性を提示したことである（邦訳79頁）。

　企業文化（corporate culture）の概念は組織内の人々が共有する共通の規範や価値である（Grönroos [2007a] 邦訳351頁）。企業文化は組織の構成員に目的や意義を与え組織内での行動の規範である価値を表している。サービス・エンカウンターにおけるサービスの生産は顧客とのインタラクションで行われるために組立ラインのように完全に標準化しておくことはできない。また，状況が安定的でないために常に変化に対応することが必要である。

　したがって，組織がサービス・エンカウンターを支える共通規範をもつ企業文化が重要となる。顧客が知覚するサービス品質は，連係プレーで提供されることから顧客との関係をマネジメントするためには，サービス志向の観点を導入する必要がある。優れた企業は，人や集団の自律性が高く創造的な活動が活発化するからである。

2. サービス志向的組織

　Grönroos [2007a] は，サービス志向的組織構造として顧客とトップ・マネジメントとの階層をできる限り少なくするべきだと提示している。組織のバック・オフィス，マネジメントそしてスタッフなどがサービス・エンカウンターを支援するサポート機能を果たす。すなわち，サービス・エンカウンターで従

図表 8-2　サービス志向的組織構造

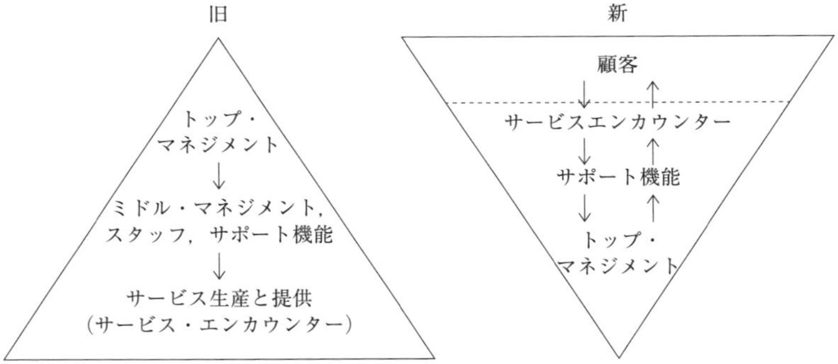

```
        旧                         新
                               顧客
      トップ・                    ↑↓
    マネジメント            サービスエンカウンター
        ↓                       ↑↓
   ミドル・マネジメント,         サポート機能
  スタッフ,サポート機能             ↑↓
        ↓                      トップ・
   サービス生産と提供            マネジメント
  （サービス・エンカウンター）
```

出所：Grönroos［2007a］邦訳 299 頁。

業員が沢山の「真実の瞬間」を創造するための支援体制である。

　伝統的な組織は管理・統制を優先させるピラミッド型であったが，サービス社会では支援型の逆さまのピラミッド型の組織が求められる。逆さまのピラミッドはサービス・エンカウンターの顧客とのインタラクションが組織階層のトップに位置すること，スタッフや他のサポート機能やマネジメントは成功のための前提条件であることを意味する。

　そして，顧客とオペレーションに関する決定責任はマネジメントからサービス・エンカウンターに関わるスタッフへと移行することで「真実の瞬間」に直接責任をもつ（図表8-2）。そのためには，中間マネジメント層を減らし組織構造をフラット化することやサービス・エンカウンターへの権限委譲を促進することになる（Grönroos［2007a］邦訳 298-299 頁）。

3.　サービス・システム・モデル

　工業社会では，顧客は企業の外部の存在だとされてきた。しかし，利用者と提供者の関係で顧客を位置づけると顧客は組織内部にも組織外部のネットワーク・パートナーとの関係にも存在する。提携先の配送業者や倉庫業者の商品管理が適切でないと配達先の顧客に「真実の瞬間」が届けられなくなるからだ。

　したがって，最終顧客だけでなくサービスを提供する相手方を「内部顧客（internal customer）」と捉える組織運営が求められる。そして，マーケティン

図表 8-3　サービス・システム・モデル

| ビジネス・ミッション | → | サービス・コンセプト | → | 全体的に目に見えない部分 | サポート部分: テクノロジーとシステムのノウハウ ⇒システム・サポート / マネジャーとスーパーバイザー ⇒マネジメント・サポート / サポート機能とサポート従業員 ⇒物的サポート | 相互作用部分: システムとオペレーション資源 / 接触する従業員 / 物的資源と設備 | 視野の境界線 | 顧客 | ← | 期待 | ← | 個人的ニーズと価値 / 過去の期待 / 会社のイメージ / マーケティング・コミュニケーション / 口コミ / コミュニケーションの欠如 | ← | 顧客による価値創造プロセス |

企　業　文　化

出所：Grönroos［2007a］邦訳 311 頁。

グはフルタイム・マーケティングの専門スタッフから構成されるマーケティングだけの問題ではなくなる。Grönroos［2007a］はマーケティング活動を企業が果たすプロミスの実行として捉え，マーケティング部門以外のパートタイム・マーケターが主として担っていると考える。マーケティング部門（フルタイム・マーケター）は市場調査，マーケティング計画，広告，価格設定，販売促進など限定的な専門業務を担当する。

　パートタイム・マーケターの役割がプロミスの実現に影響するオペレーション，財務，研究開発，人材マネジメントなどのあらゆる部門に存在すると考える。フルタイム・マーケターのマーケティング・スタッフは実行したマーケティング活動に責任を負い，顧客やインターナル・マーケティングの問題に関する内部コンサルタントとしてトップ・マネジメントに提言しなければならない。顧客の期待に影響を与えるのがニーズ，過去の経験，イメージ，口コミ，マーケティング・コミュニケーションなどである。ビジネス・ミッションやサービス・コンセプトは，サービス・システムの計画やマネジメントを導く。企業文化は組織内の人々が考え理解するものごとを決める共有価値（shared value）であり，従業員に影響を与えるがしばしば曖昧であると指摘する（Grönroos［2007a］邦訳 310 頁）。

4. 全社で行うマーケティング活動：管理型から支援型組織へ

　工業社会は顧客や市場をマーケティング部門が担うことを前提に企業システムを編成してきた。しかし，サービス社会におけるマーケティングの役割は自社商品を市場へ創造的適応することにあると捉えると，マーケティング機能は顧客に対して商品を届ける活動・プロセスとなる。マネジメントは，日常レベルのオペレーションの意思決定を現場に権限委譲して直接関係すべきではなくなる。マネジメントは現場を支援するためにサービス戦略の遂行に必要な戦略的サポートや資源を提供することを重視する組織になるべきである。そのためには組織を構成する従業員に対するマネジメントを支援型へと転換する必要がある。インターナル・マーケティングによる従業員の成長が結果的に組織の活性化へとつながり品質の高いプロミスの実行が可能となるからである。

　Grönroos［2007b］は伝統的マーケティング部門は機能主義的なマネジメント・アプローチに固有のものであり，テイラーの科学的管理法の一般原則に従うものだと提示している。サービスにおけるマーケティングはマーケティング専門家のみに許されたタスクではなく組織中に広まっているのに，マーケティングとマーケターが組織の中で孤立している課題を指摘している。パートタイム・マーケターはマーケティング部門外にいる従業員であるが，彼らの態度と仕事のやり方が企業並びにその市場提供物の品質に対する顧客の認識に影響を与える。パートタイム・マーケターは数の上でフルタイム・マーケターに勝るだけでなく専門家にもなり得るのに，マーケティング部門がパートタイム・マーケターのタスクを計画することができない。

　マーケティング組織が以上の課題を克服するためには従来の市場調査，広報計画，ダイレクト・マーケティングといった基本的なフルタイム・マーケターとしての活動に加えて内部に向けたマーケティングのファシリテーターとしてトップ・マネジメントをアシストすることが必要である。すなわち，マーケティングの専門家はマネジメント層や従業員に対してパートタイム・マーケティングの特長や目的その適用について教育することで理解させ受け容れさせる。そしてパートターム・マーケターが行動しやすいような道具やシステムへの投資のサポートに注力することで組織内における優良な品質のサポーターになることができると提示している（Grönroos［2007b］邦訳158-160頁）。

5. 小　　括

　本節ではサービスを支える組織について考察した。サービス志向組織のもとでヒトを支援する組織運営が，結果的に企業成果に結びつくことが明らかになった。そのためには，サービス志向の企業文化を組織内に共有することが第一歩となる。組織内の人々に共有された規範は，その企業の文化の根幹である。この共有価値は日常業務を行う際に，従業員にとってのガイドラインになるからである（Grönroos［2007a］邦訳356頁）。
　そして，組織内で共有するためにはマーケティング部門の担う役割をマーケティング・マネジメントが規定された範囲から全社組織内部へ向けて拡大される必要がある。フルタイム・マーケターとしてのマーケティング部門が，トップ・マネジメントをアシストしながらパートタイム・マーケターの役割を担う従業員に向けて，教育や環境整備を通して支援することになる。

第4節　サービス社会の組織のマネジメント
―価値共創を支える組織―

1.　サービス組織への変革

　サービス社会の組織運営は，工業社会で編成された組織運営とは違う前提や考え方で編成される必要がある。工業社会で考えられた組織の構造が，逆さまになっていることからも分かるであろう（図表8-2）。本質はモノやサービスという財の特性にあるのではなく，企業がどのような価値観でどのような商品を提供するのかというコンセプトである。サービスは，モノと違って顧客と一緒に生活者の時空間で生産され提供される。そして，価値は顧客が決定することになる。
　Lovelock and Wirtz［2008］は，マーケティング活動にはトップ・マネジメントにとっての競争戦略，マネジャーにとっての日常的な事業活動，そしてサービス組織全体としての顧客志向サービス提供の3つの側面があることを提示した。優良なサービス組織の経営陣は利益目標の設定やマーケット・シェア

の拡大をあまり重視していない。

　サービス社会では，サービス・スタッフのマネジメントや顧客志向の姿勢こそが経営の最優先課題である。幹部社員は収益性を改善するために，人材への投資，接客スタッフをサポートする技術の導入，スタッフの採用および研修方針の改革，すべてのスタッフを対象とする業績連動の報酬制度の確立などに取り組んでいる。

　サービス組織は，レベルアップすることもレベルダウンすることもある。既存顧客を満足させることに専念し過ぎると，市場の重要な変化に気づかず取り残されることがある。また，新たな技術の導入によって成功をつかんだ組織がその技術に固執していると，競合相手はさらに高度な技術を開発する可能性がある。

　成功する組織に共通しているのはマーケティング，オペレーション，そして人事の各セクションが意識的に協力体制を築きさらなる競争優位の確立と顧客満足度の向上を目指していることである（Lovelock and Wirtz ［2008］邦訳449-468頁）。このように，サービス社会では顧客のことを第一に考えて組織全体で実行できる組織運営が重要である。それでは，どのような組織運営をすれば良いのであろうか。

2. サービス組織のリーダー

　従業員の支援と組織の活性化を目指すための組織運営は，トップ・マネジメントが担うことになる。理念に「顧客満足」や「顧客志向」などを掲げている企業は多いが，具体的なかたちで組織に浸透されなくて掛け声やスローガンだけに留まることが多い。トップ・マネジメントが毎日の行動やインターナル・マーケティングで組織に浸透させていく以外に，組織文化を変革する方法はない。

　Heskett *et al.* ［2003］は，サービス組織のリーダーの役割はビジョンと戦略を促進することである。トップ・マネジメントは価値を創造する文化と価値観を醸成することだとして，業績の三位一体の考え方を提示した。すなわち，経営者のリーダーシップと重要な役割は価値を創り出す文化と価値観，ビジョンと戦略を明らかにして，それらを率先して組織内部に浸透させることである。組織と文化は組織構造と組織が獲得し開発してきた才能やスキル，知識に強い

影響を与える。成長を志向する戦略は内外に原因を持つ組織能力によって強く制限を受けるからである（邦訳164-165頁）。

　Lovelock and Wirtz［2008］は，組織を成功に導くためにリーダーに一番必要な要素はコミュニケーション能力であるとして，優良組織をしのぐ業界内のトップ組織をサービス・リーダーと定義している。サービス・リーダーはカスタマー・リレーションシップ・マネジメントを積極的に取り入れて顧客情報を把握した上で，個々の顧客にふさわしい取り組みを実施する。経営幹部は人事部門と共に，組織内のサービス文化の醸成と一流の人材が集まるような快適な労働環境の整備に努めている。従業員は企業の価値観やビジョンを十分理解し積極的にサービス提供に取り組み，権限を委譲され迅速な対応ができることから，次々と新しいアイデアを生み出すことができる。

　しかし，優秀なリーダーでも組織を変革して新しい組織文化を醸成することは簡単ではない。組織文化を背景とした組織の具体的な特性が組織風土である。サービス風土とはスタッフが顧客サービスやサービス品質に配慮した方針や手法および行動を実践し，組織側がそれに応じた報酬体系を構築することである。そのためには，明確なマーケティング戦略や素晴らしいサービス価値やサービス品質につながるような強い動機づけが必要になる（Lovelock and Wirtz［2008］邦訳460-467頁）。

3. サービス社会の組織能力

　Schein［2010］は文化を「グループが外部への適応，さらに内部の統合化の問題に取り組む過程で，グループによって学習された，共有される基本的な前提認識のパターンである」と定義している（邦訳21頁）。

　しかし，企業文化が行動規範として機能するほど企業行動は画一的，硬直的になりやすい傾向があり，その結果，慣れ親しんだルーティンワークが続くことで思考停止になる。強い成功体験をもつ企業が，行動規範のもとでの思考様式に過剰学習（over learning）することで逆機能が生じやすい。企業文化の変革にはこの過剰学習を意識的に破棄する強いリーダーシップが必要である。リーダーは変化し続ける環境の中で，その組織が存続できる方向に文化的変革をリードする役割を担っている（Schein［2010］邦訳26頁）。

　企業文化の変革は，創造と同様にトップが担うことになる。表面的な掛け声

だけでは，人々の内面化された価値観を変えることは困難である。トップは率先垂範で意識的に強い変革の意思を示す必要がある。一方で，ミドルや現場が変革の担い手になることがある。ミドル・マネジメントが革新の芽を育てる支援者活動やそれを促進する活動をすることで，それが全社的に波及する。成功事例の小さな蓄積による変化が，組織全体に伝播することで企業文化に影響を与える。

　価値共創は，顧客がサービスの提供を求めたときに企業が直接サービスを提供することが起点である。価値共創の理念を実行するために組織メンバー全員で対応する能力が中核となる。そのためには，組織内部に向けて理念を浸透させる能力と従業員と組織が連動して行動する能力の2つの組織能力が重要である。リーダーは，この2つのシステムを率先して運営することで理念の実現を推進する力となる。したがって，サービス社会の組織運営では，企業文化と同様にこのようなシステムを構築することが重要な視点である。

4. 小　　括

　サービス社会で価値共創を目指す組織運営は，社員や組織をオペラントとして捉えるリーダーシップが重要である。トップ・マネジメントは，従業員のために必要な環境を管理することで支援する。リーダーの重要な役割は，組織に対して顧客起点の行動を具体的に見える形で浸透させ企業文化を醸成し続けることである。理念を共有する従業員がそれに触発されて，価値共創の実現へ向けた行動を推進することで組織が顧客起点で運営される。

　サービス社会の価値共創の組織運営は，機能別に分化した組織から新たな支援型の組織編成へ向けた転換が求められることになる。すなわち，企業は高度に専門化，細分化した組織を目的や理念のもとに総合化する必要がある。そして，組織を運営するためのリーダーシップの方法についても新たな理論構築が必要となる。

　そこで注目されるのが，サーバント・リーダーシップである。これは組織の共通理念やビジョンのもとに自律した構成員が目的達成することを支援するリーダーシップである。階層を重んじる稟議決済の意思決定システムから転換して，極力，即時決済を行いながら，場を通してアイデア抽出を促進するリーダーシップである。

第5節　おわりに

　工業社会を前提として志向論で発展した組織論とサービス社会で価値共創を行うための組織論は，考え方や運営の仕組みが違うことが理解できた。サービス社会では，内部組織と外部組織，経済システムと社会システムを橋渡しする機能を組織の中にビルトインすることが求められる。組織行動学ではフロント・ステージのサービス・スタッフは「バウンダリー・スパナー（境界連結者）」と呼ばれ，組織の最前線で組織と外部の橋渡しの役割を担う。サービス・エンカウンターの従業員はオペレーションとマーケティングの両方の成果が求められ，業務を迅速かつ効率的に行うとともに顧客を満足させなければならない（Lovelock and Wirtz［2008］邦訳321頁）。

　この視点での理論化には，早くから相互作用に焦点を当てて研究を進めてきた北欧のサービス・マーケティングの先行研究から多くの示唆が得られる。サービス社会の組織はその活動を支援して企業成果を実現することになる。支援型の組織運営の概念化を進展させていくことが，これからの課題である。

[参考文献]

Grönroos, C.［2007a］*Service Management and Marketing: Customer Management in Service Competition*, 3rd ed., John Wiley & Sons Limited.（近藤宏一監訳［2014］『北欧型サービス志向のマネジメント―競争を生き抜くマーケティングの新潮流―』ミネルヴァ書房。）

────［2007b］*In Search of a New Logic for Marketing Foundations of Contemporary Theory*, John Wiley & Sons Limited.（蒲生智哉訳［2015］『サービス・ロジックによる現代マーケティング理論―消費プロセスにおける価値共創へのノルディック学派アプローチ―』白桃書房。）

Heskett, J. L. W. E. Sasser, Jr. and L. A. Schlesinger［2003］*The Value Profit Chain: Treat Employees Like Customers and Custmers Like Employees*, The Free Press.（山本昭二・小野譲司訳［2004］『バリュープロフィットチェーン―顧客・従業員満足を「利益」と連鎖させる―』日本経済新聞社。）

Kotler, P.［1980］*Marketing Management: Analysis, Planning, and Control*, 4th ed., Prentice-Hall.（村田昭治監修［1983］『コトラー・マーケティング・マネジメント―競争的戦略時代の発想と展開―（第4版）』プレジデント社。）

Lovelock, C. and J. Wirtz［2008］*Service Marketing: People, Thechnology, Strategy*, 6th ed., Pearson Education.（白井義男監修［2008］『ラブロック＆ウィルツのサービス・マーケティング』ピアソン・エデュケーション。）

────［2016］『ケースブック価値共創とマーケティング論』同文舘出版。

Lusch, R. F., S. L. Vargo and M. O'Brien [2007] "Competing through Service: Insight from Service-Dominant Logic," *Journal of Retailing*, Vol.83, pp.5-18.

Normann, R. [1991] *Service Management: Strategy and Leadership in Service Business*, 2nd ed., John Wiley & Sons.（近藤隆雄訳［1993］『サービス・マネジメント』NTT出版。）

Schein, E. H. [2010] *Organizational Culture and Leadership*, John Wiley & Sons.（梅津祐良・横山哲夫訳［2012］『組織文化とリーダーシップ』白桃書房。）

村松潤一［2002］『戦略的マーケティングの新展開―経営戦略との関係―』同文舘出版。

（藤岡芳郎）

第9章

顧客関係のマネジメント
―直接的顧客関係,顧客関係の構築と維持―

第1節　はじめに

　現代マーケティングの理論と実践において,顧客との関係の構築及び維持が重視されている。顧客関係のマネジメントは企業のビジネス・プロセスにおける重要な構成要素として捉えられている (Srivastava et al. [1999])。マーケティング分野において,顧客に対する認識の変化に伴って,研究の焦点は取引から関係性へ,さらに単なる長期的な関係性からサービス中心の視点へ,という2つのパラダイムシフトが進展しており,それに対応して顧客関係のマネジメントの焦点とゴールの変化も見られている。まさに Pansari and Kumar [2017] が指摘しているように,顧客関係マネジメントは常に企業の中心的課題であり,変化しているのはそれがどのように行われるかということである。

　1つ目のパラダイムシフトにおいて,1990年代から,新規顧客の開拓より,既存顧客の維持の方が効率的であるという考え方が主流になり,顧客関係マネジメントのゴールは従来の購買意思決定により金銭的価値を獲得することから,信頼,コミットメント,ロイヤリティを高める長期的関係の構築にシフトしている。

　2000年代に入ると,情報化の進展につれ,顧客の活動範囲及び役割は大きく変化している。顧客は能動的に様々な情報を収集したり,積極的に企業や他の顧客に情報発信したりするようなアクティブな主体になっている。また,顧

客が企業の生産プロセスに入って企業と共同生産する事例や，自らの課題を解決するために企業を巻き込む事例が出現している。こうした中，サービス・ドミナント・ロジック（以下，S-Dロジック）やサービス・ロジック（以下，Sロジック）を代表とするサービス中心の議論が盛んとなり，マーケティング研究の新たなパラダイムシフトが進められている。その中心的な考え方は，価値は顧客の使用や経験に基づいて個別的に判断するものであるということである。それに伴って，顧客関係マネジメントの範囲は顧客の購買あるいはリピート購買から購買後の消費使用プロセスに拡張して考える必要がある。言い換えると，新たな考え方と現実に対して，顧客関係マネジメントにおける斬新的な視点が必要となる。本章はまず，伝統的な製品中心の顧客関係の捉え方およびそのマネジメントを概観し，問題点を整理する。次にサービス中心の考え方に基づいて顧客関係のマネジメントを論じる。

第2節　製品中心の顧客関係の捉え方

顧客関係マネジメントの対象は企業と顧客の「リレーションシップ」である。製品中心の考え方において，この「リレーションシップ」は長さ（顧客の生涯期間），深さ（例えば，サービスの利用程度），幅（例えば，製品の数）といった3つの次元から識別される（Bolton et al. [2004]）。具体的には，顧客満足，コミットメント，ロイヤリティなどのコンセプトのもとで議論が進められている。本節では，これらのコンセプトを説明し，コンセプト間の関連性について整理する。そして，製品中心の顧客関係の捉え方の限界と問題点を明らかにする。

1. 顧客満足度，コミットメント，ロイヤリティの概念

(1) 顧客満足

顧客満足は製品あるいはサービスの機能，またはそれ自体が提供した喜ばしいレベルの充足に対する評価である（Oliver [1997] p.13）。ここでは，喜ばしいレベルの充足というのは快楽をもたらす，あるいは悲しみを軽減する，生活の

中の問題が解決されることを意味する。

　企業にとって，顧客満足を高めることは既存顧客の維持によるマーケティングコストの削減やリピート購買による売上高の増加などのメリットがある。それ故，顧客満足は顧客関係マネジメントがどのように企業の市場パフォーマンスに関連づけるかを説明する際に使われる概念でもある（Kumar and Shah [2009]）。マーケティングおよび消費者行動研究において，顧客満足度は事前の期待と事後の成果の不一致により規定され，購買行動と関連づけて実証研究が蓄積されている。

(2) コミットメント

　コミットメントは顧客が将来的にブランドや企業との関係を継続する意欲として定義されている（Dwyer et al. [1987], Morgan and Hunt [1994]）。リピート購買と強く関連している顧客満足とは対照的に，コミットメントは将来の志向を表すコンセプトである。マーケティング研究におけるコミットメントの概念は社会心理学や組織論などの分野から援用され，企業間関係（B to B）と企業―顧客間関係（B to C）を説明するものである。特に関係性マーケティング研究において，コミットメントは企業と顧客（B to C の場合）が関係を構築，維持するための中核的な概念として捉えられている。コミットメントが高い顧客はリピート購買に加え，他の顧客にクチコミ発信する意欲が高いと実証されている（Verhoef et al. [2002], Fullerton [2005]）。

(3) ロイヤリティ

　ロイヤリティは企業の特別的かつ期待される対応から生まれる特殊の関係，その関係の結果，そして関係の強化と防御に対する顧客の認識と定義される（Aksoy et al. [2015]）。ロイヤリティは強い顧客関係の産出物である。既存研究において，一般的にロイヤリティを行動的ロイヤリティと態度的ロイヤリティに区別している。行動的ロイヤリティは顧客の実際の購買行動であり，態度的ロイヤリティは顧客が企業に対する心理的愛着である（Chaudhuri and Holbrook [2001]）。リピート購買は顧客ロイヤリティの直接な表現である。一方で，行動的ロイヤリティをベースにリピート購買する顧客は，競合他社のより有利な購買条件の影響を受けたら離散する可能性が高い。それに対して，態度的ロイヤリティは経済的便益の要因に影響されにくく，真のロイヤリティ

(忠誠心) だと言われている。

　Reichheld [1994] によると，顧客がロイヤリティを保つ理由は，プロモーションやマーケティングプログラムの刺激を受けているからではなく，価値を受け取ったからである。そのため，効率的に顧客ロイヤリティを維持するために，①顧客関係を維持するための経済的測定システム，②生涯価値に基づいた顧客ターゲット，③離散した顧客に対する分析，④価値提案の改定と更新が必要となる。

2. 顧客満足，コミットメント，ロイヤリティの関連性

　顧客関係マネジメントの成功は主に財務的パフォーマンスによって評価される。一般的に，高品質の製品と適切なサービスは高いレベルの顧客満足を作り上げる。また，高いレベルの顧客満足は顧客のコミットメントを高め，その結果，顧客ロイヤリティを向上させる。そして，高められた顧客ロイヤリティは長期的財務パフォーマンスの獲得に最も重要な要因となる。しかしながら，満足された顧客はたとえリピート購買するとしても，必ずコミットし，ロイヤリティを持つとは言えないことが実証されている。

　Jones and Sasser [1995] は顧客満足の度合いに基づいて，「完全に満足される」，「ほぼ満足される」，「満足されない」と細分化し，顧客満足とロイヤリティの関係を検討している。その結果，「完全に満足される」顧客は真のロイヤリティ（態度的ロイヤリティ）であり，「ほぼ満足される」顧客は他の購買選択肢を有するため，他企業に切り替える可能性がある（行動的ロイヤリティ）とわかった。

　また，Fullerton [2005] は満足の度合いの変数としてコミットメントの概念を用いて実証研究を行った。その結果，顧客が企業やブランドに対してロイヤリティをもつようになる合理的プロセスのモデルが提示された。その他，顧客満足，コミットメント，ロイヤリティの関係について多数の研究が蓄積されている。例えば，Cacers and Paparoidamis [2007] は顧客満足がコミットメントに強く関与し，コミットメントが態度的ロイヤリティをもたらすことを指摘している。Cooil et al. [2007] は，顧客満足が行動的ロイヤリティに繋がることを示している。以上の先行研究に基づくなら，3つのコンセプトの関係は図表9-1のようにまとめられる。

図表 9-1　顧客満足，コミットメント，ロイヤリティの関係図

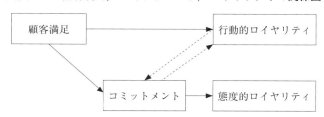

（----▶ コミットメントと行動的ロイヤリティの弱い因果関係を表す。）

出所：筆者作成。

3. 製品中心の顧客関係の捉え方の限界

　取引中心の伝統的マーケティング研究と比べて，顧客満足，コミットメント，ロイヤリティなど顧客関係の構築と維持に焦点を置くコンセプトは，①購買の後に製品に対する評価も含むこと，②長期的関係を維持する傾向があることが特徴付られる。顧客と長期的関係を構築しようとする動機は，既存顧客を維持するコストが新規顧客を獲得するためのコストより低いことである。

　長期的関係の視点からみると，企業と顧客の関係は購買行動と消費活動を包括する一定の期間において存在するものである（Ruth et al. [2014]）。この期間において，顧客は継続的あるいは断続的に製品を購買する，あるいはサービスを利用する。即ち，関係性を重視するマーケティング研究において，企業と顧客の関係は購買時点を超えて，より広い時間軸（購買前および購買後）において存在するのは一般的な認識である。購買後の顧客活動はまた，消費使用と評価に分けられる。消費使用は顧客が製品やサービスに対する評価の根拠であり，前述したような顧客が受け取った価値の判断基準である。製品中心の顧客関係の捉え方およびそのマネジメントは購買後の評価まで含んでいる。しかしながら，消費使用の段階を対象としていない。それ故，企業と顧客の長期的関係は購買行動の繰り返しから構成され，リピート購買に直接的に影響を与える顧客の評価は単に結果として捉えられている。顧客を単に管理操作の対象として捉え，顧客関係マネジメントは企業もしくは企業の提供物（製品やサービス）の販売を中心とする手法に過ぎない。

　実際に，評価に辿り着くまでの消費使用段階において，企業は積極的にマー

ケティング活動を行うことで，顧客の評価および知覚価値を高めることができる。そこでは，企業と顧客はサービスによる直接的関係を構築，維持する。

第3節　サービスと顧客関係

　サービスの視点において，顧客は自らの目的を達成するために，製品あるいはサービスを消費使用プロセスに統合する。そして，企業は，顧客のプロセスを促進するために活動するべきである（Grönroos [2007]）。したがって，顧客との関係を確立するために，リピート購買行動の促進では（行動的要素）不十分であり，心と精神のシェアを拡大し（感情的又は態度的要素）（Storbacka and Lehtinen [2001]），さらに顧客の日常生活のプロセスを認識する必要がある。本節では，サービスの視点の基で，顧客関係をプロセスとして捉える考え方を整理する。

1.　顧客関係マネジメントのゴールと本質

　前節で確認したように，製品中心の考え方は企業の都合で長期的関係を求めるものである。また，顧客関係マネジメントの戦略と手法は顧客との関係が確かに存在することを前提にしている。これとは対照的に，サービス中心の考え方において，関係があるかどうかを判断するのは企業ではなく，顧客であり，企業―顧客関係は顧客中心にして考える必要がある。Grönroos [1997, 2006] によると，すべての顧客は製品あるいはサービスを提供する能力を有する企業と関係を持ちたいとは限らない。顧客は取引モードでも関係的モードでもいることができ，製品や企業や状況によっては，同じ顧客はあるモードから別のモードに移行する可能性がある。この考え方に基づいて，関係性をベースにしたマーケティングは顧客関係（長期的関係に限らず）を確立，維持，強化，そして営利化にするものとして定義される（Grönroos [1989]）。このことはプロミスの履行によって実現されるという。プロミスというのは，企業側が製品の性能あるいはサービスの結果に対する保証と約束である。顧客関係の確立，維持，強化はマーケティングプロセスであり，それぞれに顧客にプロミスをすること，プロミスを履行すること，前のプロミスの履行によって新しいプロミス

をすることに対応している。

　即ち，サービスの視点において，顧客関係は長期的なものに限らない。時間の長さより重要なのは，顧客にプロミスしたことを確実に履行し，顧客の目的を達成させること，言い換えると，顧客の価値創造をサポートすることである。このことが実現されたからこそ，顧客が企業との関係的モードを維持するモチベーションが高くなり，次々と新しいプロミスをすることにより長期的な関係（リピート購買や企業と新しいことを試みる）が維持できる。プロミスを履行することは，製品やサービスを提供した後の消費使用プロセスで行われる。例えば，食品スーパーで牛肉を購入した顧客の目的は，それを冷蔵庫に保存することではなく，おいしいステーキを作ることである。この場合，店舗においている牛肉はジューシーでステーキに最適であるというメッセージを顧客に提供するのはプロミスをすることである。プロミスを履行することは，顧客が自宅で料理して，理想通りのステーキを作って，楽しい食事の時間を過ごすことができたということである。その結果，目的が達成できて満足している顧客は同じ店舗からリピート購買をすることが考えられる。この場合まず，顧客の日常生活があり，生活のプロセスの中に顧客は必要に応じて企業とコンタクトし，製品を購買するあるいはサービスを利用することになる。

　これとは対照的に，前節に整理した製品中心の顧客関係の考え方では，企業のビジネスのプロセスが出発点であり，その中で顧客の活動が位置づけられる。したがって，顧客関係は購買活動の繰り返し（リピート購買）による長期的なものである。プロセスとして顧客関係の観点に置き換えると，その長期的関係は企業側のプロミスをする行為の繰り返しからなる。プロミスが顧客のプロセスの中でどのように働き，どのような結果をもたらすかについて，企業は関心を持たない。

　以上のことを踏まえ，サービスの視点におけるプロセスとしての顧客関係は次のように特徴づけられる。
　① 顧客関係のゴールは顧客の価値創造をサポートすることである。
　② 顧客との関係は顧客の価値創造プロセスの一部であり，企業は製品やサービスを提供するだけではなく，顧客の日常生活を理解する必要がある。
　③ 顧客の価値創造をサポートするために，企業は消費使用プロセスにおいて顧客と接点を作り，顧客の必要に応じて積極的なマーケティング活動を

行う必要がある。

2. 相互作用と直接的顧客関係

　顧客の消費使用プロセスにおいて積極的なマーケティング活動を展開するには，接点を作ることおよび顧客と相互作用することが必要となる。前述したステーキの例を取り上げて説明する。一般的に，小売企業とって，店舗で顧客と接点を有する一方，顧客が商品を購入した後の活動は目に見えない部分である。サービスの視点から，ステーキを調理するプロセスに，企業は戦略的に2つの接点による相互作用を通じて関与することができる。

　1つ目は店舗の接点を活用することである。商品を販売する時点において，調理方法に関する情報を合わせて提供する。このことをできるか否かは，顧客の本当の目的，価値創造プロセスに意識しているかのうかに決められる。2つ目は販売した後に，新たな接点を作ってステーキの調理プロセスに影響を与える。例えば，インターネットというバーチャルの接点を経由して情報を提供する。また，店舗というリアルの接点（店頭のコミュニケーション）を活用して，調理プロセスにおける困り事を対応する。前述したように，企業と関係的モードにいるかどうかを決めるのは顧客である。一方で，企業にとって，顧客が関係性を求める際に対応できるような体制を整えることが重要である。

　要するに，顧客の価値創造が中心的なプロセスであり，顧客の必要に応じて企業は相互作用を通して顧客と直接的関係を構築する。これによって，企業は顧客の価値創造をサポートする役割を果たす。

第4節　直接的顧客関係のマネジメント

　企業と顧客，あるいは企業間の関係は相互作用によって形成されるという考え方に基づき，Holmlund [1996] は関係性を分析するための4階層モデルを提示している。このモデルは相互作用を基盤とする関係性の捉え方を示しており，関係性マネジメントに示唆を与えている。本節では，この2点について説明する。

1. 顧客関係における4階層モデル

　Holmlund [1996] は相互作用を4つのレベル，即ち，行為 (actions)，エピソード (episode)，シークエンス (sequence)，関係 (relationship) に分け，図表9-2が示している理論的フレームワークを提示している。

　Holmlund [1996, 2004] によると，行為 (actions) は相互作用を分析する最も小さな単位であり，すべての相互作用の要素と関連付けることができる。例えば，電話注文の設置，商品の組立と包装などの行為である。相互関連している行為 (actions) は相互作用の2つ目のレベル，エピソード (episode) を形成する。エピソード (episode) は行為 (actions) と行為 (actions) の産出物から構成される。例えば，電話注文の設置，商品の組立と包装，配送，開梱，クレーム，請求書の送信と支払いなど一連関連している行為 (actions) から構成される「出荷」というものは，エピソード (episode) である。

　また，関連しているエピソード (episode) は相互作用の3つ目のレベル，即ち，シークエンス (sequence) を形成する。シークエンス (sequence) は期間，製品，キャンペーンやプロジェクト，あるいはこれらの組み合わせとして定義される。複数のシークエンス (sequence) は相互作用の最終レベルである関係を構成する。このレベルは，すべてのシークエンス (sequence)，すべてのエピソード (episode)，すべての行為 (actions) を含む。全体的な関係の本質はまた，関係における行為，エピソード，因果的連鎖の評価に影響を与える。

　4階層モデルを基に海外旅行の事例を考えると，空港チェックイン，荷物を

図表9-2　関係性における相互作用レベル

出所：Holmlund [1996] p.49 を基に筆者作成。

預ける，空港ラウンジで待合，着席などの行為は「飛行機搭乗」というエピソードを構成する。これは「飛行中」（飲食サービスを受ける，空中免税商品を購入するなどの行為を含む），「到着後」（荷物を受け取る，入境手続きなどの行為からなる）のエピソードと合わせて，「飛行機を利用して旅行目的地に到着する」というシークエンスを構成する。また，「ホテル滞在中」（レストランで食事する，プールを利用するなどのエピソードからなる），「観光スポットでの体験」（タクシーで目的地に行く，体験，食事，買い物などのエピソードからなる），「飛行機で帰国する」などのシークエンスとともに，顧客と旅行代理店の関係を形成させる。

　Holmlund［1996］が提示した4階層モデルは企業と顧客の関係の形成プロセスやそのプロセスにおける顧客の能動性を示しており，製品中心の捉え方とは大きく異なっている。マーケティングの立場からすれば，顧客関係を構築，維持するための各レベルの具体的な活動がはっきりしている。次はサービス視点において，具体的に如何に顧客関係をマネジメントするかについて検討する。

2．4階層モデルにおける顧客関係マネジメント

　サービスの視点において，顧客関係マネジメントはアフターサービスと顧客ケアに限らなく，「真実の瞬間」あるいは顧客とのエンカウンターを計画，管理する必要がある。企業と顧客の同時進行するプロセスにおける様々な接点はマネジメントの対象であり，顧客関係マネジメントの目標はこれらの接点をコーディネートし，顧客の価値創造の新たな可能性を探索することである（Payne et al.［2001］）。言い換えると，サービス視点における顧客関係のマネジメントは各レベルの相互作用を通して顧客の価値創造をサポートすることで関係性を維持することを意味する。マネジメントの対象は顧客ではなく，各レベルにおけるマーケティング活動の遂行である。

　Grönroos［1999］は4階層モデルを基にして，顧客関係を継続に維持するための相互作用のタイミングについて議論している。彼はサービス・プロセスの中で，行為レベルで顧客の不具合が生じる際に，企業はそれを解決するためのマーケティング活動のタイミングをシークエンス，エピソード，行為の3つに分けて検討している。その結果，シークエンスのレベルで顧客の不具合を対処する場合，顧客の知覚品質が低下し，価値創造が中断する危険性が高く，企業

との関係が継続できない。エピソードのレベルで対処する場合，マーケティング活動が成功に行われ，顧客との関係性が維持できたとしても，顧客の価値創造におけるネガティブの影響が完全に解消することができない。そして，不具合が生じる時点において行為レベルで企業が関わると，顧客の価値創造がスムーズに進められ，企業と顧客の関係が維持できる。

Grönroos [1999] は不具合に対処するというやや受動的な側面から顧客関係の維持を検討しているが，前述した Payne et al. [2001] が指摘しているように，相互作用を通して，企業は顧客の価値創造をサポートする新たな可能性を探索することができ，顧客との関係性を維持，深化することができる。

第5節　おわりに

本章はサービスの視点における顧客関係の捉え方および顧客関係マネジメントについて検討してきた。従来の製品中心の視点において，顧客関係はリピート購買からなる長期的な関係である。一方で，サービスの視点では，顧客関係およびそのマネジメントは購買活動を超えて，消費使用のプロセスも含んでいる。企業マーケティングの範囲は顧客がなぜ製品に満足しリピート購買しているのかまで及んでおり，結果だけでなく，プロセスも対象になる。顧客関係マネジメントの課題は相互作用を通して毎回取引される製品やサービス活動は確かに顧客の価値創造をサポートすることである。これが実現できたら，長期的な関係が維持できる。

[参考文献]

Aksoy, L., T. L. Keiningham, A. Buoye, B. Lariviere, L. Williams and I. Wilson [2015] "Does Loyalty Span Domains? Examining the Relationship between Consumer Loyalty, other Loyalties, and Happiness," *Journal of Business Research*, Vo.68, No.12, pp. 2464-2476.

Bolton, R. N., K. N. Lemon and P. C. Verhoef [2004] "The Theoretical Underpinnings of Customer Asset Management: A Framework and Propositions for Future Research," *Journal of the Academy of Marketing Science*, Vol.32, No.3, pp.271-292.

Cacers, R. C. and N. G. Paparoidamis [2007] "Service Quality, Relationship Satisfaction, Trust, Commitment and Business-to-Business Loyalty," *European Journal of Marketing*, Vol. 41, No.7/8, pp.836-867.

Chaudhuri, A. and M. B. Holbrook [2001] "The Chain of Effects from Brand Trust and Brand Affect to Brand Performance: The Role of Brand Loyalty," *Journal of*

Marketing, Vol.65, No.2, pp.81-93.
Cooil, B., T. L., Keiningham, L. Aksoy and M. Hsu [2007] "A Longitudinal Analysis of Customer Satisfaction and Share of Wallet: Investigating the Moderating Effect of Customer Characteristics," *Journal of Marketing*, Vol.71, No.1, pp.67-83.
Dwyer, F. R., P. H. Schurr and S. Oh [1987] "Developing Buyer-Seller Relationships," *Journal of Marketing*, Vol.51, No.2, pp.11-27.
Fullerton, G. [2005] "The Impact of Brand Commitment on Loyalty to Retail Service Brands," *Canadian Journal of Administrative Sciences*, Vol.22, No.2, pp.97-110.
Grönroos, C. [1989] "Defining Marketing: A Market-Oriented Approach," *European Journal of Marketing*, Vol. 23, No.1, pp.52-60.
────── [1997] "From Marketing Mix to Relationship Marketing: Towards a Paradigm Shift in Marketing," *Management Decision*, Vol.35, No.4, pp.322-339.
────── [1999] "The Role of Service Recovery: Administrative, Defensive, and Offensive Management of Service Failures," in R. Fisk and L. Glynn (eds), *SERVSIG Service Research Conference*, New Orleans, Louisiana 1999, pp.39-43.
────── [2006] "Adopting a Service Logic for Marketing," *Marketing Theory*, Vol.6, No.3, pp.317-333.
────── [2007] *In Search of a New Logic for Marketing: Foundations of Contemporary Theory*, John Wiley & Sons.
────── [2015] *Service Management and Marketing*, Wiley.
Holmlund, M. [1996] *Perceived Quality in Business Relationships*, Hanken Swedish School of Economics Finland.
────── [2004] "Analyzing Business Relationships and Distinguishing Different Interaction Levels," *Industrial Marketing Management*, Vol.33, pp.279-287.
Jone, T.O. and W. E. Sasser [1995] "Why Satisfied Customers Defect," *Harvard Business Review*, Vol.73, pp.88-99.
Kumar, V. and D. Shah [2009] "Expanding the Role of Marketing: From Customer Equity to Market Capitalization," *Journal of Marketing*, Vol.73, No.6, pp.119-136.
Morgan, R. M. and S. D. Hunt [1994] "The Commitment-Trust Theory of Relationship Marketing," *Journal of Marketing*, Vol.58, No.3, pp.20-38.
Oliver, R. L. [1997] *Satisfaction: A Behavioral Perspective on the Customer*, New York.
Pansari, A. and V. Kumar [2017] "Customer Engagement: The Construct, Antecedents, and Consequences," *Journal of the Academy of Marketing Science*, Vol.45, No.3, pp.294-311.
Payne, A., M. Christopher, M. Clark and H. Peck [2001] *Relationship Marketing for Competitive Advantage*, Butterworth-Heinemann.
Reichheld, F. A. [1994] "Loyalty and the Renaissance of Marketing," *Marketing Management*, Vol2. No.4, pp. 10-21.
Ruth, A., C. E. McCracken, J. D. Fortenberry, M. Hall, H. K. Simon and K. B. Hebbar [2014] "Pediatric Severe Sepsis: Current Trends and Outcomes from the Pediatric Health Information Systems Database," *Pediatric Critical Care Medicine*, Vol.15, No.9, pp.828-838.
Srivastava, R., T. Shervani and L. Fahey [1999] "Marketing, Business Processes, and Shareholder Value: An Organizationally Embedded View of Marketing Activities and the Discipline of Marketing," *Journal of Marketing*, Vol.63, pp.168-179.
Storbacka, K. and J. R. Lehtinen [2001] *Customer Relationship Management: Creating*

Competitive Advantage through Win-win Relationship Strategies, McGraw-Hill.
Verhoef, P. C., P. H. Framses and J. C. Hoekstra [2002] "The Effect of Relational Constructs on Customer Referrals and Number of Services Purchased from a Multi-service Provider: Does Age of Relationship Matter?," *Journal of the Academy of Marketing Science*, Vo.30, No.3, pp.202-216.

（張　　婧）

第10章

企業間関係のマネジメント
―サプライヤー関係における新たな価値創造―

第1節　はじめに

　企業間取引関係の1つの形態に，発注企業と受注企業との間の受発注取引関係がある。この取引関係は，設計・デザイン→部品製造・加工→半製品→組立に至る垂直的取引関係であり，発注企業は，最終製品を製造するために必要な部品の製造や加工を受注企業に外注する。最終製品製造企業を発注企業として，当該企業を頂点としてみると，発注企業と受注企業であるサプライヤーとの間において受発注取引関係（以下，サプライヤー関係とする）が形成されている。

　このサプライヤー関係を束としてみたものは，サプライヤー・システムと呼ばれる。サプライヤー・システムをめぐっては，多くの議論がこれまでに展開されてきた。その1つの潮流に着目すると，サプライヤー・システムを日本製造業の国際競争力の源泉としてみたうえで，サプライヤー関係の中長期的な継続性をめぐって，それを可能とする価値創造（浅沼［1987］, Dyer and Singh [1998], Helper [1991], Helper and Levine [1992] など）や，サプライヤー関係下での価値分配などに研究の焦点があてられてきた（Amit and Schoemaker [1993], 浅沼［1989］, Coff [1999], Dyer et al. [2008], Helper and Levine [1992] など）。受注企業であるサプライヤーの視点に立てば，サプライヤーは，そのサプライヤー関係のなかにおいて，発注企業からの要請に対応しながら発注企業

に部品など製品や技術を供給し，最終製品の創造に貢献している。こうした一連の相互作用により，サプライヤー関係において価値が創造されると考えられてきた。しかしながら，サプライヤー（特に中小規模）のなかには，「うちは○○の下請をしていて…」や「うちの親企業は○○で…」と述べる企業は存在するものの，自身が最終製品の製造にどのようにかかわっているのかを認識していない企業も少なくない。これまでのサプライヤー・システムの価値創造ならびに価値分配をめぐる諸研究に，サプライヤー関係における価値創造をめぐる新しい考え方を提案していく必要があろう。

　本章では，最終製品に必要な部品などを供給するサプライヤーが，サプライヤー関係をつうじて創造される価値の創出にいかにかかわっているかを検討していく。従前のサプライヤー関係に関する議論を踏まえ（第2節），とくに関係レントを生成していくために，サプライヤー関係におけるサプライヤーがいかに行動していくべきかを，従前の議論を踏まえた工業社会におけるサプライヤー関係を検討する（第3節）。そのうえで，サービス社会へのサプライヤー関係の変容と価値創造にかかるサプライヤーの経営行動およびサービス社会におけるサプライヤー関係のかたちを提示する（第4節）。最後に，本章のまとめを示す（第5節）。

第2節　サプライヤー関係をめぐる議論
　　　　―関係レントを中心に―

1．サプライヤー関係における関係レント

　サプライヤー関係が国際的な学術的関心を集めたのは，1980年代以降である。そこでいうサプライヤー関係は，1980年代における日本の製造業（とくに加工組立型産業）におけるそれであり，そこにみられる日本型商慣行が，日本製造業が有する国際競争力の源泉であるとされた（Dyer and Ouchi [1993]）。こうして日本型商慣行を有するサプライヤー関係に学術的な関心が寄せられていくことになった。なかでもHelperや浅沼らは，サプライヤー関係を形成する両当事者の相互作用のダイナミズムに焦点をあて，生み出される価値とその分配について議論を展開した（例えば，浅沼 [1989]，Helper [1991]）。

具体的には，サプライヤー関係において，取引先の要請に伴ってなされる投資（取引特定的な投資）の見返りに果実としての特殊資産が構築されるが（Williamson［1985］），特殊資産から超過生産性が生じ，レントが生成される。このレントは関係レント（relational rent）と呼ばれる（浅沼［1987］, Dyer and Singh［1998］, Helper［1991］, Helper and Levine［1992］）。浅沼によれば，関係レントの生成元となる超過生産性は，発注企業の能力とサプライヤーとの能力との結合により達成されうる（浅沼［1989］）。このサプライヤーの能力は，発注企業側のQCD（Quality, Cost and Delivery；品質・コスト・納期）などの要請に応じることのできうる能力全般であり，浅沼はこの能力を関係特殊技能（relation-specific skill）とした（浅沼［1989］）。その後，研究の論点は，サプライヤー関係下での能力の結合とそれによって生み出される超過生産性と関係レントの生成との関連へと移っていくことになる（Amit and Schoemaker［1993］, Coff［1999］）。

　一方で，生成された関係レントそれ自体が，サプライヤー関係の両当事者間でいかに分配されるか，という論点も上の点と並行して関心を寄せてきた（浅沼［1989］, Dyer et al.［2008］）。Chatainは，サプライヤーの価値獲得（value capture）という視点から，サプライヤー関係下において創造される価値が，サプライヤー関係の継続性とサプライヤーの収益性を決定づけることについて，その背景となる生産ライン上の能力と顧客範囲の経済性との関連から実証分析を行っている（Chatain［2011］, Chatain and Zemsky［2011］）。

　サプライヤー関係において生成される関係レントは，たしかに当事者間の能力の結合による超過生産性に基づく経済的価値といえる。しかし，サプライヤー関係下では経済的価値だけが創造されるのではない。例えば，発注企業の要請にサプライヤーが応えることによって，仮にそれがサプライヤーの収益性なども含めて経済的価値の創造につながらないとしても，サプライヤー関係は継続されることもある。つまり，異なった見方をすれば，サプライヤー関係の当事者が互いに必要とし合う限りにおいて，サプライヤー関係は継続されるのである。関係レントを提唱したDyerらも，サプライヤー関係を含む企業間関係を構成する当事者が得る便益という観点から当該関係の安定性を検討し，当事者双方が獲得しうる共通の便益とある当事者のみが獲得しうる個々の便益とは区別したうえで，共通の便益と個々の便益とがともに高く享受されうる場合に，当該関係は極めて安定的になりうるとしている（Dyer et al.［2008］）。

2. サプライヤー関係における相互作用と S-D ロジック

このようにサプライヤー関係において創出される価値を，経済的価値だけでなく非経済的価値も含めて捉えなおすとすると，サプライヤー関係を構築する両当事者の間で価値がいかなる相互作用によって創造されるかという創造メカニズムが重要な論点となる。しかしながら，この相互作用は，Dyer らがその存在を指摘するにとどまり，相互作用がどのようになされるかについては十分な議論が展開されていないと考える。この価値をめぐる議論をさらに一歩展開させるのに有効であると考える視点の１つが，最近のマーケティング論における顧客価値創造の考え方である。その１つの捉え方が，伝統的マーケティング論における G-D ロジックに対する，サービス・マーケティングに端を発する S-D ロジックである（Vargo and Lusch［2004］，村松編著［2015］）。

S-D ロジックは G-D ロジックの考え方と異なるが，それらは次の３つの点に要約される。１つは，サービス観の違いである（相違点①）。G-D ロジックではモノとサービスを区別する。これに対して S-D ロジックでは，モノのみ，サービスのみでなく，モノを伴うサービスと，モノを伴わないサービスとに分けて共通項としてのサービスに重きを置く。

２つは，価値概念の違いである（相違点②）。G-D ロジックでは，モノが企業と顧客との間で交換されたときの交換価値を重視する。これに対して S-D ロジックでは，交換時だけでなく，交換の前後の様々なやりとりのなかで実現する価値を重視する。つまり，当事者がより良いというように認識すること（Grönroos［2008］）や，顧客の便益が増幅すること（Vargo et al.［2008］）といったことが価値であるとする。このため価値は，金額で測定されるよりも，むしろ顧客がどの程度より良いと感じたり，どのようなことに便益を感じたりしているか，といったように，質的に記述されることによってその内容を忠実に表現することができるようになる。

３つは，顧客像の違いである（相違点③）。G-D ロジックにおける顧客は，企業が作り出す価値を消費するだけの消費者であり，「企業活動の対象としての客体」である。これに対して S-D ロジックでは，顧客は価値の消費者であると同時に生産者であり，同時に企業と協働して価値を創造する主体であって，価値創造活動に重要な役割を果たす。生産段階での価値はあくまで潜在的

価値 (potential value) にすぎず (Vargo and Lusch [2011], Grönroos [2011]), 最終的な価値は, 最終消費者の使用段階で決まることから, 使用価値 (value-in-use) あるいは文脈価値 (value in context) であるということになる。

これまでのサプライヤー関係でなされてきた諸議論においては, 受発注取引にみられる, 単なる発注に対する納品 (おもに部品など) から, 発注に伴う要請への対応 (共通項としてのサービス) へ (相違点①), またサプライヤー関係において創造される単なる経済的価値から顧客が感じとる便益などへ (相違点②) と変遷してきており, S-Dロジックが提示した諸点に接近してきているように捉えることができる。重要な点は, 最後の顧客に関する視点である (相違点③)。これまでのサプライヤー関係をめぐる諸議論のなかでの顧客というのは, 受発注取引を想定する限りにおいて発注企業であることを念頭においてきた。しかしながら, 新しいマーケティングの考え方の1つであるS-Dロジックの視点に立つと, サプライヤー関係における価値は, 発注企業にとどまらず, 最終的に製造された製品を消費する消費者によって創造されることになる。この考え方に立つと, サプライヤー関係をつうじて生み出される製品が最終的に消費される視点を包含した, 顧客起点に立った価値創造をめぐるシステムの視点 (Vargo and Lusch [2011]) を導出することができると考える。

こうした視点から, サプライヤー関係下での価値創造を捉えなおすと, 顧客起点としてのサプライヤー関係を体現するものとして, 従前のサプライヤー関係の考え方に, 価値創造起点としての消費者 (最終製品製造企業にとっての顧客) を含めた枠組を提示することができるようになる。そこで以下では, 従前の工業社会を前提としたサプライヤー関係を踏まえたうえで, 顧客起点が重要となるサービス社会におけるサプライヤー関係を描き出していくことにしたい。

第3節 工業社会におけるサプライヤー関係

1. サプライヤー関係の特徴

発注企業は, 製造する構成部品の一部の部品の製造ないし加工を受注企業た

るサプライヤーに対して外注する。この際に外注される部品の設計や加工などQCDにかかる仕様については，発注企業がデザインし，サプライヤーに要請することになる。発注企業からすると，外注されうる部品の製造や加工などについては，自社でも製造することが可能であることが前提となる場合が多い。発注企業は，自社でも製造可能であるが，あえて外注したほうが，自社で製造するよりも全体としてのコストが低く済むという意思決定をする。この場合，外注先としてのサプライヤーは，発注企業による要請に対してただ応えるだけの存在となる。また，この場合におけるサプライヤーは，ただ1社だけの専属発注ではなく，少なくとも同一の部品や同一の加工について，2社以上の複社発注（パラレル・ソーシング）となる（Richardson [1993]）。このサプライヤー同士は互いに代替可能であることから競合関係になる。

　発注企業と受注企業たるサプライヤーとの間の関係は，スポット的な取引もなかにはあるが，中長期的な継続性をその特徴とする。これは，一部の例外を除き，取引関係数をその部品ごとに構築したり管理したりするのにコストが高くつくために，発注内容に対する対応を将来的に期待することができうる「優秀な」サプライヤーを選定し（サプライヤー・セレクション），サプライヤーとの取引関係数を集約したうえで中長期的に関係を継続させていくなかでサプライヤーの発展（Development）を実現しようとする意図がある。

2. サプライヤー関係におけるサプライヤーの能力構築

　サプライヤー関係がある一定期間にわたって継続されるようになると，サプライヤーが発注企業からのQCD（ないし上のDevelopmentも含めたQCDD）にかかる取引上の要請に対して応えていくことによって，サプライヤー側にその要請に継続的に応えていくことができる対応能力が構築されていくことになる。この能力が，競合関係にあるサプライヤーとの差別化としての関係特殊能力である。この関係特殊能力の向上によって，発注企業にとって必要不可欠な存在となる可能性が増す。当該サプライヤーに対して次第にある特定の部品の製造ないし加工以外に，当該部品と機能的に連結している周辺部品の製造・加工および場合によっては組立の一部を発注することになり，当該サプライヤーは半製品（場合によっては，ほぼ最終製品）を製造することになる。この際，当該サプライヤーは，発注企業にとってすれば，単なる特定の部品の製造を担

うのではなく，周辺の部品製造や半製品の組立業務などを「まとめて任される」存在へと変容する（藤本ほか編［1997］）。

　サプライヤーが発注企業から「まとめて任される」ようになるのは，発注企業との中長期的な取引関係の結果である。しかしながら，何をどのようなかたちで「任す」のかについての意思決定の主導権はあくまで発注企業側にあり，加工を任すか，部品製造を任すのか，その一連の延長線上にある。サプライヤーが存立を強固なものにしていくためには，浅沼がいう，発注企業からの要請に応えることによる関係特殊技能をさらに向上させていく必要がある。

　浅沼は，サプライヤーの関係特殊技能の向上に基づき，単に発注企業から図面を貸与されるサプライヤーとしての貸与図メーカーから製品開発に要する設計能力を自らがもつ承認図メーカーへの発展こそが，発注企業から必要とされるサプライヤーへの進化のプロセスであると指摘している（浅沼［1989］)[1]。浅沼は，関係特殊技能は4つのベクトルでもって定式化されるとした。すなわち「特定の部品の製品開発の段階において，相手の中核企業のニーズに応えうる能力」を X_1，「その部品の製造工程を開発する段階において，相手の中核企業のニーズに応えうる能力」を X_2，「その部品の量産段階において，品質，納入などに関し，相手の中核企業のニーズに応えうる能力」を X_3，「その部品の量産段階において，その部品の設計面での改善や工程の改善に基づく原価引下げを通じて，相手の中核企業のニーズに応えうる能力」を X_4 とし，関係特殊技能は（X_1, X_2, X_3, X_4）として定式化されるとした。ここでいう進化のプロセスは $X_4 \rightarrow X_3 \rightarrow X_2 \rightarrow X_1$ であり，後者の2つの技能がより高次の技能に位置づけられる。

　このサプライヤーの関係特殊技能と，サプライヤーによって供給されうる部品が自社内に組み込まれる「製品モデルに関する差別化能力」と，製品差別化に寄与するような，当該部品の「仕様を設計しうる能力」とであらわされる発注企業側の能力とが（浅沼［1987］55-56頁），中長期的に取引関係が継続するにつれて複合的に組合わされるようになり超過生産性を達成することができうる。このようなサプライヤー関係では，単にサプライヤーは，発注企業側からの要請に応えるだけの関係ではなく，サプライヤー側は発注企業にとってのメリットを提案する関係となり，いわばパートナー関係とも呼ぶべき関係へと転換することになる。

第4節　サービス社会におけるサプライヤー関係

1. 社会を組み込んだサプライヤー関係：B to B to C

　ここまでみてきたサプライヤー関係は，発注企業とサプライヤーとの間の相互作用の結果としての関係レントの生成が前提となっている。いわば，B to B の関係の範疇である。しかしながら，ここで留意しなければならないのは，発注企業が製造する最終製品を誰が最終的に入手するかという点である。発注企業は，あくまで最終製品を消費者に届けるのであって，最終製品の価値の源泉は消費者にある。S-Dロジックの観点に立てば，最終製品の価値の基軸が，消費者に移行しているのであり，これが共創社会である（Praharad and Ramaswamy［2004］）。したがって，関係レントをいかに大きく生成させていくかを明らかにするためには，消費者および消費社会を組み込んだ，広義の関係のなかでの関係レントの生成についての検討が重要となる。

　例えば，センサーを開発・製造するオムロン株式会社（以下，オムロンとする）[2] は，自動車や医療用携帯端末機器などに組み込まれるセンサーを長く供給してきたサプライヤーの1社である。自動車に組み込まれるセンサーは，自動車部品の1つである。しかしながらオムロンは，あくまでこのセンサーは自動車に向けて供給するが，あくまでこのセンサーは自動車が対象物に衝突しないようにするか，あるいは自動でブレーキさせるために使用される。さらにオムロンは，センサー技術の強みをいかして，車外を見る「眼」から，社内を見る「眼」へと展開させている。これは運転者の顔をセンサーで計測することで，突発的な病気の発症や異常事態の発生，居眠りなどを未然に防止するために使用される。これらに共通しており，かつ重要なことは，オムロンがセンサーの単なるサプライヤーであるということではなく，自動車向けのセンサーの供給をつうじて，交通事故を減らすという社会的課題の解決を実現しようとする点にある。まさに，これはセンサーという「モノ」の価値ではなく，センサーを使用して，交通事故を減らすという社会的課題の解決を実現する「コト」の価値にほかならない。

このように考えると，サプライヤーは，最終製品製造企業たる発注企業の1つの顧客としての単なる部品供給者という位置づけではなく，発注企業が製造する最終製品が消費者および消費社会のなかで社会的課題を解決していくことにつながる製品を共に創り出していく共創型のサプライヤー関係となる。この際には，最終製品製造企業たる発注企業はもとより，当該発注企業に対して部品を供給するサプライヤーもまた，消費者ないし消費社会との関係を意識した企業行動が不可欠となり，関係レントがいかに生成されるかは，発注企業とサプライヤー，加えて消費者ないし消費社会との間の共創関係にも大きく影響されることになる。ここで求められる関係レント生成のために必要となる能力は，発注企業への提案能力や発注企業からの要請への対応能力に限らず，社会課題の発見能力や社会からの要請への対応能力などを意味する。

　しかしながら，中小規模のサプライヤー（以下，中小サプライヤーとする）の場合には様相が大きく異なる場合がある。中小サプライヤーのなかには，第1節でも指摘したように，自身が最終製品の製造にどのようにかかわっているのかを認識していないにもかかわらず，取引関係において意識上の関係にある顧客は，直接的な取引関係にある発注企業ではなく，段階的に納入されていく最終製品製造企業という場合がある。

　直接的な取引関係にない企業を意識した企業行動がなぜとられうるかについては議論の余地が残されているが，ここで主張したいことは，上述のオムロンが，あくまで最終製品製造企業が提供する消費者ないし消費社会を意識した，B to Cにつながる商品提供を前提としているのに対して，中小サプライヤーの場合には，あくまでB to Bの範疇にとどまっているという点である。もちろん，最近になって，中小サプライヤーのなかには，Webなどインターネットを活用した事業を展開できるようになったことを背景の1つとして，直接的に消費者に商品を提供するようになっている企業も着実に存在している。そうした動きは，必ずしも発注企業からの受注に留まらない，「脱サプライヤー」行動の1つとして注目に値する。しかしながら，あくまでそれは既存のB to Bの事業とは別の取引関係であって，並存的な関係にある。ここで重要なことは，B to Bの延長としての，いわばB to B to Cの関係なのである。

2. 工業社会からサービス社会へのサプライヤー関係の変容

　工業社会においては、サプライヤーは最終製品製造企業たる発注企業との関係のなかで、関係レントの生成に寄与する関係特殊技能を構築することで、単にサプライヤーは、発注企業側からの要請に応えるだけの関係ではなく、サプライヤー側は発注企業にとってのメリットを提案する関係となり、いわばパートナー関係とも呼ぶべき関係へと転換することになる。

　しかし、サービス社会においては、発注企業が製造する最終製品が消費者および消費社会のなかで社会的課題を解決していくことにつながる製品を共に創り出していく共創関係となる。この際には、消費者が購入する最終製品は、消費者自身が生活し人生を創造していくための手段にすぎず、さらにいえば、最終製品の購入自体も、生活や人生における「ほんの一コマ」にすぎない[3]。このような B to B にみられるサプライヤー関係から B to B to C ともいうべき価値創造起点としての消費者（最終製品製造企業にとって単なる経済的な存在ではなくむしろ社会的な存在としての顧客）を含めたサプライヤー関係が、新しいサプライヤーの存立のかたちであろう。以上を整理したものが、図表10-1である。

図表10-1　工業社会からサービス社会へのサプライヤー関係の変容

サプライヤーを取り巻く社会	工業社会	サービス社会
サプライヤーと顧客との関係	B to B	B to B to C
	パートナー関係	共創関係
サプライヤーに求められる能力	・最終製品製造企業への提案能力 ・最終製品製造企業からの要請への対応能力	・社会課題の発見能力 ・社会からの要請への対応能力

出所：筆者作成。

第5節　おわりに

　本章では、最終製品に必要な部品などを供給するサプライヤーが、サプライヤー関係を通じて創出される価値の創出にいかにかかわっているかを検討して

きた。従前のサプライヤー関係に関する議論では，新しいマーケティングの考え方の1つであるS-Dロジックを踏まえ，サプライヤー関係下での価値創出を捉えなおし，顧客起点としてのサプライヤー関係を体現するものとして，従前のサプライヤー関係の考え方に，価値創出起点としての消費者を含めた枠組を提示することができる可能性を示した。

［付記］
　本章は，拙稿［2016］における議論を踏まえ，その後にその内容の検討を重ねて，記述を新たに追記したものである。

［注］
1) 山田［1998］は，サプライヤーと複数の発注企業（ユーザー）とのサプライヤー関係に焦点をあて，「特定ユーザーとの継続的な取引，企業間取引関係において，ユーザーのニーズに応じ，かつユーザーとの協調的な関係をつうじてサプライヤーが形成する資源，能力」を関係的能力とした。この関係的能力は，「関係特殊的」な能力と「汎用的」な能力という2つの異なる能力レベルで構成される概念である。「汎用的」な能力とは，具体的には，自動車産業の企業間取引関係にみられる「VA（Value Analysis）・VE（Value Engineering）を通じた部品の原価低減能力」，「TQC（Total Quality Control）を通じた持続的な品質改善能力」，「承認図方式による部品取引」，「かんばん方式導入によるJIT（Just in Time）の部品納入」などの能力を意味する。山田は「他のユーザーとの取引にも転用可能であるような汎用的な関係的能力」に着目することが重要であり（128頁），「汎用的」な能力が特にサプライヤー産業内で普及したことが，先発自動車メーカーと比べて，後発自動車メーカーがサプライヤーを育成する際に要する費用負担が相対的に軽減されたことに貢献したとしている（136-138頁）。
2) 2018年7月にオムロン株式会社SDTM推進室長による講演内容および提供資料に基づく。ここでの記述は筆者の見解・解釈に基づく。
3) ここでの記述は，本書の編著者である村松潤一先生からのご指南によるところが大きい。

［参考文献］
Amit, R. and J. H. Schoemaker [1993] "Strategic Assets and Organizational Rent," *Strategic Management Journal*, Vol.14, No.1, pp.33-46.
Chatain, O. [2011] "Value Creation, Competition, and Performance in Buyer-Supplier Relationships," *Strategic Management Journal*, 32(1), pp.76-102.
Chatain, O. and P. Zemsky [2011] "Value Creation and Value Capture with Frictions," *Strategic Management Journal*, 32(11), pp.1206-1231.
Coff, R. W. [1999] "When Competitive Advantage Doesn't Lead to Performance: The Resource-Based View and Stakeholder Bargaining Power," *Organization Science*, 10(2), pp.119-133.

Dyer, J. H. and W. G. Ouchi [1993] "Japanese-style Partnerships: Giving Companies a Competitive Edge," *Sloan Management Review*, 35(1), pp.51-63.

Dyer, J. H., H. Singh and P. Kale [2008] "Splitting the Pie: Rent Distribution in Alliances and Networks," *Managerial and Decision Economics*, 29(2-3), pp.137-148.

Grönroos, C. [2008] "Service Logic Revisited: Who Creates Value? And Who Co-creates," *European Business Review*, 20(4), pp.298-314.

―――― [2011] "Value Co-creation in Service Logic: A Critical Analysis," *Marketing Theory*, 11(3), pp.279-301.

Helper, S. [1991] "How Much Has Really Changed between U. S. Automakers and Their Suppliers?," *Sloan Management Review*, 32(4), pp.15-28.

Helper, S. and D. I. Levine [1991] "Long-term Supplier Relations and Product Market Structure: An Exit-Voice Approach," *Journal of Law, Economics and Organization*, 8(3), pp.561-581.

Lusch, R. F. and S. L. Vargo [2006] "Service-dominant Logic: Reactions, Reflections and Refinements," *Marketing Theory*, 6(3), pp.281-288.

Monteverde, K. and D. J. Teece [1982] "Supplier Switching Costs and Vertical Integration in the Automobile Industry," *Bell Journal of Economics*, 13(1), pp.206-213.

Praharad, C. K. and V. Ramaswamy [2004] *The Future of Competition : Co-creating Unique Value with Customers*, Harvard Business School Press.（有賀裕子訳［2004］『価値共創の未来へ：顧客と企業のCocreation』ランダムハウス講談社。）

Richardson, J. [1993] "Parallel Sourcing and Supplier Performance in the Japanese Auto Mobile Industry," *Strategic Management Journal*, 14(5), pp.339-350.

Vargo, S. L. and R. F. Lusch [2004] "Evolving to a New Dominant Logic for Marketing," *Journal of Marketing*, 68(1), pp.1-17.

―――― [2011] "It's All B 2 B ………… and Beyond: Toward a Systems Perspective of the Market," *Industrial Marketing Management*, 40(1), pp.181-187.

Vargo, S. L., P. P. Maglio and M. A. Akaka [2008] "On Value and Value Co-creation: A Service Systems and Service Logic Perspective," *European Management Journal*, 26(3), pp.145-152.

Williamson, O. E. [1985] *The Economic Institutions of Capitalism: Firms, Markets, Relational Contracting*, The Free Press.

浅沼萬里［1983］「取引様式の選択と交渉力」 京都大学経済学会『経済論叢』第131巻第3号，99-124頁。

―――― [1987]「関係レントとその分配交渉」 京都大学経済学会『経済論叢』第139巻第1号，39-60頁。

―――― [1989]「日本におけるメーカーとサプライヤーとの関係―関係の諸類型とサプライヤーの発展を促すメカニズム―」 土屋守章・三輪芳朗編『日本の中小企業』東京大学出版会，61-78頁。

関　智宏［2011］『現代中小企業の発展プロセス―下請制・サプライヤー関係・企業連携―』ミネルヴァ書房。

―――― [2016]「顧客起点のサプライヤー・システム」 同志社大学商学会『同志社商学』第67巻第5・6号，87-102頁。

―――― [2018]「サプライヤー関係の継続について」 同志社大学商学会『同志社商学』第70巻第2号，167-179頁。

藤本隆宏・西口敏宏・伊藤秀史編［1997］『サプライヤー・システム―新しい企業間関係

を創る―』有斐閣。
村松潤一［2010］「マーケティングと顧客―志向論から起点論へ―」 村松潤一編著『顧客起点のマーケティング・システム』同文舘出版, 3-25頁。
村松潤一編著［2015］『価値共創とマーケティング論』同文舘出版。
山田耕嗣［1998］「関係的能力の形成と機能」 専修大学学会『専修経営学論集』第67号, 117-142頁。

（関　智宏）

第11章

社会関係のマネジメント
―ステイクホルダーの構築と維持―

第1節　はじめに
―座標軸としてのステイクホルダー―

　企業という組織は一般に「オープン・システム」であるとされる。これは，組織を取り巻く環境から資源を取り込み，それを消費した後，再び環境へアウトプットする仕組みのことである。これに対してクローズド・システムは，環境から遮断された組織内部で自給自足しているようなシステムのことである（桑田・田尾［2010］）。

　今日，大半の企業はオープン・システムによって営まれている。例えば製鉄会社であれば，外部から鉄鉱石という原料を仕入れ，これを高炉と呼ばれる溶鉱炉で溶かして粗鋼を造り，外部の環境に向けてアウトプットする。この構図は大型の船舶であろうと超小型のマイクロチップであろうと同じである。さらには，形のないサービスを提供する企業もしかりである。その逆に，クローズド・システムによる企業，あるいは環境から遮断された企業というのは，簡単に例を思いつかないくらいである。

　このように企業を組織面から捉えれば，企業を取り巻く環境に対してオープンなのか，クローズなのかという論点に繋がる。しかし，実際にはほとんどの企業がオープン・システムで営まれているわけで，そのことは問題ではない。ここで考えるべきは，企業にとっての環境とは何かということである。そして結論からいえば，それは「社会」である。企業を取り巻く環境とは，社会その

ものに他ならない。

　むろん社会といっても，そこには様々な相が存在する。経済社会，地域社会，国際社会，人間社会，果ては大衆社会やムラ社会にいたるまで枚挙にいとまがない。仮にそれらを一括りにして社会と捉えたとして，さらなる問題は，その社会が急速に変容している点にある。本書が対象とする社会とは，情報化が進展したことで企業と消費者との関係が大きく変わっていくような社会であり，ここではそれを「サービス社会」と呼んでいる。

　では，取り巻く社会が情報化しサービス社会に変わっていくと，企業はどうなるのであろうか。多様な側面を持つ社会に「情報化」という横串を刺し，企業への影響や企業の方針・戦略について考えるのは容易でない。そこで本章ではステイクホルダーに着目した。ステイクホルダーとは，その企業に何らかの利害を持つ組織や個人のことで，一般に「利害関係者」と訳される。

　このステイクホルダーもまた，サービス社会においては変化を余儀なくされることになる。但し，より直接的な関係にあるだけに，企業からすれば見えやすく判りやすい存在でもある。このことは，社会全体の変化を理解することが難しい中，ステイクホルダーのマネジメントが，結果としてサービス社会への対応に繋がることを意味する。

　本章では「社会関係のマネジメント」というテーマのもと，これからの企業がサービス社会といかに向き合うべきかを考える。しかし，サービス社会はまだまだ流動的で，ともすれば徒手空拳になりかねない。そこで副題にあるように「ステイクホルダーの構築と維持」という視座を設定した。企業にとってのサービス社会は，ステイクホルダーを通じて見るとどのような姿をしているのだろうか。そのような好奇心をもって読み進めていただきたい。

第2節　企業を取り巻く社会とステイクホルダー

1. ステイクホルダーの実体

　経済が低調な間は企業の業績も回復しない……。国際社会が不安定になっているので輸出企業の先行きが見通せない……。私たちは何気ない日常会話でこ

のような言い方をする。国を挙げて『働き方改革』[1]に取り組んでいる昨今，社会の目が厳しくなったので残業できなくなった，というのもよく聞く話しではなかろうか。そして，これらはいずれも企業と社会との関係を表している。図表11-1に示すとおり社会は企業を取り巻いているのである。

ここでは「それはどのような社会なの？」とか「企業といっても色々あるだろう？」といった疑問はさておき，とにかく端的に関係性を捉えてほしい。大事なのは企業の周囲360°がすべて社会なのだということである。そこには切れ目もなければ隙間もない。だからこそ，企業は社会からのあらゆる影響を受けることになる。しかし，企業と社会の2つだけでサービス社会を説明することは，ここでの本意ではない。

それらに続く第3の要素がステイクホルダーである。英語でstake holderと記されるこの言葉は，もともと競馬の馬主の集まりのことであった。ちなみにstakeとは「賭け金」である。やがて意味が転じ，企業にとっての様々な利害関係者を指すようになったのだが，それでも初めのうちは株主などの投資家に限ってそう呼ばれていた。ところが今や，地域住民や自治体などもステイクホルダーとして認識される。要するに，個人であろうと団体であろうと，企業に関わるあらゆる存在がステイクホルダーなのである[2]。

そして企業と社会，ステイクホルダーという3つの要素の関係を表わすため図表11-2を描いた。いたって単純な構図だが，ここで押さえておくべきは，企業の周囲を余すことなくステイクホルダーが包みこんでいる点である。社会

図表11-1　企業を取り巻く社会

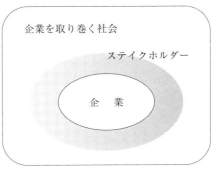

図表11-2　ステイクホルダーの所在

出所：ともに筆者作成。

が企業を取り巻くのと同じではあるが，ステイクホルダーの場合，より近いところで企業と関与している。

　それでは一体，この関係をどのように捉えればよいのであろうか。図表11-2から明らかなように，企業と社会との間には，必ずステイクホルダーが存在する。したがって，企業と社会は，ステイクホルダーを通じて繋がっていると考えられる。換言すれば，企業はステイクホルダーと関わることによって，社会とも関わっているのである。

2. 企業との関連性

　企業が社会と関わっているのは誰しも実感できるだろう。しかしながら，どのように関わっているのかを説明するのは簡単でない。企業が繋がっている先の社会は多様な空間であり，しかも急速にサービス社会へと移行しつつある。そこで，ステイクホルダーをいわばフィルターにして考えるというのが，本章での意図なのである。

　ここで1つの創作事例を見てみたい。A社は地方都市に本社を置く中堅の食品メーカーである。創業から70年近くになるが，業容は安定しており，地元での知名度も高い。最近では東南アジア向けの瓶詰製品が好調で，決算は3年連続で増収増益を記録した。そのような中，本社兼工場の傍らを流れる河川の水質汚染が取り沙汰されるようになった。その発端は，流域の小学校で始まった「ホタルの里運動」である。

　A社では以前から工場排水をこの川に流してきたが，それは適切に処理したものであった。自治体の定期検査でも問題を指摘されたことはない。また，この河川には何か所かで生活排水も流れ込んでいる。このような状況からA社にはある種の油断があったのかもしれないが，気が付けば，地元でのA社の評判は相当に悪化していた。

　その後も一向に状況は改善せず，小学校のPTA会が会社宛てにホタルの里運動への理解・協力を求める文書を送ってきたり，大株主である社長の親族がクレームをつけてきたりといったことが続く。この段階でも有効な対策を講じられずにいると，メインバンクが工場改装資金の融資に難色を示したり，取引先卸問屋から価格据え置きを打診されたり，さらに労働組合までもが経営陣の責任を追及し始めた。

このケースには，A社以外にも多くの個人や組織が登場する。順に挙げていくと小学校，PTA会，株主，自治体，銀行，取引先，労働組合である。それでは，これらのうちステイクホルダーに該当するのはどれか。答えは，すべてステイクホルダーである。この後，A社がどうなったかはともかくとして，ここで押さえるべきは，およそA社に関わるもの全てがステイクホルダーとして捉えられるという事実である。

第3節　ステイクホルダーのマネジメント

1. ステイクホルダーの分類

前節では，企業のあらゆる面に関係するステイクホルダーの概要について説明した。これをイメージ図にすると図表11-3のようになる。これはステイクホルダー・マップ（Post *et al.* [2002a] p.22）と呼ばれるもので，企業を中心として，10に分類したステイクホルダーが配置されている。さらに企業とステイクホルダーとの間には双方向の矢印が引かれ，両者の関係が一方的なものでないことが示されている。

図表11-3　ステイクホルダーマップ

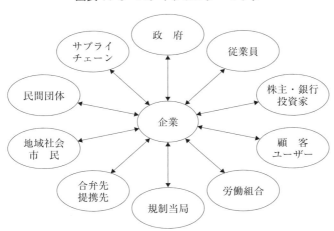

出所：Post *et al.* [2002a] p.22.

しかしながら、このマップを眺めていると「企業の外部の存在なら理解できるが、内部にいる従業員までがステイクホルダーなのか？」という疑問が生じるかもしれない。地域社会はどうか。工場など企業施設の近隣の住民ならまだしも、地域全体をひとまとめにしたとき、企業との間に何らかの利害関係があるといえるのだろうか。

答えはいずれもイエスである。まず従業員は、企業に対して労働を提供し対価を得ているという点で典型的な利害関係者である。しかも、その影響力は時として非常に大きい[3]。ある企業では、騒音で迷惑をかけているという理由で工場の近隣住民に迷惑料を支払っている。また、ある企業では地域の自治会と防災協定を締結し、災害時には社有地を臨時の避難場所として提供するというケースもある。

確かに、「地域」など実体の見えづらいステイクホルダーの場合、利害関係の認識が難しい面はあるかもしれない。しかし、われわれの身近なところにも、企業行動の結果が地域に経済効果をもたらしたり、大気汚染などの公害が環境破壊につながるということはある。それゆえ、地域社会や地球環境も企業のステイクホルダーなのである。

但し、水村［2008］によれば、このマップにはステイクホルダー相互の差異が反映されていない。つまり、企業とステイクホルダーの関わり方や、ステイクホルダーの影響力がどのような性質のものか等といったことまでは判らないということである。この点に関して、ステイクホルダーを階層的に区分して捉えるというアプローチがある。Freeman *et al.*［2007］は企業の持続的成長と事業存続に不可欠なものを1次的ステイクホルダーとし、その関係に影響を与えるものを2次的ステイクホルダーとした。同様にPost *et al.*［2002b］は、PrimaryなものとSecondaryなものとに区分している（図表11-4）。この他に

図表11-4　ステイクホルダーの階層的分類

階層区分	ステイクホルダーとしての性質	具体例
Primary ステイクホルダー	製品やサービスの生産に直接的な相互作用をもつもの	顧客　供給業者　従業員 投資家
Secondary ステイクホルダー	副次的な相互作用や関与をもつもの	政府　一般市民　社会団体 地域コミュニティ

出所：Post *et al.*［2002b］より筆者作成。

も従業員を始めとした「企業内部」と，株主や投資家，取引先といった「企業外部」とに区分する方法や，契約関係に基づいて区分する方法もある[4]。

そして，ここでは敢えてステイクホルダーを階層的に捉えることをせず，企業の周囲を隙間なく取り囲んでいる主体として理解するに留めたい。かつて株主のみをステイクホルダーと捉えていた時代には，株主利益の最大化が企業の義務であった。いまや企業は社会の公器であり，社会から生かされている存在である。それゆえに企業は，ステイクホルダーの存在を広範なものとして認識するとともに，積極的に社会的責任を果たす必要があるのである。

以上のように，企業のステイクホルダーには様々なタイプがある。そして企業とステイクホルダーの間には，おびただしい数の利害関係が存在する。それらは偶然にそこにあるわけではない。どのステイクホルダーも社会から有形無形の影響を受け，その結果として，必然的に企業へ権利を行使し，また義務を遂行しているのである。

2. マネジメントの概要

次に，このようなステイクホルダーを，企業がいかにマネジメントしていくべきかについて考えてみよう。マネジメントは「経営」や「管理」などと訳されるが，具体的には，組織の目標を設定し，それを達成するために経営資源を効率活用し，またリスク管理等を行うことをいう[5]。このマネジメントという言葉を生み出したといわれる Drucker ［1999］は「組織に成果をあげさせるための道具，機能，機関」であると定義している。

ここで再び創作事例を見てみたい。今度は金属部品メーカーであるB社が直面した「板挟みによる苦悩」という話しである。ここ数年，B社は欧州向けの輸出が好調で，さらに資金決済時の円安トレンドもあり，今期の決算は事前の予想を大幅に上回った。この状況は決算期末を待たずに明らかになったため，折から春闘の真っ最中であった労働組合が，金額をさらに大きくして基本給のベースアップを要求してきた。

社長以下の経営陣も，従業員の頑張りは充分に評価している。しかし，来期以降は営業コストの上昇が見込まれるため，利益剰余は少しでも多く内部留保しておきたかった。労働組合との協議はかなり激しいものとなったが，最終的には夏のボーナスの増額で決着した。安堵したのも束の間，6月の定時株主総

会が紛糾する事態となる。要するに「従業員のボーナスを上げるなら，もっと株主に配当せよ」ということである。

　営業コストの上昇は，すでに『長期業績見通し』の中で開示してきた情報であったし，大口株主には，担当部署から配当率据え置きで了解を得ていた。ところが株主総会では小口の株主から，配当率引き上げの要求が相次いだのである。大荒れとなった総会の最後，経営陣は向こう3ヵ年の株式配当方針を文書で表明することを約束させられた……。

　このようなことは，しばしば起こり得る。ここでは従業員（労働組合）と株主の利害が対立したが，さらに言えば大口株主と小口の株主とで思惑が異なってもいる。取引先企業からの契約条件の変更申し入れ，銀行による貸付金の繰り上げ返済の要請，地域のNPO法人に対する寄付の依頼等々，特に金銭の絡む事柄ではステイクホルダー間で利益の相反することが少なくない。

　山崎［2014］によると，企業経営は，株主にとどまらず顧客・納入業者・地域社会・従業員といった相互連携的なネットワークで成立しており，それぞれの利益は決してトレードオフの関係にはない。その鍵を握るのがマネジメントであるといえる。一時的な利害の対立を最終的にWin-Winへと導くことが，ステイクホルダーマネジメントにおける1つの目的なのである。

3. 最終目的としての持続的成長

　それでは，ステイクホルダーマネジメントが最終的に目指すものとは何だろう。水尾［2009］は，企業の持続的成長を促進し発展させることだと指摘する。それは，組織内外のステイクホルダーが関与する企業価値の向上に直結し，企業戦略の一環としても重要な意義を持つものである。そしてクラークソン・ビジネス倫理センターによる「ステイクホルダーマネジメントの7原則」を引用し（図表11-5），その必要性に明確化した[6]。

　このうち「関心認知とモニタリング」は，全てのステイクホルダーの関心を認知し，その動向をモニタリングするいうものである。「リスニングとコミュニケーション」では，ステイクホルダーの関心事や貢献，さらに企業が負うべきリスクに対する意見・アイデアを傾聴するとともに，企業情報の開示などオープンなコミュニケーションに配慮する必要があるとされる。さらに，「潜在的葛藤認識」は，自らが従業員として果たすべき役割と，他のステイクホル

図表11-5　ステイクホルダーマネジメントの7原則

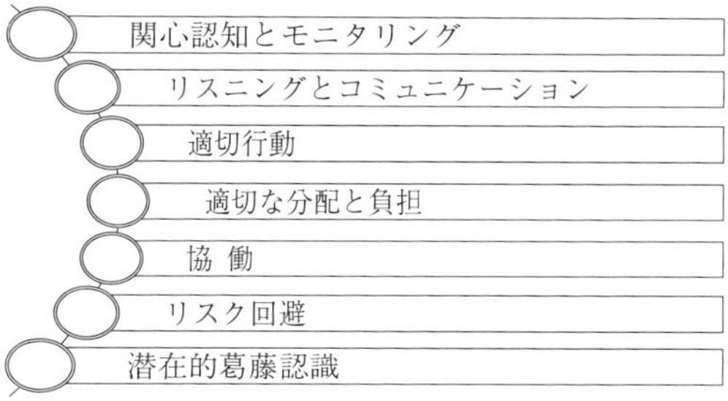

- 関心認知とモニタリング
- リスニングとコミュニケーション
- 適切行動
- 適切な分配と負担
- 協　働
- リスク回避
- 潜在的葛藤認識

出所：水尾［2009］より筆者作成。

ダーの利益に対して法的・道徳的責任を負うことの間にある葛藤について言及したものである。具体的には，適切な報告やインセンティブ・システムを心がけ，必要に応じ利害関係のないサードパーティからレビューを受けるなどして毅然と対処する必要がある。

　この原則からも明らかなように，企業がマネジメントすべき分野は多岐にわたる。専門部署を設けてマネジメントに注力する企業は多いが，その場合でも1つの部署ですべての対応が可能なわけではない。全組織的に連携が図られなければ，ステイクホルダーマネジメントが目的とする企業の持続的成長にも支障をきたすことになる。先ほどの創作事例は，第7の原則である潜在的葛藤が顕在化したものであった。株主への配慮を欠いたことが訴訟沙汰にでもなれば，損なわれる企業イメージは大きなものとなったであろう。

第4節　コーポレート・コミュニケーションの視点

　本節ではこの章の締めくくりとして，サービス社会における企業の対応と，そこでのコーポレート・コミュニケーションの必要性について考える。再三，繰り返してきたように，サービス化に向け社会は急速に変貌しつつある。これまでは第2次産業から第3次産業への転換を脱工業化と称し，あるいは「サービス産業が経済の中心になる」というような表現で，サービス化を局面的なものとして捉えていた。いまやサービス化は経済全体，社会全体を覆う大波であり，その影響は個別産業の在り方や就業構造，消費行動にまで及ぶとされる。

企業としても,懸命にサービス社会へと適用しなければならない。

では,今後のサービス社会とは一体どのようなものなのだろうか。ここではサービス業における留意点と,製造業のサービス化という2つのポイントから整理してみたい。サービス業では,かねてよりサービスの無形性や非均一性,不可分性,変動性といった特性が認識され,それらを前提とした事業展開がなされてきた。サービス社会においても,サービスの本質が変わることはないと思われる。但し,サービス業の実態としてしばしば指摘される「人的要素が大きい」「顧客開拓に一定期間を要する」「質の評価と標準化が難しい」「提供の場が多様である」等といった特徴(立澤[2009])については,さらに度合いの高まる可能性があるという点で留意すべきものといえよう。

製造業のサービス化については,市場の成熟化や製品のコモディティ化を背景に,総じてドラスティックなものとなる。すでに足下では経済・雇用・消費といった側面でサービス化が着実に進行しているとされるが,特に製造業では価値をめぐる認識が根底から変わることになる。モノを中心とした工業化社会では,価値はいわゆる「交換価値」であり,製品が市場で売り買いされる場面がハイライトであった。サービス社会では顧客の「使用価値」が前提となり,製品を手に入れた顧客がそれを使用する段階でのあり方が問われる。この過程が,顧客と企業による価値共創である。

このようなサービス社会と向き合うにあたり,本章では企業とステイクホル

図表11-6 主なステイクホルダーとの対話の機会・方法

お客さま	◆製品・サービス別の相談窓口(電話やe-mailなど) ◆日常の営業活動
株主・投資家	◆株主総会　◆投資家向け説明会　◆投資家向けウエブサイト ◆投資家向けメールマガジン
従業員	◆経営に関する意識のアンケート調査　◆労使会議　◆労使協議
取引先	◆日常の営業・調達活動　◆生産や販売動向にかかる報告会 ◆方針説明会　◆アンケート調査
地域社会	◆地域・自治体との情報交換会　◆工場見学 ◆従業員の地域活動への参加
地球環境	◆地域やNPO,NGOとの情報交換・対話

出所:ヤマハ株式会社公式サイトに基づき筆者作成。

ダーとの関係性に着目した。図表 11-6 は，ある製造メーカーが公式サイトで表明している「ステイクホルダーとのかかわり」を引用したものである[7]。当社においてもサービス化の流れは避けて通れないが，その一方，サービス社会としての行方に確信など持てるものではない。そこで，ステイクホルダーとの積極的な対話機会を設け，丁寧なコミュニケーションを重ねることで，社会の変化を自社内に取り込むのである。本節では，企業のこのようなスタンスを「コーポレート・コミュニケーション」として捉え，来るべきサービス社会への有効な対応策として位置付けている。

第5節　おわりに

　ここまで「社会関係のマネジメント」をテーマに，これからの企業がサービス社会といかに向き合うかを考えた。すでにサービス社会への移行は相当に進んでおり，企業の足元でも対症療法的な対応がなされているはずだが，それらを1つの流れとして統合するには至っていない。そこで本章ではステイクホルダーに着目した。ステイクホルダーは企業と社会との間にあって様ざまな役割を演じている。企業はステイクホルダーのマネジメントを通じ，ごく自然な形でサービス社会へと適応することになるのである。

　むろん，ここで取り上げたのは全体からみればごく一部の事象である。何よりサービス社会は流動的であり，全体像もハッキリとしない。肝心なのは「何をするか？」ではなく「なすべきことにいかに気付くか？」であり，そのための施策としてコーポレート・コミュニケーションを提示した。企業はステイクホルダーとの豊富なコミュニケーションにおいて適切な企業行動を探索し，かつ迅速に実行しなければならない。実はこのプロセスこそが，企業のサービス社会への適応に他ならないのである。

　［注］
1)　2018年7月6日「働き方改革を推進するための関係法律の整備に関する法律」公布。
2)　Freeman［1984］によると，ステイクホルダーの語が最初に用いられたのは1963年のスタンフォード研究所の文献である。さらに彼自身はステイクホルダーを「組織の目的達成に影響を与えたり，或はそこから影響を受けるグループや個人」と定義している。
3)　米国では一般に株主が，ドイツでは従業員が最大のステイクホルダーとされてきた。

4) 契約による区分では，正式契約：株主・投資家・従業員など，間接的契約：顧客など，暗黙の合意関係：地域社会・地球環境など，の3つに分かれる。
5) 出典は『weblio 英和辞典・和英辞典』。
6) Caux Round Table Moral Capitalism at Work, 2002. The Clarkson Principles of Stakeholder Management《http://www.Cauxroundtable.org/index.cfm?menuid=61》(2018年7月16日) についても参照。
7) ヤマハ株式会社／サステナビリティ「ステークホルダーとのかかわり」《https://www.yamaha.com/ja/csr/csr_management/stakeholder/》(2018年11月15日)

[参考文献]

Drucker, P. F. [1999] *Management Challenges for the 21st Century*, HarperCollins Publishers, Inc. (上田惇生訳 [1999]『明日を支配するもの―21世紀のマネジメント革命―』ダイヤモンド社。)
Freeman, R. E. (ed.) [1984] *Strategic Management; A Stakeholder Approach*, Pitman Publishing.
Freeman, R. E., J. S. Harrison and A. C. Wicks (eds.) [2007] *Managing for Stakeholders; Survival, Reputation, and Success*, Yale University Press.
Post, J. E., L. E. Preston and S. Sachs (eds.) [2002a] *Redefining the Corporation; Stakeholder Management and Organizational Wealth*, Stanford University Press.
Post, J. E., A. T. Lawrence and J. S. Weber (eds.) [2002b] *Business and Society; Corporate Strategy, Public Policy, Ethics*, 10th ed., McGraw-Hill.
The Clarkson Centre for Business Ethics [1999] *Principles of Stakeholder Management*, Joseph L. Rotman School of Management, University of Toronto.

桑田耕太郎・田尾雅夫 [2010]『組織論（補訂版）』有斐閣。
立澤芳男 [2009]「サービス社会を主導する日本のニューサービス業」『生活・社会総括レポート21』第7回，ハイライフ研究所。
水尾順一 [2001]「企業社会責任とステークホルダーマネジメントシステム」『日本経営診断学会論集』1巻, 日本経営診断学会, 62-76頁。
水村典弘 [2008]『ビジネスと倫理：ステイクホルダー・マネジメントと価値創造』文眞堂。
山﨑方義 [2014]「BtoB企業のステークホルダー・マネジメントにおけるコーポレート・コミュニケーションの考察」『広報研究』(18), 日本広報学会, 78-90頁。

(村上真理)

第III部

展開編

第12章

サービス社会におけるチェーン組織の変容

第1節　はじめに

　20世紀において，小売業の発展に大きく寄与した形態であるチェーンストアは，大量流通，大量販売を目指してきた。いうまでもなく，有形財（Goods）を効率的に販売するうえで，合理的な店舗展開を可能にしたのがチェーンストアであり，広く普及して今日に至っている。しかし，近年はいわゆるオーバーストア状態が指摘されており，十分な差別化要因を獲得できなくなっているため，変革が求められている。本部による一元的な管理統制だけに留まらない，店舗ごとの様々な挑戦が見受けられる。前近代的な仕組みが無力化する時代に，チェーンストアの業態は，どのような対応をみせているといえるだろうか。そこで本章では，チェーンストア業態の変容に注目しながら，新たに捉えることのできる成果とは，どのようなものかについて検討する。そのうえで，サービス中心の考え方は，チェーンストアのマネジメントにどのようなインパクトを与えるのかについて言及する。

第2節　チェーンストアとチェーン組織

　最初に，チェーンストアの概念を確認し，一体的な組織として行動する点に

注目する。続いて，この組織にみられる意思決定のタイプに注目し，その違いを明らかにする。

1. チェーンストアとは

チェーンストアとはどのようなものだろうか。住谷［2009］は，①複数の店舗を有していること，②店舗業態の標準化を前提とすること，営業の中央統制が図られていること，③全体で1つの企業として捉えることのできるものであると指摘している。本部と各店舗とのつながりをチェーンとして捉えることができるほか，本部と店舗は機能が異なり，それぞれが分業するかたちでチェーンストアは機能するといえる。

また，チェーンストアは紛れもなく1つの企業であり，本部と店舗で異なる機能を持ちながら成長し，今日では大きな組織を形成している。そこで次項では，組織として捉えた検討を進めていく。

2. チェーン組織とは

チェーンストアは，前述のように1つの企業として認識でき，すなわち1つの組織としての議論が可能である。一般に組織は，ヒト・モノ・カネ・情報といった経営資源を外部から取得したり，商品やサービスを提供することで，維持や存続をはかっている。つまり，組織は外部との経営資源の交換を行う，オープンなシステムとして捉えることができる。組織自体は，より大きな全体のシステムを構成する小さなシステムの1つであるとともに，経営資源を有効に活用するためのサブシステムで構成される，複合的な組織だといえる[1]。

このように考えていくと，チェーンストアにみられる本部と店舗との関係もまた，サブシステム間の関係でありながら，全体としてオープンなシステムでもあるといえる。そこで本章では，本部と店舗によるチェーンストアの集合体としての組織をチェーン組織と定義し，チェーン組織のマネジメントに注目した議論を展開する。

3. チェーン組織の強みと弱み

　チェーンストアの集合体であり，本部も含めた組織は，本部の機能と店舗の機能を分離させることで強みを生み出している。商品の仕入れと販売の役割を分業化し，店舗のオペレーションを高度に標準化することで，管理しやすい運営方式の導入が実現した。本部は複数の店舗で販売する商品をまとめて仕入れるため，メーカーに対し価格交渉力を持つことができた。ナショナル・ブランド商品の仕入れに加え，プライベート・ブランド商品の開発にも着手可能で，メーカーを説得するだけのバイイング・パワーを持てたのである。本部の大量仕入れの恩恵を受けて，チェーンストアは低価格を訴求したり，圧倒的な品ぞろえで幅広い顧客ニーズに対応することができる。チェーン組織全体の優位性が高ければ高いほど，チェーン組織の名声が形成され，それも強みになっていく。近年のプライベート・ブランド商品の競争力向上は，こうしたチェーン組織全体で差別化要因を獲得したことを示しており，チェーン組織の強みを鮮明に描いている。

　チェーン組織全体が発揮する強みである合理性の追究が成長を主導したことに違いないのだが，オーバーストア状態になると同業態のチェーンストアとの差別化が十分とは言えなくなる。チェーン組織自体が差別化要因であるにもかかわらず，同一の商圏に同じ組織のチェーンストアが存在して不思議でないほか，同業態のチェーンストアとの違いが明確でなければ，選ばれる店舗になり得ない。また，店舗や品ぞろえを標準化することで，大量出店が可能になるのだが，標準化されたアプローチが絶えず支持されるとは限らない。このような同質的な競争になりやすい傾向は，チェーン組織の弱みになり得るといえる。

4. 意思決定にみるチェーン組織の2つのタイプ

　チェーン組織は，多店舗展開を加速させ，売上の規模を拡大させようとする局面において，合理的だといえる。各店舗の形態を標準化することで，スケール・メリットを享受できるからである。チェーンストアの台頭が著しい時代には，このことを強調する指摘が相次いだ。佐藤［1971］は，小売業の革新は商

業技術の問題であるため，チェーン組織を確立しておけば新しい技術の採用は，それほど難しいことではないと指摘したほか，上原［1993］も，戦略の意思決定機能は，あくまで本部が保持しており，各店舗にはないと主張する。前者はチェーン組織自体が発揮する優位性を捉えたものであり，後者は本部の意思決定がチェーン組織において強力なリーダーシップを発揮することを前提とした意見である。いずれも，本部の意思決定がチェーン組織を特徴づけ，一体的なマネジメントが推進されることで，チェーン組織の強みが示されるという訳である。

ところが，店舗が増えて異なる地域でも出店が進むと，成果にバラつきが生じるようになる。商圏の違い，消費者ニーズの多様化が顕在化する。オーバーストアの状況下で，どの店舗でも同一の商品を販売することを原則としたままでは，同質的競争から脱することができなくなる。日本では，おおむね2000年代ごろまでは，多くのチェーン組織が本部の強力なリーダーシップによってチェーンストアが運営されていたが，それ以降は限界が指摘されるようになる。本部のリーダーシップに依拠する店舗運営に代わって，現在は現場に裁量を与える方法が導入されるようになった。

現代のチェーン組織は，コンビニエンスストア（以下「コンビニ」）のように，依然として本部が強いリーダーシップを発揮してチェーン組織の競争力を高めようとするケースと，食品スーパーのように，チェーン組織を維持しつつも積極的な店舗の挑戦が期待されているケースの2つがあるといえる。これをサービス展開の視点で整理すると，前者は本部が，後者は各店舗で積極的に検討が行われ，実行されるといえる。ここに，前者を本部主導型の意思決定モデル，後者を現場主導型の意思決定モデルとして類型化した検討が可能になることを確認できる。

(1) 本部主導型の意思決定モデル：コンビニを事例として

本部のリーダーシップで店舗機能を強化するコンビニに対し，食品スーパーは店舗への権限委譲が顕著である。この違いは何だろうか。最たる違いは，業態による商圏の差であろう。食品スーパーに比べコンビニは小さな商圏でも十分に機能する業態のため，投資のリスクが小さい。また，コンビニはフランチャイズ展開による出店が志向されているため，フランチャイジー任せという訳にいかない。圧倒的に意思決定を本部に集中させている業態だといえる。した

がって,本部のリーダーシップ抜きに店舗機能の強化は難しい。同業態が機能の向上に貪欲なのは,生活空間のあらゆるサービスを店舗の機能に盛り込むことで,利用を促しやすいからである。コンビニは,店舗オペレーションの進化とともに,チェーン組織での差別化,そして業態としての差別化を推進している。

しかしながら,強い本部のリーダーシップに依存する傾向のあるコンビニは,本部が強くなければ差別化に成功しない。そのため,本部はドミナントの強化,商品開発力,売り場構成,商品の改廃,物流の効率化などに注力しながら,実効性ある戦略によって競争力を構築しようとする(川辺[2010])。この姿勢は当初からコンビニの伝統である。コピーができる,ファックスが送信できるなどが,既存の小売店と違っていた。現在では,チケットや住民票の発行,銀行ATMの活用による入出金ができるなどの特徴を持つ。もはや,店舗における多彩な機能は,商品の販売に留まらない。様々なサービスの機能を追加しながら,今日に至っている。

ところが,劣勢を強いられるチェーン組織は,本部と加盟店との係争が生じている。中には露骨な鞍替えも顕在化し,大量の退店が発生するなど,深刻な実態が浮き彫りになってきた。同一業態内の寡占化が進み,優劣が鮮明になる局面を迎えている。小商圏で機能する貴重な小売の業態であるがゆえに,業態としての優位性を維持しているが,チェーン組織間の競争が鮮明になっている。

(2) 現場主導型の意思決定モデル:食品スーパーを事例として

それに対し食品スーパーは,コンビニより早くからオーバーストアが指摘され,店舗への権限委譲を進めるチェーン組織が幾つも存在した。そもそも,コンビニと異なり,直営店展開を主とする食品スーパーには,精肉,鮮魚,青果といった各部門チーフが配置されている。彼らは権限委譲とともに,顧客特性に応じたアプローチを開発しなければならない。最初は,少ない家族にふさわしい食の提案というように,店頭での取扱商品を再考して,魅力あるマーチャンダイジングを推進することから挑戦が始まったであろう。それが,商品仕入れ権限の店舗への委譲,陳列レイアウトの柔軟な対応にも及び,現在は,食品スーパーでいえば,クッキングサポートコーナーやイートインコーナーの設置,運営なども進められている。こうした局面において,本部は優秀な人材を店舗に配置することや,社内研修の充実,そして,大胆な挑戦の支援などが求められるといえる。パート社員であっても部門長を担うことがあり,クリエイ

ティブな業務を担う場合がある。女性のパート社員は男性の正社員に比べ，食の知識が豊富で，地域特性も知り尽くしている主婦も少なくない。能力の向上と責任に見合った報酬があれば，彼女らの積極的な挑戦が十分に期待できる。本田［2007］のいう女性パート社員が優秀だというのは，店頭で販売する商品が，購買後どのように扱われるかを熟知しているためであり，幾つかのチェーン組織においては，店舗改善すら提案している。それだけではない。近隣に住むからこそわかる，当該地域の日常の現実を反映した実践で，店舗機能を高めることもあるであろう。

つまり，店舗への権限委譲の進む食品スーパーでは，営業を狭義で解釈した，商品による提案に留まらない，様々なサービスの開発が店舗では進められているのである。それは顧客との接点を有するがゆえに，サービスの開発が可能だといえる。

5．小　括

本節では，チェーンストア，チェーン組織，そしてチェーン組織の意思決定の特徴を確認した。オーバーストアが常態化する時代において，チェーン組織のメリット享受は容易でない。コンビニにせよ食品スーパーにせよ，顧客の生活空間に入り込むためのサービス開発に貪欲であることは間違いない。ただし，業態やチェーン組織の特性が異なるため，コンビニは本部の強いリーダーシップで機能強化を図るのに対し，食品スーパーには店舗にサービス開発が十分に可能な経営資源が用意されている（図表12-1）。各業態はそれぞれ培った

図表12-1　本部主導型と現場主導型の意思決定モデルの違い

	本部主導型の意思決定モデル	現場主導型の意思決定モデル
意思決定の主体	本部	店舗
課題対応のレベル	全体的	個別的
意思決定の特徴	客観主義的，事前決定的	主観主義的，事後の成果に注目
サービスの特徴	業態としての進化 異業種とのコラボレーション 標準化されたフォーマットの導入	問題の発見と解決の実践 顧客との関係の進化を企図 サービスの高次の目的の創造

出所：筆者作成。

経営資源を活かして，顧客の日常生活への入り込みを志向している。要するに，意思決定モデルの違いは，サービス社会の進展に伴う，チェーン組織の変容であり，サービスによる便益の拡張を，いかに実現するかに向けた挑戦を捉えたものなのである。

第3節　現場主導型チェーン組織とは

1.　サービスによる成果の獲得へ

　前節で，チェーン組織における2つの意思決定モデルを確認した。本部主導型にせよ現場主導型にせよ，店舗にサービスの機能を付与した進化が志向されていることは間違いない。なぜなら，有形財を販売するという努力は，どこまで合理化しても販売する商品に違いはないからである。小売の業態が物販に留まるとき，同質的競争を免れない。各社の合理化努力が拮抗するとき，販売する商品に違いのない業態は，没個性化してしまう。積極的に選ばれなくなるということである。むしろ，顧客の日常を理解し，企業の提案を積極的に受け入れようとする前提を用意しない限り，優れた店舗とはいえない。ここに20世紀的なチェーン組織のメリット享受の限界があり，本部と店舗の関係が硬直した，チェーン組織からの脱却が求められるといえる。

　他方，図表12-1に示した2つの意思決定モデルは特徴が異なり，とりわけ現場主導の意思決定モデルの実践は，サービスによる成果に特徴がある。これは，20世紀的なチェーン組織にとって馴染みのない要素である。あるいは，従来のチェーン組織が取り込むことのできなかった実践だといえる。さて，サービスによる成果を追究するための考え方には，どのような視点が必要だといえるだろうか。そこで本節では，サービスによる成果の獲得に必要な議論を確認する。

2.　顧客の意志と能力

　藤岡［2015］は，サービス社会の小売マーケティングを考えるうえで，村松

［2009］のいう顧客の意思と能力を捉えた企業活動でなければならないことを指摘する（図表12-2）。顧客の理解や生活への入り込みが大切だといったところで，商品をより安く入手したいだけの顧客も存在するのは事実である（＝Ⅰ型）。こうした顧客に対しては，従来からの特徴である，低価で販売するチェーン組織の仕組みが機能する。一方で，売場で店員に相談したり，提案の意図を尋ねるといった，サービスを求める顧客もいる。店員は直接的にサービスを求める顧客に対して，相互作用を重視することも大切である。この相互作用には様々な要素が存在する。商品の利活用の発想に乏しく，アドバイスを欲する顧客もいれば（＝Ⅲ型），利用や消費の経験を披露し，さらに優れた利活用を考えようとアドバイスを求めるケースもある（＝Ⅱ型）。

　何より，オーバーストア状態の下では，企業が顧客を類型化しなくとも，すでに顧客は意志や能力に基づいて，利用する店舗を選択しているであろう。そうであるならば，店舗への権限委譲とともに，自店はどのように認識されているのかというところから，問題意識を持つべきである。自店に対する顧客の認識が明らかになったなら，肯定的に受け止め，顧客の行動特性を洞察しながら，価値提案を改善していく方法がある。否定的に受け止めるなら，どのような地域性や顧客の期待が存在するか検討し，いかに価値提案を実現するのかを考える必要がある。店舗への権限委譲とともに，店舗の独自性を高めていくというのは，こうした努力の積み重ねだといえる。

図表 12-2　意志と能力による顧客の類型化

		意　志	
		強	弱
能力	高	Ⅱ型 企業からは資源の提供だけでなく直接的なサービスも必要な顧客のタイプ 価値創造能力が高い	Ⅰ型 企業からは資源の提供だけで，直接的なサービスは不必要な顧客のタイプ 価値創造能力が高い
	低	Ⅲ型 企業からは資源の提供だけでなく直接的なサービスも必要な顧客のタイプ 価値創造能力が低い	Ⅳ型 －

出所：藤岡［2015］44頁。

3. 権限の委譲

顧客との関係抜きに存立を説明できない小売において，顧客との接点の重視と，そこで顧客からの支持を確立しようとする努力は，ある意味で必然である。しかしながら，本部のリーダーシップに依拠したのでは，店舗は受動的な存在に留まってしまう。この考えから脱却しなければならない。

Grönroos［2007］は，サービス志向的組織構造として，顧客とトップ・マネジメントとの階層をできる限り少なくするべきだと主張する。そのうえで，サービス・エンカウンターにおいて，顧客の価値創造を支援する機能を組織に求めている。店舗における権限委譲は，商品の仕入れや陳列に留まらない様々なサービスの機能を盛り込むようになって，何ら不思議ではない。ここに，顧客接点を有する店舗機能の再検討が求められる。

ところが，こうした権限委譲（エンパワーメント）の言及は，Kotler［1994］の主張にも盛り込まれながら（図表12-3），マクロレベルで組織を捉え

図表12-3 サービス・トライアングル

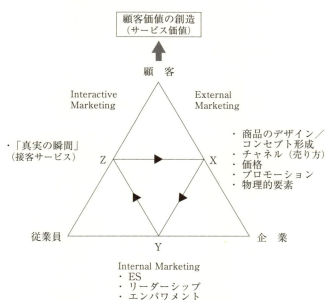

出所：Kotler［1994］p.643.

た議論を想定していないこともあり，チェーン組織での適用が見通しにくい。一方で，実務では次々にエンパワーメントの重要性が指摘されるようになり（ex；平山［2004］[2]），顧客接点における機能強化を考えるうえで，無視できない要素となる。そもそもエンパワーメントとは，サービス提供者がパートナーとして，相互作用のプロセスにおいて積極的にクライアントに関与することであり，クライアントの最大限の参加が求められる（Swift［1984］）。権限の委譲によって確立していくサービスの実践は，村松［2009］や藤岡［2015］の主張にあるように，企業は顧客像を明確にしながら挑戦のレベルを変えていくといえる。

　権限の委譲を2つの意思決定モデルに照らせば，本部主導型の意思決定モデルは権限の委譲に積極的とはいえない。他方，現場主導型の意思決定モデルは，積極的に権限を委譲しながら，新たな可能性を模索しているといえる。ただし前者は，顧客の経験をデザインしサービスを仕組みとして用意することで，サービスのレベルアップを志向している。他方，後者は顧客を個別のものと捉え，深い洞察から必要なサービスを抽出する努力が実践されているといえる。権限の委譲に大きな違いはあるが，サービスの充実が志向されていることに違いはない。とはいえ，後者の方が顧客を個別に捉え，企業活動の特性からどのようなアプローチが可能なのかを検討することになる。また，店舗レベルでサービスを議論することは，顧客との相互作用による顧客あるいは地域のための貢献そのものである。このことは，サービスの検討の過程に，社会的な公器としての企業活動を志向する契機があるといえる。ここに，顧客から支持されるサービスが，独立して機能することが求められる局面を捉えることができる。

第4節　サービス社会におけるチェーン組織のマネジメント

　このように考えていくと，現場主導型の意思決定モデルは，チェーン組織の変容を象徴している。とりわけ，顧客や地域社会の多様性を前提とした店舗運営が志向されようとしており，何をどのように実践するのかが問われる時代を迎えている。サービスの充実に余念がないことは間違いなく，顧客の日常生活と密接に結びつくサービス拡張の挑戦が続く。それはすなわち，公益性や社会性の強い側面を包含するものであり，利潤追求や合理化の思考だけでは気づくことのない側面を持つ。

1. 新たな全体最適へ

　ここで本部に問われるのは，権限の委譲の適切な推進だといえる。単に分権化を推進すればよいというものではない。店舗におけるサービスの開発が推進できる環境を確保しなければならない。チェーン組織が，いかに現場主導型の意思決定モデルに寛容であるかが問われている。なぜなら，チェーン組織が本部の主導を前提として成長してきたからであり，かつての強いリーダーシップだけでは，開発し得るサービスの芽を摘んでしまうからである。むしろ，顧客との接点を有する現場に，サービスを実践する自覚や気概を育み，顧客にとって何ができるのかを追究する挑戦を，きちんと確保していくことが求められる。本部は，新しい全体最適を志向しながら，組織全体の成長を捉える必要があるといえる。

　一方，店舗においては，本部主導型への過度な依存を脱し，自立的な店舗運営を促進する必要があるほか，顧客や地域社会に不可欠なサービスを生み出すことが求められる。権限の委譲は，社会的な公器として企業活動の方向性を転換させる可能性があるといえる。様々な挑戦とともに知見が蓄積され，サービスの拡大が志向されていく。それに伴い，次第に顧客から支持されるサービスが，独立して機能することが求められる。ここに，多様な成果を捉えることができるのであり，現場での積極的なサービス実践が期待される。

　ここでいう成果は，2つの段階で捉えることができる。最初に，本部による過度な中央統制を見直し，顧客の日常生活との，より有機的な関係を構築するための努力によって得られた成果をいう。このことは，チェーン組織が有する機能自体を再定義することと同義である。新たな全体最適の推進とともに実行され，それは，既存の収益性や商慣習を塗り替えながら推進されていく。

　それに続くもう1つの成果とは，現場によるサービスの実践によって，サービスの目的の高次化を推進する姿にある。これは，顧客の日常生活への貢献を鮮明にする力の獲得につながる。このことについては，以下で詳述する。

2. サービスにおける高次の目的の創造

　サービスの目的の高次化とはどのようなことだろうか。ここでは，このことについて検討する。まず，本章で議論するサービス，それは，商品の販売に留

まらない，消費や使用を捉えたサービスだといえる．商品に紐づく販売促進といった狭義のサービスではなく，顧客の意志や能力に応じた最適な提案を実践することで，配慮の行き届いたサービスが実現する．

　ここで重要なのは，サービスの目的だといえる．この目的を考えるうえで不可決な要素を，前述の内容に照らせば，顧客の意志や能力と捉えるべきだろう．そうはいえ，意志や能力のどのような側面を捉え，顧客個人のどのような行動の，どこまでのつながりを見通して設定できるだろう．このことへの，一見終わりのなさそうな検討が，顧客接点を有する現場には求められる．食品スーパーで例えるなら，食品を販売する際，食が顧客の日常と密接に関係している以上，日常生活を捉える必要がある．そもそも顧客の意志や能力は，顧客の日常生活の中で活動として確認できるのであり，そうした顧客の様々な活動のなかに食事がある．

　このように考えたとき，サービスの実践は，顧客の意志や能力の背景にも視座を広げることで，新しいサービスの適用範囲を発見することができる．現場ならではの洞察力を発揮することで，特徴的なサービス実践が可能になる．一方で，この取り組みを加速すればするほど，サービスの展開プロセスは複雑になって不思議ではない．しかし，こうした努力の末に顧客に対するサービスは連続するのであり，それまでとは異なる，より有機的な顧客とのリレーションシップが確認できるであろう．この局面において，そこで機能する数々のサービスは，商品を売るためといった狭義の目的をはるかに上回る．現在より高次の目的を位置づけようとするとき，狭義の目的に傾倒する必要はない．むしろ，高次の目的が掲げられたところから，個別の相互作用を捉えることが大切である．1つ1つの相互作用は，ジグソーパズルのピースのように，大きな目的のための1つであることが確認できる．仮に相互作用の意味することが小さくても，決して問題視することではないのである．つまり，サービスの目的は，新しい適用範囲の発見によって，高次の目的を捉えるようになるのである．

　これらを整理すると，サービスにおける高次の目的の設定と，そのための努力は，現場主導の意思決定でなければ自覚できないといえる．権限を委譲することの本質は，企業間の同質的競争からの回避に留まらない．サービスにおける高次の目的の創造によって，チェーン組織は顧客の日常生活への貢献を鮮明にしていくのである．顧客接点を有する現場では，顧客とのリレーションシップから，常に新しいサービスを考案しようとするが，それは，サービスの目的

の高次化努力のなかで意義を確認するのであり，その実践が定着するにしたがって，チェーン組織の新機軸を生み出していく可能性を持っている。

3. 顧客とともに歩むチェーン組織の構築

ここまでの検討を整理すると，サービス社会におけるチェーン組織のマネジメントとは，次のように示すことができる（図表12-4）。

本節が示した2つの成果は，段階的に確認することができ，それはチェーン組織の機能を新たに定義する力となる。ここに，循環的な思考を捉えることができる。特徴的なのは，高次化されたサービスの目的に，収益性を伴う性質だけで説明できない要素が含まれることである。狭義の利潤獲得では捉えることができない企業活動の影響や可能性を，高次化されたサービスの目的は説明し直す力を持つといえる。むしろ，営利と非営利の垣根を超えて企業活動が成立していると捉えることができ，そこから，求められるチェーン組織の機能とは何かを検証する考えを生み出すといえる。

このように考えていくと，サービス中心の考え方に基づくチェーン組織のマネジメントは，顧客とともに歩むことを鮮明にするといえる。20世紀的なチェーン組織は，多店舗展開を加速させ，売上の規模を拡大させようとするうえで，合理的だった。各店舗の販売を標準化することで，スケール・メリット

図表12-4　新しいチェーン組織のマネジメント・トライアングル

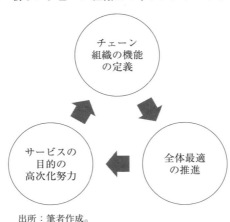

出所：筆者作成。

を享受できたといえる。それに対し，本章が示す現場主導型の意思決定モデルの重視は，これまでのチェーン組織のマネジメントになかった考え方だといえる。しかしそれは，**本部**と**現場**を対峙的に論じる性質ではなく，新たな意思決定モデルの登場とともに，チェーン組織の機能が絶えず再定義され，より社会システムの中で機能する企業活動へと導くものだといえる。

第5節　おわりに

　本章では，最初に検討の対象となるチェーン組織とはどのようなものかについて，確認した。なかでも，チェーン組織の意思決定モデルによる分類の意義を確認し，従来のチェーン組織とは異なる，現場主導型の意思決定モデルに注目した。それは，業態に規定された同質的競争に縛られることのない，自由な挑戦によって，顧客の生活への入り込みが志向されているといえる。

　続いて，現場主導型チェーン組織の特徴を整理した。サービスによる成果の獲得や，顧客の意志や能力に基づく実践，そして，権限の委譲を挙げながら，これらが意味することについて検討した。ここでは，従来のチェーン組織が認識することのなかった現場主導型を確立するための視点が示された。

　さいごに，サービス社会におけるチェーン組織のマネジメントを捉えるための視点を示し，修養を積むかのようなサービス実践の中に成果があり，サービスの目的の特定を捉えることができるとした。とりわけ，サービスは展開プロセスの中で意味を持つ。このことを本章では，実践によって高次化すると指摘した。これが実を結び，顧客の日常生活への貢献を鮮明にする力にすることこそ，サービス社会におけるチェーン組織の変容であり，組織としての強みが発揮できることを確認した。

　我々がサービスの成果を，より多元的に捉えて努力しようとすれば，サービス中心のマネジメントへの転換が必要になる。その際，サービスの開発は企業にとって未知の領域への挑戦であり，社会における新たな貢献を可能にするチャンスを秘めているといえる。さて，企業は顧客のどのような日常に注目し，顧客の生活の中で機能するのか。その答えは幾つもあるに違いない。サービスの開発に長けたチェーン組織へと転換することが，多くの企業に求められているといえる。

［注］
1) 組織は環境に適応するために独自の経営戦略を策定したり，組織形態を選択する。このことを組織デザインという。この組織デザインは，組織をマクロレベルで採りあげる代表的な視点であり，本章でいうチェーン組織もまた，マクロレベルで組織を捉えた議論だといえる。
2) 平山［2004］は，顧客の経験を説明する際に，エンパワーメントの概念を用いている。ザ・リッツ・カールトンにおいて，「クレド」が同業他社と同質化することのないエンパワーメントにつながる精神を示しているという。

［参考文献］
Grönroos, C. [2007] *Service Management and Marketing : Customer Management in Service Competition*, 3rd ed., John Wiley and Sons.（近藤宏一監訳［2014］『北欧型サービス志向のマネジメント―競争を生き抜くマーケティングの新潮流―』ミネルヴァ書房。）
Kotler, P. [1994] *Principles of Marketing*, Prentice-Hall.
Swift, C. [1984] "Empowerment : An antidote for folly," *Journal of Prevention in Human Services*, Vol.3, pp.11-15.
Vargo, S. L. and R. F. Lusch [2004] "Evolving to a New Dominant Logic for Marketing," *Journal of Marketing*, Vol.68(1), pp.1-17.

上原征彦［1993］「ボランタリー・チェーンの概念と中小小売業者の組織化」明治学院大学『明治学院論叢』第516巻，31-58頁。
川辺信雄［2010］「コンビニFCシステムにおける本部対加盟店の軋轢と調整―その歴史的考察―」早稲田大学『早稲田商学』第423号，381-443頁。
佐藤 肇［1971］『流通産業革命』有斐閣。
住谷 宏［2009］「チェーン小売業の成長」，懸田豊・住谷宏『現代の小売流通』中央経済社，49-77頁。
平山 弘［2004］「ザ・リッツ・カールトンにおける経験価値マーケティング」阪南大学編『阪南論集 社会科学編』第40巻第1号，17-34頁。
藤岡芳郎［2015］「小売マーケティングの新たな展開へ向けた一考察―価値共創の視点から―」日本消費経済学会『消費経済研究』第4号，38-50頁。
本田一成［2007］『チェーンストアのパートタイマー―基幹化と新しい労使関係―』白桃書房。
村松潤一［2009］『コーポレート・マーケティング―市場創造と企業システムの構築―』同文舘出版。
―――［2015］「価値共創の論理とマーケティング研究との接続」村松潤一編著『価値共創とマーケティング論』同文舘出版，129-149頁。

（今村一真）

第 13 章

サービス社会における企業内外の資源統合

第 1 節　はじめに

　第1章で指摘したように，21世紀の今日，「脱工業社会」の本質である「サービス社会」が浮き彫りになりつつある。そこで本章では，「工業社会」において主に製造業を中心に企業内の資源統合について議論されてきた資源ベース理論を，「サービス社会」への転換に伴い，企業外まで時空間的に拡張する必要性を論じ，資源統合に関するこれまでの議論を整理し，企業の内外を合わせた新しい資源統合について明らかにする。

　従来の資源ベース理論は，企業の視点に立って，生産プロセスにおいて企業内の資源またはケイパビリティの蓄積やその活用，統合などについてしか取り上げておらず，企業外，即ち顧客の視点に立って消費プロセスにおける経営資源の統合について議論されていない。

　理論上だけではなく，実践上にも企業の視点に立って企業内部の資源統合，即ち経営資源またはケイパビリティを蓄積し活用することのみに注目すると，顧客の視点に立った資源統合を無視することになる。

　一方，マーケティング分野においては，サービス化が進む中で，理論上においても実践上においても，顧客の視点に立って，顧客との価値共創のための資源統合が重要であるとしばしば議論されている。したがって，生産プロセスだけではなく，消費プロセスにおける顧客のための資源統合も必要になる。

　そこで，本章では，企業内部に留まらず，企業外部においても顧客のために

企業がいかにして資源統合をし，さらに提供するのかを解明すべく，従来の資源ベース理論の時空間的拡張としてのマーケティングの視点から企業の内外の資源統合を明らかにするのが目的である。即ち，従来の戦略論の資源統合を，生産プロセスに留まらず消費プロセスに時空間的に拡張して解明することによって，マーケティングの視点からの新たな理論構築を展望する。

第2節　企業側に立脚した生産段階における資源統合

本節では，従来の経営学，特に経営戦略分野の研究において，主に製造業を中心に議論されてきた資源ベース理論の成立・発展と，資源ベース理論における資源統合の意味について，先行研究に対するレビューを通じて議論する。

1. 資源ベース理論の成立と発展

企業側に立脚した企業の生産段階における資源統合は，経営学の領域における資源ベース理論を中心に展開されてきた。経営学の領域においては，1980年代半ばに資源ベース理論が登場したため，比較的歴史が浅い。これは，RBV理論（the resource-based view；経営資源に基づく企業観），後にRBT理論（the resource-based theory；資源ベース理論）と称され，経済学の領域で用いられたポジショニング・アプローチ[1]を逆手にとり，企業外部ではなく，企業内部の経営資源またはケイパビリティの蓄積と活用に注目している。

資源ベース理論が登場する前に，企業戦略に関する初期の理論では，1950年代から多角化戦略を中心とした成長戦略研究が多い（Penrose [1959], Ansoff [1965], Chandler [1962, 1977, 1990], Rumelt [1974, 1982]）。これらの研究では，企業の多角化は，企業内部の経営資源の蓄積に伴って企業がより成長の見込みがある新規事業分野に参入するという多角化と成長の関係について議論されている。

その中で，特にPenrose [1959] の『企業成長の理論』が出版されて以来，経営資源と企業成長の関連が議論されるようになった。Penrose [1959] によれば，企業とは生産資源の集合体であり，企業の未利用資源の有効利用こそが，企業成長の内部要因であると，資源展開の重要性を最初に提唱した。その

後，Ansoff［1965］は，経営資源に基づいたシナジー効果を強調し，多角化を水平型多角化，垂直型多角化，集中型多角化，集成型多角化に分類し，そして集中型多角化は集成型多角化より，シナジーがあるだけに収益性に優れると指摘している。さらに，経営史家であるChandler［1990］は，企業の成立と発展について歴史的に研究し，特に企業の多角化への最も一般的な誘因となったのは範囲の経済の可能性であったと強調している。

　上述した議論がRBV理論の成立につながり，それらの議論に基づいて，Rumelt［1984］，Barney［1991］，［2003］，Teece et al.［1997］，Collis and Montgomery［2008］らが資源ベース理論をさらに発展させてきた。

　それらの研究では，企業内部の経営資源の定義をケイパビリティまで拡大し，競争優位の源泉になり得る経営資源の分類と特定について議論されたものである。次節では，資源ベース理論における資源統合について検討する。

2. 資源ベース理論における資源統合

　資源ベース理論では，これまで企業が持続的競争優位を獲得するために，経営資源をどのように定義し分類するか，そして自社または競争相手の経営資源を特定するにはどうすれば良いのか，について議論を行ってきた。以下，資源の定義，分類と特定についてこれまでの議論をまとめる。

　資源ベース理論が登場した後，主に企業内部の経営資源の定義，分類と特定について数多くの研究がなされている。これらの研究は，競争優位を獲得するためにどのような資源が重要であり，自社または競争相手の競争優位につながる経営資源を特定するにはどうすればよいかについて議論されている。

　まず，経営資源の定義と分類については，企業が所有する経営資源またはケイパビリティを中心に議論されることが多い。特に，資源ベース理論の発展に大きな貢献をしたBarney［1991］は，経営資源とは企業が所有するすべての資産，組織的プロセス，企業特性，情報と知識等であり，物的資源，資金資源，人的資源および組織的資源に分類できると指摘する。さらに，Collis and Montgomery［2008］は，経営資源を，企業がもつ物理的かつ無形の資産，ケイパビリティの束であると定義し，経営資源の概念をケイパビリティまで拡大した。ここでいうケイパビリティとは，Teece et al.［1997］によって新たに作られたダイナミック・ケイパビリティの概念であり，すなわち変化しつつある

環境に適応するために，組織内外の資源を統合，構築，そして再構築する組織能力である。その後，ダイナミック・ケイパビリティの概念が精緻化されてきたが，これらのアプローチは資源ベースに基づき，ケイパビリティを資源として捉えており，どのように資源移転のコストを低下させて，効率的にレントを創出し獲得できるのかを議論している（江 [2016]）。

次に，経営資源の特定については，Barney [2002] が提示したバリューチェーン分析がミクロレベルで資源を特定する方法である。バリューチェーンを構成する各ステージそれぞれに，財務資本，物的資本，人的資本，組織資本が関わっているため，各ステージに企業が保有する経営資源を一般的分析のフレームワークである VRIO[2] で分析し，企業の持続的競争優位につながる経営資源やケイパビリティの特定方法を提示した。

資源ベース理論が登場した後，1990 年代になると，コア・コンピタンス（一般的に中核能力と訳される）経営論（Prahalad and Hamel [1990]）が提起され，青島・加藤 [2011] によると，コア・コンピタンス経営に限らず，「見えざる資産」や「情報創造」，「知識創造」といった企業のもつ内的資源に注目した経営理論は，資源ベース理論という名称を直接使っていないが，企業の高い業績を企業内部の資源や能力という点から説明しようとする点では同じ視点を共有している。つまり，コア・コンピタンス経営論は，資源ベース理論の拡張だと見なすことができる。

上述したコア・コンピタンス経営論を含めた資源ベース理論は企業の内部資源や，ケイパビリティ，コア・コンピタンスに注目し，企業が競争優位を獲得するためにいかにして経営資源またはケイパビリティを蓄積し活用していくのかに重点を置いている。したがって，この議論に基づけば，顧客も企業にとって重要な情報資源の1つであり，マーケティング研究の資源統合と比べると，経営学研究における資源統合は，主に企業が競争優位を獲得するための生産段階における資源またはケイパビリティの蓄積・活用を指す。

第3節　顧客側に立脚した消費プロセスにおける資源統合

本節では，マーケティング研究において，主に顧客側に立脚した消費段階における資源統合の成立・発展とその意味について，先行研究に対するレビュー

を通じて議論する。

　顧客側に立脚した顧客の消費プロセスにおける資源統合について，マーケティング研究で良く取り上げられている。マーケティング研究における資源統合はサービス・ドミナント・ロジック（Service Dominant Logic：以下，S-D ロジック）を中心に議論されている。S-D ロジックはしばしばグッズ・ドミナント・ロジック（Goods Dominant Logic：以下，G-D ロジック）との対比で議論されている。G-D ロジックとは，ミクロ経済学由来の従来のマーケティング・マネジメントにおけるグッズ中心の考え方である。それに対して，S-D ロジックとは，Vargo and Lusch［2004］によって提示されたサービスを中心とした考え方である。即ち，井上・村松［2010］によると，S-D ロジックとは，1980 年代以降の経済的および社会的プロセスというマーケティング思想であり，無形な資源，価値共創，関係性に焦点を当てた新しいドミナント・ロジックである。以下，S-D ロジックにおける資源，価値共創の意味を説明し，マーケティング研究における資源統合の意味を明らかにする。

　初期の S-D ロジックでは，資源をオペランド資源[3]とオペラント資源[4]に分けて，資源統合について議論されてきた。井上・村松［2010］によると，オペランド資源とは，効果を生み出すには操作が施される必要がある資源のことで，有形で静的で，そして，有限な資源（例えばグッズ，機械設備，原材料，貨幣など）であるが，それに対して，オペラント資源とは，オペランド資源（または他のオペランド資源）に操作を施す資源のことで，目に見えず触れることができず，動的で無限な資源（例えばナレッジやスキルなど）である。さらに，S-D ロジックにおける資源は，経営学の領域で議論されている企業内に存在している経営資源のことではなく，どのような資源が資源になるのかというのは資源の本質的な性質であると強調している。即ち，資源は存在するのではなく，資源になる（Vargo and Lusch［2004］）。

　したがって，上述した議論に基づけば，顧客もオペラント資源であり，企業も顧客も専門的なナレッジやスキル（オペラント資源）を駆使して価値共創するのが消費段階における資源統合である。

　ここで，消費段階における資源統合を理解するために，S-D ロジックの中心概念である価値共創に対する理解が重要になる。S-D ロジックにおける価値共創とは，「メーカーは自身のナレッジ・スキルを生産に適用し，顧客は使用時に自身のナレッジ・スキルを適用することで価値が共創される」（Vargo *et al.*［2008］p.146）とされている。即ち，S-Dロジックは，消費プロセスを含む全体として価値共創を捉えている。さらに，S-Dロジックは，プロセスとしてのサービスという考え方のもとで，これまでのモノとカネに代え，ナレッジ・スキルの適用を意味するサービスが交換されるとし，このサービスの交換を通じて価値共創が行われるが，その時，S-Dロジックは受益者（顧客）を資源統合する価値の共創者として捉えている。

そして，伝統的マーケティングを生産プロセスに顧客を取り込むもの（村松［2017］）とするなら，従来の経営学とG-Dロジックを中心とした伝統的マーケティング研究は，企業側に着眼しており，企業が競争優位を獲得するために，いかにして企業の内部資源を蓄積し活用するかに注目している。したがって，企業が顧客を一種の経営資源として捉え，顧客という経営資源をいかにして生産プロセスに取り込み，活用するのかについて議論されてきた。一方，情報化の進展によって，工業社会から，いわゆる情報化がもたらした新たな関係にもとづく「サービス社会」に入ることによって，S-Dロジックを中心としたマーケティング研究における価値共創研究では，顧客側に着眼している。つまり，顧客を企業の生産プロセスに取り込むのではなく，逆に企業が消費プロセスに入り込み，顧客との直接的相互作用を通じて価値共創し（村松［2017］），顧客のために企業がいかにして蓄積した資源を活用するのか，即ち顧客のための資源統合について議論されるようになってきた。

第4節　サービス化と企業内外における資源統合の研究

上述したように，従来の経営学と伝統的マーケティングにおける資源統合の研究は，主に製造業を対象に議論されてきた。しかし，第1章で指摘したように，今日は「サービス社会」であるため，製造企業もサービス企業と見なされることができる。そのため，新たな視点で企業内外の資源統合を議論する必要がある。以下，企業内外における資源統合の既存研究をレビューし，それらと比較してサービス化社会においてどのような資源統合が必要であるのかについて考察する。

1. 経営学とマーケティング研究における資源ベース理論の応用研究

　経営学の分野とマーケティングの分野を統合して，資源ベース理論をマーケティング研究に応用させる企業内外における資源統合の研究は近年増えてきている。Srivastava et al. [2001] は，RBV 理論とマーケティング研究をリンクさせ，フレームワークを構築し，競争優位を獲得するために，市場ベースの資産とケイパビリティをどのように活用するのかについて議論している。結論として，これらの要素は企業業績と株主価値につながり，将来の市場ベースの資産とケイパビリティへの再投資の助長につながる（Srivastava et al. 2001）。そして，Wernerfelt [2014] はマーケティングにおける RBV 理論の役割について議論し，RBV 理論とマーケティングとの間のリレーションシップに関して提案し，RBV 理論がマーケティングに貢献できるのかについて議論している。即ち，Wernerfelt [2014] は，企業は他の企業より何ができるのかに焦点を置くべきであると提案し，そしてそれが全てのマーケティング行動のために意味合いがあると指摘している。また，Kozlenkova et al. [2013] は，マーケティング研究における RBT の応用の増加が，競争優位と企業業績を解釈・予測するためのフレームワークとしての RBT の重要性を意味していると指摘している。Kozlenkova et al. [2013] は，RBT を用いるマーケティング・ドメインや，他のリサーチ・コンテクストと差別化する市場ベースの資源の特徴と利用，分析単位としての「マーケティング交換」への RBT の拡張と，RBT の関連理論へのつながりについて議論している。即ち，マーケティングにおける RBT の関連理論を応用するための仮のガイドラインを提供し，RBT の理論上と実践上の検証に関する今後の研究方向を提案した。

　上述したこれらの研究は，生産プロセスに留まらず消費プロセスにまで拡張して経営学とマーケティングの両方の領域で資源ベース理論の新たな展開を図っており，これまでにない新たな試みである。しかし，Srivastava et al. [2001] は企業側の視点から資源統合を議論しており，顧客を企業の資源として捉えている。そして，Wernerfelt [2014] の研究は，企業が他の企業より何ができるのかに焦点を置いており，競争を前提に議論を行っている。また，Kozlenkova et al. [2013] は，経営学分野における資源ベース理論の拡張と関連理論へのつながりに重点を置いている。

つまり，これらの先行研究では，企業側に立脚した生産段階における資源統合について議論されているが，消費プロセスにおける顧客との価値共創を可能にする企業内外における資源統合については議論されていない。

2. 企業内外における資源統合

脱工業社会と情報化がもたらしたサービス化が進む中で，顧客との価値共創が重視されるようになり，そこで企業が持っている経営資源と顧客が持っている資源が統合されて価値共創が行われる。したがって，消費プロセスにおいて企業内外の資源と顧客の資源がどのように統合されるのかが重要な課題となる。このような背景の下で，特に，企業内の経営資源が顧客のためにどのように統合され，顧客との価値共創における資源統合を支えているかについて課題として解明しなければならない。

これまでの先行研究では，経営学の領域において企業内における資源統合，即ち企業側の視点から経営資源ベースの理論に基づいた企業の資源統合しか議論されていない。そして，マーケティングの領域において企業の消費段階における資源統合，即ち顧客側の視点から価値共創に基づいた資源統合しか議論されていない。しかし，生産プロセスだけではなく，消費プロセスにおける顧客のための資源統合も必要になるため，本章では，企業内部に留まらず，企業外部においても顧客のために企業がいかにして資源統合をし，さらに提供するのかを解明するのが目的である。

したがって，本章では，研究の範囲として，これまでの企業内または企業外しか議論されていない状況から，企業内外における資源統合を研究の範囲とする。資源統合に関するこれまでの議論と本研究との対比は，図表13-1にまとめた。

上述した先行研究の議論に基づき，本章の分析視点は，企業の内外における資源統合に注目し，即ち生産プロセスに留まらず，消費プロセスまで時空間的に拡張としての顧客側の視点に立脚する。具体的には，顧客側の視点に立って，顧客との価値共創を可能にする企業内の資源統合とは何か，そして内部資源統合がいかに行われているのか，さらにどのように特定してさらに提供するのかについて明らかにすることである。

図表 13-1　資源統合に関するこれまでの議論との対比

資源統合	企業内における資源統合	企業外における資源統合	企業内における資源統合の拡張	企業内外における資源統合
学問分野	経営学	マーケティング	経営学とマーケティング	経営学とマーケティング
分析視点	企業側	顧客側	企業側	企業側と顧客側
対象領域	生産段階	消費段階	生産段階と消費段階	生産段階と消費段階
意味合い	競争優位獲得のための経営資源の蓄積と活用	企業も顧客もオペラント資源を駆使して価値共創	競争優位獲得のための経営資源の蓄積と活用	企業も顧客もオペラント資源を駆使して価値共創
方　法	顧客も資源であり，顧客を生産段階へ取り込み	顧客も主役であり，消費段階へ企業が入り込み	顧客も資源であり，顧客を生産段階へ取り込み	顧客も主役であり，消費段階へ企業が入り込み
論理基盤	資源ベース理論	S-D ロジック	資源ベース理論	価値共創マーケティング[5]

出所：筆者作成。

3.　サービス社会における資源統合

　今日の情報技術に彩られたサービス社会では，これまで本章で述べてきた新しい資源統合の考え方が，生活世界を舞台とする顧客が主導する企業との「サービス関係」において顧客が中心となるとのことで，ますます重要になる。

　したがって，S-Dロジックの考え方において企業ではなく顧客が中心となるのは必然的なことである。サービス社会においては，外部志向のマーケティングは，市場を超えたインターネットを介し，生活世界で顧客と繋がることで，サービス提供者である企業は価値創造者たる顧客の創造に共創的に関わることとなった。そこで，顧客が従属的で受動的にオペランド資源として働きかけられるのではなく，オペラント資源として主体的，能動的に働きかけることになる。つまり，サービス社会においては，従来の経営学における資源統合を，生産プロセスに留まらず消費プロセスに時空間的に拡張することになる。このようなことを「サービス社会における資源統合」といえる。

第5節　おわりに

　本章の目的は，企業内部に留まらず，企業外部においても顧客との価値共創のためにいかにして資源統合をし，さらに提供するのかを解明すべく，従来の資源ベース理論の時空間的拡張としてのマーケティングの視点から企業の内外の資源統合を明らかにすることにあった。

　本章では，「工業社会」において主に製造業を中心に企業内の資源統合について議論されてきた資源ベース理論を，企業外まで時空間的に拡張する必要性や，これまでの資源統合に関する先行研究の議論，本章の分析視点等について検討した。以下，小括として各節の内容をまとめる。

　第2節では，経営学領域における資源ベース理論に基づいて，企業側に立脚した生産段階における資源統合について先行研究をレビューし，顧客も企業にとって重要な情報資源の1つであり，資源統合とは生産段階における経営資源の蓄積と活用であると指摘している。

　第3節では，マーケティングの価値共創研究における顧客側に立脚した消費プロセスにおける資源統合について先行研究を検討し，資源統合とは，企業が消費プロセスに入り込み，顧客との直接的相互作用を通じて価値共創し，顧客のための資源統合であると指摘している。

　第4節では，サービス化と企業内外における資源統合の研究についてレビューし，資源統合に関するこれまでの理論と比較することで，本章の研究の範囲を指摘している。即ち，サービス社会が進む中で，これまでの企業内または企業外についてしか議論されていない状況から，企業内外における資源統合を研究の範囲にする。そのため，顧客側の視点に立って，顧客との価値共創を可能にする企業内の資源統合とは何か，そして内部資源統合がいかに行われているのか，さらにどのように特定してさらに提供するのかについて明らかにしようとしてきた。

　つまり，本章は，生産プロセスに留まらず，消費プロセスまで時空間的に拡張して資源統合を捉え，さらに，顧客側の視点からそれを論じたものといえる。

[注]
1) ポジショニング・アプローチは，1980年代に，マイケル・E・ポーターによって，経済学の産業組織論の領域で発展され，ファイブ・フォース・モデルを中心に企業が所属する産業の競争状態，企業の利益率に影響を及ぼす要因または脅威の分析である。
2) Barney [2002] が提示したVRIOとは，企業が従事する活動に関して発すべき4つの問いである。即ち，①経済価値（Value），②希少性（Rarity），③模倣困難性（Inimitability），④組織（Organization）があるかどうかに関する問いであり，問いに対して全て肯定的な回答を得られるならばそのステージに企業の持続的競争優位につながる経営資源またはケイパビリティを保有していることになる。
3) オペランド資源とは，英語ではoperand resourcesである。
4) オペラント資源とは，英語ではoperant resourcesである。
5) 価値共創マーケティングは村松［2017］によって提示され，消費プロセスで文脈価値を高めるマーケティングを新たに価値共創マーケティングと呼ばれる。その論理基盤はS-Dロジックと北欧学派によって発展させてきたSロジック（サービス・ロジック）である。

[参考文献]

Ansoff, H. I. [1965] *Corporate Strategy*, McGraw-Hill, Inc.（広田寿亮訳［1969］『企業戦略論』学校法人産業能率大学出版部。）

Barney, J. B. [1991] "Firm Resources and Sustained Competitive Advantage," *Journal of Management*, Vol.17, No.1, pp.99-120.

Barney, J. [2002] *Gaining and Sustaining Competitive Advantage*, Pearson Education, Inc.（岡田正大訳［2003］『企業戦略論（上），（中），（下）』ダイヤモンド社。）

Chandler, A. D., JR. [1962] *Strategy and Structure: Chapters in the History of the Industrial Enterprise*, Cambridge, Mass: MIT Press.（三菱経済研究所訳［1967］『経営戦略と組織』実業之日本社。）

――――― [1977] *THE VISIBLE HAND: The Managerial Revolution in American Business*, The Belknap Press Cambridge, Massachusetts, and London, England.（鳥羽欽一郎・小林袈裟治訳［1979］『経営者の時代（上），（下）』東洋経済新報社。）

――――― [1990] *Scale and Scope: The Dynamics of Industrial Capitalism*, Harvard University Press.

Collis, D. J. and C. A. Montgomery [2008] Competing on Resource, *Harvard Business Review*, pp140-150.

Irina, V., S. A. Kozlenkova and Samaha Robert W. Palmatier [2013] "Resource-Based Theory in Marketing," *Academy of Marketing Science*, DOI 10.1007/s11747-013-0336-7.

Penrose, E. T. [1959, 1980] *The Theory of the Growth of the Firm* (1st/2nd eds.), Oxford: Basil Blackwell.（末松玄六訳［1980］『会社成長の理論（第二版）』ダイヤモンド社。）

Prahalad, C. K. and G. Hamel [1990] "The Core Competence of the Corporation," *Harvard Business Review*, Vol. 68, No.3, pp.79-91.

Lusch, R. F. and S. L. Vargo [2004] *Service Dominant Logic*, Cambridge University Press.（井上崇通監訳［2016］『サービス・ドミナント・ロジックの発想と応用』同文舘出版。）

Srivastava, R. K., L. Fahey and H. K. Christensen [2001] "The Resource-Based View and

Marketing: The Role of Market-Based Assets in Gaining Competitive Advantage," *Journal of Management*, Dec. Vol.27, No.6, pp.777-802.

Rumelt, R. P. [1974] *Strategy, Structure, and Economic Performance,* Harvard University Press.（鳥羽欽一郎・山田正喜子・川辺信雄・熊沢孝訳［1977］『多角化戦略と経済成果』東洋経済新報社。）

────── [1984] "Towards a Strategic Theory of the firm," *Competitive Strategic Management*," 26, pp.556-570.

Teece, D. J., G. Pisano and A. Shuen [1997] "Dynamic Capabilities and Strategic Management," *Strategic Management Journal*, Vol. 18:7, pp.509-533.

Vargo, S. L. and R. F. Lusch [2004] "Evolving to a New Dominant Logic for Marketing'," *Journal of Marketing*, 68(1), pp. 1-17.

Vargo, S. L., P. P. Maglio and M. A. Akaka [2008] "On Value and Value Co-Creation: A Service Systems and Service Logic Perspective," *European Management Journal*, 26(3), pp.145-152.

Wernerfelt, B. [2014] "On the Role of the RBV in Marketing," *Journal of the Academy Marketing Science*.42, No.1.

青島矢一・加藤俊彦［2011］『競争戦略論』（第 12 刷）東洋経済新報社。
井上崇通・村松潤一編著［2010］『サービス・ドミナント・ロジック─マーケティング研究への新たな視座─』同文舘出版。
江　向華［2016］『中国大企業の競争力分析』中央経済社。
村松潤一［2017］「価値共創マーケティングの対象領域と理論的基盤─サービスを基軸とした新たなマーケティング─」『マーケティングジャーナル』Vol.37, No.2.

（江　　向　華）

第 14 章

サービス社会における総合商社

第 1 節　はじめに

　価値共創マーケティング論を基に構築した価値共創型企業システムの理論的な枠組みを基にすると，総合商社の本質はビジネス創造である，と考えることができる（坮本［2018］）。総合商社は，昔も今も，貿易・国内の商取引や事業投資ではなく，ビジネスを創造することをその本質的な機能としている。

　わが国のみならずグローバルな社会がサービス化する中で，総合商社がどのように変化してきたかも，ビジネス創造者としての姿形を通して見ると，より理解しやすいのではないだろうか。本章ではそうした問題意識から，総合商社という業種のサービス化について，色々な角度から分析していきたい。

　明治時代のわが国産業の発展を主として貿易面から支えた総合商社は，戦後の復興期あるいは高度経済成長期を経て，2000年頃まで，製造企業のモノの取引のグローバル展開を支える働きを中心にして成長してきた。

　しかし世の中のサービス社会化の流れを受けて，総合商社の働きの中にも，伝統的なモノの流通に関わるビジネスではないサービスそのものの取引に関わるビジネス創造が，含まれるようになった。例えば，近年急速に発展してきた情報通信技術（ICT：Information and Communication Technology）やメディアに関連する事業展開，さらに医療サービスへの直接の進出などである。

　また，総合商社の事業構造の中には，明治時代の昔から，サービスそのものを提供するビジネスが含まれていたことも事実である。ただし，それはあくま

でも本業であるモノの取引を支える「補助的業務」（中川［1967］30頁）として位置づけられており，当時，そのビジネスで主要な収益を上げようとする発想はなかった。本業の円滑な運営を支えるための，補助的業務としてのサービス事業であった。

　ここで，総合商社のビジネスモデルを見ると，西野［2006］や Itami and Nishino［2010］などの議論を基に，ビジネス全体の仕組みである「ビジネスシステム」と，その結果として収益を回収するプロセスである「収益モデル」に区分して捉えることができる。そして，総合商社のビジネス創造とは，ビジネスシステムの構築であり，その結果として収益を確保する仕組である収益モデルを稼働させている（坧本［2018］70-71頁）。

　現在の総合商社については，ビジネスシステムの構築においてモノではなくサービスそのものの取引を志向する働きが出てきたことも事実であるが，むしろ収益モデルの変化が，総合商社事業のサービス化を直接に示している。具体的に言えば，総合商社の収益モデルは2000年前後を境に，主としてモノの商取引から生ずる口銭あるいは売買差益を基にする営業利益から，サービス業務としての金融による事業投資に基づく事業投資収益（受取配当金＋持分法投資損益），さらに投資先の企業価値の向上に比重を移してきた。

　そしてそのことと併行して近年，総合商社がビジネスシステム構築によって創り出すビジネス自体の内容が，モノの商取引の周辺でのサービスの提供に加えて，サービス自体の提供あるいは取引を中核要素として含むようになってきているのである。

　坧本［2018］で基礎とした価値共創型企業システムの枠組みの前提であるビジネスモデルの構造を意識しつつ，総合商社の変化を社会のサービス化と併せて捉えると，今起こっていることを理解しやすいと考えている。

　なお本章における各総合商社の事業展開に関する記述は，参考引用文献として挙げるもの以外にも，各社の発表する公開情報などに基づいている。

第2節　総合商社とサービス事業

1. 総合商社機能の本質

　総合商社機能の本質，社会経済に提供している今も昔も変わらない存在意義は，価値共創マーケティングの観点によって分析すると，ビジネスを創造することである，と規定できる（垰本［2018］）。

　もちろん，世の中の企業活動は全て，何らかのビジネス創造のための活動を含んでいる。これまでにない商品の開発と販売，新規販売ルートの開拓，斬新な価格設定方法の導入，関連する別の事業領域への進出，新しいパートナーとの提携など，当然のように，既存ビジネス自体あるいはその周辺でビジネス創造が日常的に行われている。しかし，総合商社のビジネス創造には，他の業種が行うものとは決定的に異なる三つの特徴がある。

　それは，①取引対象や事業領域が限定されない，②資金調達能力を活かして巨額の事業投資を行う，そして③自ら直接事業運営に参画することによって中長期的な視点で価値を最大化しようとする，という特徴である。

　こうした特徴を持つ総合商社のビジネス創造の働きは，社会のサービス化をも反映して，ビジネスモデル，すなわちビジネスシステムと収益モデルの内容を変えてきたようである。

2. 元々あったサービス事業の要素

　明治時代の総合商社について，なぜ総合商社が生まれたのかに関する「総合化」の論理が，かつて経営史学の世界で活発に議論されていた。その議論を最初に提起した著名論文である中川［1967］は，外国貿易商社の本来の仕事である貿易取引の周辺で必要となる，外国為替取引，海上保険，海運などの補助的なサービス業務を提供する専門的な企業が，明治時代，工業化初期の日本では育っていなかったことを指摘している。そして，日本の貿易商社はこうした補助的業務を自社の中に確保するしかなかった，さらに，補助的業務をも営むこ

とのできる企業として成り立つためには十分な取引量が必要だが，当時の日本には大量の貿易取引の対象となる（特定の）商品がなかった，と述べた。その上で，これらの要因が貿易商社を「総合商社」にさせた，と説明している（30頁）。

　この説明に関しては，その後様々な議論があり，総合化の論理として全てが肯定されているわけではないようである。しかし，中川が補助的業務とした外国為替取引，海上保険，海運などの業務は全て，モノではなくサービスを取引対象とする業務であり，総合商社が当初から，サービス事業をも含めて営む企業体として生まれていたことは，間違いない。その後，わが国の経済発展に伴い，それぞれの業務を，外国為替専門の横浜正金銀行（後の東京銀行，現在の三菱UFJ銀行），海上保険の東京海上保険（現在の東京海上日動火災保険），海運の日本郵船など，各領域の専門企業が担当して発展してきたことは，歴史的な事実である。また戦前の三井物産や三菱商事などの代表的総合商社が，事業会社に対する投融資を積極的に行い，金融機能を発揮していたことも指摘できる。今もなお，総合商社が提供する機能の中にこれらは含まれており，サービス事業はその発生の時から総合商社の業務として継続されてきたのである。

　特に，巨額の事業投資を支える金融機能は，現在も総合商社が提供する中核的な機能の1つとして位置づけられており，既述のように総合商社のビジネス創造の特徴の1つを構成する。

第3節　社会のサービス化と総合商社

1. 収益モデルの変化

　総合商社が持つビジネスモデルの構造は，ビジネスシステムと収益モデルに区分されている。まず，外部第三者から見て最も把握しやすいと思われる，収益モデルの変遷について検討する。

　総合商社は，明治時代の初期，外国貿易商社としてその姿を現した。そして歴史的に，製造企業が作るモノの商取引によって収益を上げてきた。その利益は，主として貿易や国内の商取引による口銭（コミッション）あるいは売買差

益として，営業利益の形で財務的に計上されている。しかし，わが国が高度経済成長を終えた後，1980年代の商社冬の時代そして1990年代のバブル経済崩壊を受け業績低迷に苦しんだ総合商社は，リストラ，選択と集中を積極的に進めた。収益の回収方法も，商取引，特に危険負担のほとんどない委託販売（他人勘定取引，いわゆるコミッション・マーチャントとしての取引）を中心にするものから，事業投資を中心にするものに変えてきた。孟［2008］が示すように，2000年前後を境に，主としてモノの商取引から生ずる口銭そして売買差益を基にする営業利益に依存していた収益モデルを，金融の事業投資の結果として生ずる事業投資収益に依存するものに転換している。今の総合商社は，グループ経営を前提に，連結決算制度の下，営業利益の拡大に加えて，受取配当金と持分法投資利益，さらに国際会計基準（IFRS）で認識される投資先の企業価値向上である投資による利益（その他の包括利益）の拡大をも目指して，事業活動を展開するようになっている。

このことは，総合商社の収益モデルにおけるサービス化として捉えることができる。総合商社の収益の回収方法が，モノの流通に関与する商取引に依存するものから，金融のサービス業務である事業投資に依存するものに変化してきた，とも表現できるのである。

2. 既存事業の周辺におけるサービス事業の展開

すでに述べたように，総合商社は，その発生の時である明治初期から，補助的業務として貿易取引に関連するサービス業務，つまり，金融や保険，ロジスティクスなどの業務を行ってきており，今もそれらは事業の一部として継続されている。

さらに本業のモノの商取引の周辺でそうした業務を拡張することも，これまで実行されてきた。例えば，航空機や自動車などのリース，不動産やインフラ関連のファンド，グルーバルな物流，通信販売などは，モノ周辺のサービス事業として，以前から総合商社の重要な事業になっている。

例えば，三菱商事には新産業金融事業グループがあり，金融機能を発揮して，リース，プライベートエクイティファンド，インフラファンド，不動産ファンド，不動産・都市開発，物流等の事業を展開している。主に，航空機，自動車，不動産などモノに関連する金融そして物流関連の事業展開である。

また伊藤忠商事（具体的には伊藤忠ロジスティクス）は，欧州の物流大手GEFCOと組んで，日本欧州間の一貫輸送サービスを，2018年から本格的に開始している。

さらに，三井物産のQVCジャパンや後記する住友商事のジュピターショップチャンネルなどは，モノの小売に関連して展開されている通信販売のサービス事業である。

3. 三菱商事の事業経営へのシフト

三菱商事は，2016年，「中期経営戦略2018―新たな事業経営モデルへの挑戦―」を発表している。そこでは，「事業投資」から「事業経営」へのシフトを明確に示した。成長の源泉を単なる投資に求めるのではなく，「事業の中に入り，三菱商事の『経営力』をもって主体的に価値を生み出し，成長していく」（三菱商事［2016］6頁）という考え方である。

三菱商事の「統合報告書2017」（11頁）の中で，そのことは，以下のようにさらに詳しく説明されているので，引用する。

> 「トレーディング型」から派生し，事業投資に軸足が移っていく中で，市況の影響を中長期的にも強く受ける事業を「資源市況型」とする一方，バリューチェーンや契約形態により市況リスクを低減させている事業を「投資・ファイナンス型」と分類しました。更に，業界における経営への関与をより深めて企業価値を創出していく事業を「事業経営型」に分類しました。

ここでは，伝統的な総合商社のビジネスであった商取引（トレーディング）から事業投資に核となる収益モデルを移してきたが，さらにそれを発展させて事業経営にシフトしていこうとする方向が，明確に示されている（図表14-1）。

ただし，事業経営自体は，収益モデルではなく，ビジネスシステムすなわち，ビジネスの仕組みを構築し企業価値を創り出す働きとして理解できるものと思われる。つまりここで三菱商事は，過去多くの総合商社論がそうであったように，収益モデル（トレーディングと事業投資）に着目して自社の事業を捉えるのではなく，ビジネスシステムを構築しビジネスを生み出すことによって企業価値を創出する働きとしての事業経営に着目して，自社の事業を捉えよう

第14章　サービス社会における総合商社　183

図表14-1　三菱商事の事業経営へのシフト

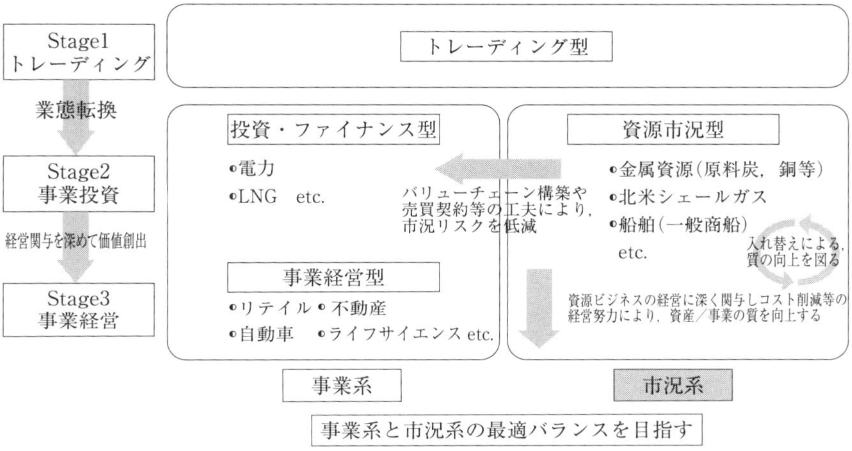

```
Stage1                  トレーディング型
トレーディング
  ↓
業態転換       投資・ファイナンス型        資源市況型
                ○電力                    ○金属資源（原料炭，銅等）
Stage2          ○LNG etc.   バリューチェーン構築や  ○北米シェールガス
事業投資                    売買契約等の工夫により，○船舶（一般商船）
                            市況リスクを低減           etc.     入れ替えによる
  ↓                                                             質の向上を図る
経営関与を深めて価値創出  事業経営型
                ○リテール  ○不動産       資源ビジネスの経営に深く関与しコスト削減等の
Stage3          ○自動車    ○ライフサイエンス etc.  経営努力により，資産／事業の質を向上する
事業経営
                      事業系                      市況系
                      事業系と市況系の最適バランスを目指す
```

出所：三菱商事［2017］11頁。

としているのである。その見方の斬新さに，大きな意義がある。三菱商事が2015年に著した書籍の書名が，『BUSINESS PRODUCERS　総合商社の，つぎへ』と，ビジネスの創造を明記していることも，この考え方の背景にあるものであろう。

　ここで三菱商事は，果たしている本質的な機能として事業経営の確立を挙げている，と考えられる。それはビジネスを生み出して経営することすなわちビジネス創造であり，これによって企業価値を創出していくことを目指していると解釈できる。つまり，ビジネス創造という総合商社機能の本質が，あらためて極めて明確に表面に出る形で示されているのである。

　戦前，三菱商事は財閥商社として，色々な企業を傘下に持つ持株会社であった。幅広い業務内容を持ち，傘下の各企業において事業経営を展開していた。そして，三菱商事は戦後の財閥解体時，三井物産と共に徹底的に解体されており，企業としての完全な同一性を維持して1954年に再合同されたわけではない。しかし，組織文化や人材，商権などに基本的な継続性があったことは明らかであり，それは今の経営にも影響を与えているものと思われる。戦前の財閥商社時代の持株会社と全く同じ機能を追究するわけではないにしても，今の三菱商事グループを見ると，事業経営にシフトするということは，連結決算前提

の時代，グループの中で色々な子会社・関連会社を生み出して経営し，そこで事業活動を通じて収益を獲得することである，と判断できるのである．

　以上をビジネスモデルの構造をふまえて整理すると，三菱商事は，商取引など伝統的なモノに関連する活動，あるいは金融機能による事業投資の活動などを収益モデルとして持ちつつ，その原因となるビジネスシステム構築すなわちビジネス創造の段階で，総合的に事業を設計し経営して企業価値を創出することを強調している．そしてこの動きこそが，ビジネス創造者としての位置づけを再確認しているのである．

第4節　サービスを取引対象とする事業の展開

1．新しいサービス事業

　伝統的なモノの商取引から離れたサービス事業の展開として，1990年代，総合商社がそろってメディア産業や情報通信産業に参入したこともあった．しかしその多くは今，国内では姿を消して，海外展開に軸足を移しているようである（三井物産のインドネシアやアフリカでのLTE事業の展開や，住友商事の日本の放送コンテンツのマレーシアでの放送など）．

　その中で，住友商事が1995年から，関連会社のジュピターテレコムで展開するケーブルテレビ（CATV）事業は，国内において今も継続する成功事例として著名であり，住友商事のメディア・デジタル事業部門の中核事業の1つである．ジュピターテレコムは，テレビ，インターネット，電話と生活インフラを提供してきて，さらにモバイルサービスや電力サービス等にも展開を広げた．今は，売上高7,000億円超の大企業に成長している．またジュピターショップチャンネルも，CATV，インターネット，カタログ等の媒体を通じた通信販売サービスを展開している．

　モノの商取引そのものから離れた情報通信技術（ICT）関連でも，例えば伊藤忠商事の子会社である伊藤忠テクノソリューションズは，その最も古い起源を1950年代に持つ企業として，発展してきた．当初の電子計算サービスからハードウェア販売や各種ソリューション提供などに業務範囲を拡張し，今はク

ラウド・サービスなどをも展開して，売上高4,000億円超の業界を代表する大企業に成長している。もちろん，先端的なICT機能を，ユニー・ファミリーマートホールディングスなど伊藤忠商事グループの子会社・関連会社に提供して，支援することも重要な働きである。

さらにインターネットが社会的な基盤として定着し始めたことを受けて，サイバーセキュリティに関連する事業なども，各総合商社によって展開されている。

また，三菱商事は子会社であるロイヤリティマーケティングで，2010年から共通ポイントサービス「Ponta（ポンタ）」を展開しており，ポイントのデータ分析を基にしたマーケティング事業で着実に業績を伸ばしてきた。

なお，先に紹介した三菱商事の新産業金融事業グループが展開する事業の中で，モノの周辺にないビジネスとして注目できるのは，プライベートエクイティファンド（PEファンド）である。これは，今わが国でも問題になっているオーナー系企業の後継者不足の問題に関連する事業承継，あるいは，企業のカーブアウト（企業が自社の事業の一部を「切り出し（carve out）」することによってベンチャー企業を創設する手法）などのために，PEファンドを活用するニーズが拡大しており，それに対応したサービス業務である。三菱商事が蓄積してきた，高度な金融事業のノウハウを活用する（三菱商事［2017］，p.60）。

2. 医療関連ビジネスの国際展開

埒本［2018］で紹介しているが，三井物産は，2000年代に入り，わが国の産業構造の中でサービス産業が重要性を増すことは間違いないとして，サービスに関する取組みを強化するために1つの事業本部を組成した。特に医療関連事業が有望と考え，2008年，この事業本部内にメディカル・ヘルスケア事業部を新設し医療関連ビジネスを集約している。

経済成長が著しいアジア地域では，所得の増大，ライフスタイルの変化，高齢化などを基に，高度医療ニーズの拡大が見込まれているが，質の高い医療を提供できる機関が不足している。また，質の高い医療サービスを受けるために外国を訪問する医療ツーリズムの市場拡大も，この地域で着実であるとされている。そこで三井物産は2011年，マレーシアに本社を置くアジア最大の病院グループ持株会社IHH Healthcare Berhad（IHH）の組成に関与し，株式

30％を約 900 億円を投じて取得，本格的にこの地域における病院経営という B2C 型サービス事業に進出した。そこでは，「ヘルスケアエコシステム」を構築し，病院を中核プラットフォームとして各種周辺事業を有機的につなぎ合わせ，医療の質と効率性を高めて社会に貢献することを目指す。その後も同社は，中間層向けの病院でアジア最大手のコロンビアアジアに投資を行うなど，モノではなく医療サービス自体を取引対象の中核とする事業の展開に積極的に取り組んできた。なお，同社が上場企業である IHH の経営に組織的に関与する以上，IHH やそのグループ企業との一般的な商取引は，コーポレートガバナンスの観点から利益相反行為とみなされる可能性があり，目指していない。

　三菱商事も同様に，医療関連の事業展開に積極的であるが，モノの取引に関わる動きに注力していた。例えば，わが国最大手の医薬品卸売企業メディパルホールディングスや中国最大の医薬品卸売企業と組んだ，中国における医薬品・医療材料の流通効率化事業がある。さらに国内の病院のための PFI[1)]事業として，都立駒込病院において，建物改修工事から最先端医療機器の調達などまで担当してきた。このような過去の展開においては，B2C 型の医療サービス事業である病院経営自体への進出に否定的であった。しかしその方針を転換し，2017 年に，ミャンマーの現地企業との合弁により，2020 年を目途に総合病院による高度医療サービスの提供を開始することを表明している。

　伊藤忠商事も，インドネシア大手財閥 Lippo グループの医療ビジネス中核会社との協業と共に，あるいは，中国中信集団（CITIC）グループとの提携の中で，具体的に病院事業参入を進めている。

　こうした動きは，モノの商取引を医療サービスの周辺で行うかどうかはともかく，その中心に B2C 型の医療サービスの提供を置いており，総合商社が展開する新しい領域のビジネス創造である。もちろん将来的に，わが国で規制緩和が進んだ場合，総合商社が国内で病院経営自体に乗り出す可能性もある。

　周辺における事業展開も併せてこれらの動きを見ると，単に社会のサービス化を反映しているだけではなく，グローバルな社会課題である高齢化・富裕化などに対応する新しいビジネス創造の方向として，今後重要性を増していくことは確実であると思われる。

3. サービス社会に対応する総合商社

　ここまで，わが国社会のサービス化を受けて，総合商社のビジネスもサービス化してきたことを，ビジネスモデルの2つの構造区分，すなわちビジネスシステムと収益モデルを反映させて説明してきた。

　その第一は，収益モデルに関するサービス化である。総合商社の収益モデルは，伝統的な方法であるモノの商取引による営業利益を中心にするものから，2000年前後を境に，サービス業務としての金融による事業投資から生まれる利益を中心にするものに変化している。ここで，事業投資による利益とは，連結決算を前提に，受取配当金と持分法投資利益，そしてIFRSのその他の包括利益として表示される投資による利益（投資先の企業価値向上）である。

　第二に，ビジネス創造を行うビジネスシステム構築の内容のサービス化である。既存事業の周辺で，リース，ファンド，物流，通信販売などの形で，サービス化が進行した。また，サービス自体を取引対象とする新しい事業としては，メディア，ICT，サーバーセキュリティなどの情報通信技術に関連するも

図表14-2　総合商社のビジネスのサービス化

収益モデル	モノの商取引による営業利益を中心にするもの
	↓
	事業投資による受取配当金と持分法投資利益，投資先の企業価値向上を中心とするもの

ビジネスシステム	既存事業の周辺 （モノに関連）	▶リース，インフラ／不動産ファンド ▶グローバル輸送 ▶通信販売 ▶流通効率化，など
	新しい事業 （モノから離れる）	▶メディア ▶ICT ▶サイバーセキュリティ ▶PEファンド ▶医療サービス，など
	事業経営へのシフト	▶三菱商事は，事業経営モデルによる企業価値創出を目指す

出所：筆者作成。

の，あるいは専門的な金融機能を活かしたPEファンド事業，B2C型の医療サービス事業などがある。さらに三菱商事が，その経営戦略の中で全社的な方向として，事業経営モデルを推進するとしていることも，広い意味での事業のサービス化を表現するものとして注目されるのである。

このように，総合商社も社会のサービス化を受けて，そのビジネスモデルを変化させてきた。そのことは，ビジネスモデルをビジネスシステムと収益モデルに区分し，総合商社の本質的な機能がビジネス創造でありそれはビジネスシステムを創ることであると捉え，そうした枠組みを基に考察することによって，より明確に示すことができるものと思われる。

第5節　おわりに

本章では，総合商社の機能の本質はビジネス創造であり，それはビジネスモデルを収益モデルとビジネスシステムという2つの構成要素に区分して捉えた場合，ビジネスシステムを構築することである，という考え方を前提に，サービス社会と総合商社について論じた。

総合商社の収益モデルもサービス化し，モノの流通に関与する商取引によるものから，金融のサービス業務である事業投資に依存するものに変化した。

またビジネスシステムの内容として，明治時代の創設期から，総合商社が，モノの貿易取引の周辺で外国為替取引などのサービス事業をも含めて営む企業体であったことは，事実である。しかし近年の社会のサービス化を受けて，リース，ファンド，物流，通信販売，流通効率化など，モノの周辺でサービス事業を拡大してきた。同時に，モノを離れたサービス事業の展開にも積極的であり，メディア，ICT・サイバーセキュリティ，PEファンド，医療サービスなどの事業も積極的に展開している。

こうしたことは，総合商社が社会のサービス化に巧みに反応し，時代の変化の中に商機を積極的に捉えて，新しいビジネスを創造しようと努力してきたことの結果であると考えることができる。

なお，今後の総合商社事業のサービス化の展望としては，2つの点に着目していく。

第一に，ビジネスシステムとして構築されるビジネスの対象，つまりそこで

取引の対象となるのはどのようなサービスなのか，という点である。B2C 型の医療サービスのように，純粋なサービス業務を取引対象として，社会経済的に広がりの大きい事業の展開が，どのような領域で行われていくのか。

第二に，従来からある資源や輸送機器など，モノの商取引の周辺で，それを高付加価値化するためにどのようなサービス業務が事業として展開されるのか，という点である。特に今後，AI や IoT など，情報通信システムのさらなる技術革新に対応して，従来の商取引や物流に大きな変化が起きることも予想されており，そうした領域での総合商社の展開からも目が離せない。

これらの点を反映して，総合商社機能の本質について，サービス化という視点を重要視しつつ，事例分析を積み重ねて議論を精緻化していくことが，次の課題であると認識している。

[注]

1) PFI（Private Finance Initiative ＝ プライベート・ファイナンス・イニシアティブ）：公共施設の建設・維持管理・運営等を，民間企業の資金，経営能力および技術能力を活用して行う手法。効率的かつ効果的に公共サービスを提供することを目指して実施されている。

[参考文献]

Itami, H. and K. Nishino［2010］"Killing Two Birds with One Stone：Profit for Now and Learning for the Future," *Long Range Planning*, Vol.43, Issues 2-3, pp.364-369.
垰本一雄［2018］『総合商社の本質―「価値創造」時代のビジネスモデルを探る―』白桃書房。
中川敬一郎［1967］「日本の工業化過程における『組織化された企業者活動』」『経営史学』第 2 巻第 3 号，8-37 頁。
西野和美［2006］「技術が生み出すビジネスモデル」伊丹敬之・森健一編『技術者のためのマネジメント入門―生きた MOT のすべて―』日本経済新聞出版社，262-296 頁。
三菱商事編著［2015］『BUSINESS PRODUCERS　総合商社の，つぎへ』日経 BP 社。
三菱商事［2016］『中期経営戦略 2018―新たな事業経営モデルへの挑戦―』。
―――［2017］『統合報告書 2017』。
孟　子敏［2008］「総合商社におけるコア機能の構造変化によるビジネスモデルの再構築」『イノベーション・マネジメント』No.5, 119-139 頁。

（垰本一雄）

第15章

サービス社会における日本企業の営業

第1節　はじめに

　企業は製品やサービスを顧客と取引することで，利益を創出して経営されている。製品やサービスを取引する過程で顧客と直接的に接触する営業担当者は，顧客とのやり取りを繰り返し，信頼関係を構築して取引を進めていく。したがって，営業は企業にとって商品の売上を左右する重要な部門である。その一方で，営業は顧客にとって満足できる商品を購入できるかどうかをも左右する。したがって，企業にも，顧客にも，非常に重要な意味合い持っているのが営業部門であり営業担当者なのである。その役割は，顧客が商品を購入する場面における単なる販売活動だけでなく，新規顧客を獲得することから顧客への提案，購買後の顧客との関係維持など長期的かつ多岐にわたる。また，対顧客活動あるいは対市場活動に限らず，企業内部での部門間の調整をする役割なども担っており，まさに企業と顧客とを結びつける窓口になる部門といえる。

　このように企業と顧客とをつなぐ重要な役割を担う「営業」について恩蔵[1995]は，「『営業』という概念が我が国独自のものである」と述べている。日本企業の営業部門はアメリカなど諸外国の企業組織に基づいているわけではなく，日本の商人文化の中で，日本企業独自に発展してきた固有の存在なのである。したがって，営業研究も同様に，アメリカのようにマーケティング研究が盛んな国の研究者によって議論されてきたのではなく，日本の研究者によって議論されてきた領域といえる。

第 15 章　サービス社会における日本企業の営業　191

　現代社会は以前にも増して消費者・顧客にとって情報が身近となり，企業ではなく消費者・顧客が主導となる新たな社会へと変化している。企業による営業活動も，近年の顧客は自身で多くの情報を入手していること，また，主導的に変化していることを前提に組み立てしていかなければならない。営業研究も従来のままではなく，より一層の進展が必要不可欠である。そこで本章では，日本企業固有の営業概念がこれまでどのように研究され議論されてきたのか，あるいは企業が営業活動をどのように行ってきたのかを，マーケティング研究やマーケティング活動との関連に触れながら整理したい。そして，今日の消費者・顧客主導型のサービス社会で，日本企業がどのように営業活動を実践していくべきか，またサービス社会という枠組みの中で営業研究をどのように進展させていくべきかを考察していきたい。

第 2 節　マーケティングと営業概念

　産業革命以降の大量生産を軸としてきた米国企業には営業という概念はなく，当初から重要視されてきたのは大量生産された製品を売るための人的販売である。人的販売研究は販売員のためのセールスマンシップ（販売技術）を研究するものであった。やがて，企業が販売員を多く抱えるようになったため，人的販売論は販売管理論へと進展することとなった（Hoyt［1913］）。日本においてもアメリカの影響から人的販売研究が行われたが，その議論の中心となったのは販売員と顧客との相互作用である。販売員が顧客と直接対峙をする際，販売員はどのようにやり取りすればいいか指針を示すことが課題であった。
　やがて米国企業では，大量生産に基づく人的販売から，製品が売れる為の仕組みづくりとしてのマーケティング活動が盛んになる。それと同時に，販売管理論はマーケティング領域との重複がないようにマーケティング論の下位領域，即ち販売部門の管理に限定された（Stanton and Buskirk［1959］）。販売部門の管理は，実際の販売が経営の現場とは異なる場所で行われることから，いかにして間接的に販売員を管理するかについて議論となった。
　このように，米国企業では人的販売が営業に相当すると考えられ，マーケティング研究においても，営業は単なる販売，即ちセリング（selling）と捉えられてきた。伝統的マーケティング研究でマッカーシーが提唱したマーケティ

ング・ミックスでは，消費者を中心に Product, Price, Place, Promotion の統制可能な要素，即ち 4P が提示された。この 4P の中で営業に関連することは，Promotion の人的販売という要素に限定される。また，マーケティングは人的販売，即ちセリングを包含した上位概念という解釈がなされてきた。それどころか，マーケティングはセリングに注力しなくても商品が売れる仕組みづくりを目的としていることから，セリングに対して否定的な議論も見受けられる。したがって，アメリカのマーケティング研究において営業に相当する概念は人的販売を意味するセリングのみに限定されており，マーケティングの下位概念として議論の中で軽視されてきたことは明らかといえる。

　一方で，日本企業が行ってきた営業活動は単なる販売活動，即ちセリングに留まらないことが度々指摘されている。中西・登坂［2010］によると，営業活動は販売機能以外に，企業情報・顧客情報を扱うコミュニケーション機能，顧客との長期にわたる良好な関係を構築する顧客関係維持機能，商品開発に携わる開発調整機能などもあり，それらは営業担当者が果たすべき役割である。日本企業の営業概念は販売を包含し，より広範な意味を持っている。したがって，日本企業の営業研究は販売管理や人的販売の議論のみに限定されるべきではない。営業は対市場活動だけではなく企業内部の調整活動をも対象としており，まさに企業と顧客を結び付ける部門としてより一層議論の中で重要視されるべき存在である。

　日本のマーケティング研究者は，営業をどのように捉えているだろうか。日本の代表的なマーケティング研究者で日本独自の営業について考察を行った石井・嶋口［1995］によると，アメリカ型の従来のマーケティング観では上述したように「マーケティング・ミックスの一要素のプロモーション活動のなかの単なる一つの機能的手段にすぎない」（162 頁）と述べられている。一方で，商人的マーケティング観（製造業者による商人の内部化の試みとしてマーケティングを認識）で捉えた場合，営業担当者は「商品とニーズの間の断絶を自らの努力で埋めていくマーケティング・コミュニケーションの主体」（164 頁）であり「さらには新たに需要をも作りだす積極的存在でもある」（164 頁）とも述べられている。このことからも，営業担当者は単なる販売員ではなく，企業と顧客との接点を積極的に構築する役割を持つことが強調されている。

　また，恩蔵［1995］は営業活動について，「行動重視」，「企画提案」，「権限委譲」，「顧客満足」，「心情訴求」を志向する営業体制のダイヤモンドをモデ

化し実証している（図表15-1）。この枠組みでは「行動重視」が中心にあり，企業組織の中でも営業担当者は特に，主体的になって活動することが必要とされており，そこから市場環境や企業の特徴に応じて「企画提案」，「権限委譲」，「顧客満足」，「心情訴求」を志向することが示されている。そして，営業研究は，行動重視型の営業からパラダイムの変遷とともに関係性パラダイムにおけるワークショップ型営業の議論が盛んになった。これは，営業担当者が顧客と語り合う中で顧客の真のニーズや問題を共に考え，双方が納得できる問題解決を模索する方法であり，顧客との信頼関係や良好な関係の構築が基盤になる。

このように日本のマーケティング研究者の間では，営業は単なる販売活動だけでなく，多岐にわたる役割を持つ重要な部門であると認識されている。営業と販売，そしてマーケティングの関係について，「日本の営業は実態的にも概念的にも，販売とマーケティングとのミックス，さらにはマーケティングを超えた活動を行っている」（本下・佐藤［2016］34頁）という指摘もある。いずれにしても，マーケティングと営業の領域は重複している部分も多く，明確に区別することは非常に難しい。それについて山下ほか［2012］は，典型的な日本企業には，マーケティング部門が設置されていないことが原因であると指摘している。マーケティングを実践する担当者が組織内のどの部門に配属されているかは企業によって異なり，たとえマーケティング部門が設置されていても，その機能自体が企業によって異なる。アメリカで発展したマーケティング部門

図表15-1　営業体制のダイヤモンド

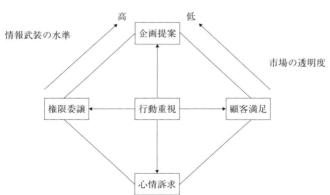

出所：恩蔵［1995］135頁。

と日本で発展した営業部門は，元来1つの企業内に混在することはなく，それ故にそれぞれの役割を明確に線引きすることは極めて困難なのである。マーケティング領域を中心とするアメリカの企業では，マーケティング以外の領域，即ちセリングが営業に相当すると考えられた。一方，日本企業ではマーケティング領域との関係を考慮する必要がないため，営業の概念が単なるセリングよりも広範なものとなっているといえる。

第3節　サービス社会への転換と営業

1.　営業と顧客との関係性

　第2節で日本企業固有の営業に関する先行研究について考察したが，日本企業の営業はマーケティング領域とも重複する広範なものであると解釈できる。そして，日本の営業部門の役割として営業担当者による顧客との関係性や，信頼の構築・維持が重要であるといえる。顧客と営業担当者との信頼関係を構築するための相互作用は，情報化が進展し顧客がより主体的になったサービス社会においてさらに重要度を増している。そこで本節ではサービス社会への転換による，日本企業の従来の営業の限界を考察する。

　企業が顧客に対して一方的に提案を行う企業主導の社会では，顧客が自身の求める製品・サービスを手に入れることができたとしても，彼らが認識する価値には限界があり，企業によって想定された価値以上のものは生まれにくい。一方で，先にも述べたように現代は消費者・顧客にとって情報の入手が極めて容易になり，市場において消費者・顧客が主導となった社会が訪れている。このようなサービス社会においては，企業が一方的に顧客にとっての価値を想定して提案するのではなく，顧客自身の価値創造に対する提案を行うことになる。したがって，企業は顧客が価値を創造する場面で顧客との接点を持つ必要がある。そして日本企業の場合，顧客に接触することで相互作用を行い，彼らの価値創造に対して提案を行う役割を持っているのは営業担当者である。

　日本企業の営業担当者は顧客による製品・サービスの購入段階だけでなく，顧客を獲得する段階から購入後の段階まで，一貫して顧客との接点を持つこと

ができる企業内でも特別な存在である。営業担当者による顧客との相互作用は，購買時点のみという限定的な範囲で顧客と接点を持つ販売担当者とは異なり，顧客との良好な関係性や信頼関係を構築した中で取引をしてきた日本企業の伝統的かつ固有の顧客接点の仕組みといえる。細井・松尾［2004］は営業活動の領域が商談前の準備から商談後のフォロー，そして企業内部の調整まで含まれることについて言及している。このような日本企業の営業体制からは，企業が顧客との接点を非常に多く持つことができており，顧客との相互作用の機会を頻繁に獲得しているといえる。この点に注目すれば，サービス社会において前提というべき企業と顧客との相互作用関係の構築は，日本企業の場合営業担当者によってなされている。元来日本の社会ではアメリカ以上に，企業の担当者に対する信頼や，より細やかなサービスといったものが求められてきた。それ故に，企業の営業担当者は顧客との強固な相互作用関係の構築が必要とされてきた。顧客との相互作用関係を前提としていた日本企業の営業活動は，サービス社会への変遷でより一層の強固な関係が求められる。単に製品・サービスを顧客に購入してもらうための信頼関係ではなく，購入後に顧客に価値を認識してもらうための価値共創の関係へと，サービス社会における信頼関係構築の目的を再考するべきといえる。

2．企業主導型営業の限界

　上述したように営業研究は関係性パラダイムの中で，ワークショップ型営業の議論が盛んとなったが，この中で石井・嶋口［1995］は顧客をパートナーと捉えて，長期的な関係を前提に共創価値によって企業と顧客相互の問題解決を図ることを提案している。この共創価値について具体的な言及はされていないが，営業担当者によって提供される顧客価値については中西［2002］も言及している。中西によると，営業活動が独自に創出する顧客価値は，情報価値，労務提供価値，開発調整価値，ワークショップ支援価値，アドバイス価値が挙げられている。これらのうち情報価値，労務提供価値，開発調整価値，ワークショップ支援価値の4つは取引費用削減価値として分類され，アドバイス価値は売り手の提供物の価値の増加につながるとされている。ワークショップ支援価値とは，ワークショップ型の営業形態において，「営業担当者が調整業務を肩代わりすることによって，元来顧客側が負担しなければならない調整関連費

用が削減されて発生する顧客価値」とされている。

　これらの価値はいずれも営業担当者が情報やアドバイスの提供をする，あるいは労務の肩代わりをするなど，顧客にとって役立つことを提供することで，顧客に価値を提供するというものである。このように企業によって想定された価値の提供は，以前では実際に価値として顧客に認識されていたと考えられる。しかし，情報化が進展した現代のサービス社会では極度に専門性の高い商品でもない限り，これらの価値は顧客自身で手に入れることも可能になり，価値としての意味合いが薄れている。つまり，企業によって想定された価値を営業担当者が顧客に提供することの限界を示唆している。このことは，営業担当者が顧客にとって不要であるという指摘ではない。従来，企業は想定された顧客価値を製品・サービスの購買前の段階で一方的に顧客へ提供してきたが，顧客主導型のサービス社会においては，顧客との相互作用の中で顧客の価値創造に対して提案を行わなければならない。したがって，顧客にとってサービス社会における営業担当者との関わり合いは，これまで以上に大きな意味を持つのである。

　近年の価値共創の議論の中でも，「相互作用」や「関係性」を重要視したサービス研究の枠組みに基づいているノルディック学派の価値共創の議論によると，価値は商品が顧客によって使用される時に創造される。つまり，顧客にとっての価値とは使用価値（value-in-use）を意味しており，価値共創では顧客が商品を使用する場面で企業による顧客へのアプローチが必要となる。上述したように，営業担当者は様々な場面において顧客と接点を持っており，顧客が商品を使用する購買後の段階も例外ではない。しかしながら，伝統的な営業研究はマーケティング研究と同様に，購買後の消費段階に焦点を当てた議論が限定的であった。実際に，企業の営業活動も購買後の顧客へ接触は顧客の価値創造の支援を目的としたものではなく，既存顧客によるリピート購入や，新規顧客の紹介入手を目的とした次回取引のための活動であった。このことは，一度製品・サービスを購入した顧客の価値や満足に焦点が当たっていない企業主導型の社会における営業の限界といえる。顧客主導型のサービス社会では営業担当者と顧客との価値共創を基盤に，営業部門や営業担当者の役割を再検討しなければならない。

第4節　サービス社会における価値共創型営業

　企業と顧客が価値共創をするために，営業担当者は顧客に対してどのように支援ができるだろうか。改めて明確にしておきたいのが，顧客にとっての価値が共創される場面についてである。上述の通りノルディック学派によると，価値は商品が顧客によって使用される時に創造される。それはつまり，企業の営業担当者は購買後の消費段階において，顧客との直接的な相互作用の中で価値共創の資源や手段を提案しなければならないことになる。繰り返しになるが，営業担当者と顧客の多くの接点の中でも，特に製品・サービスの購買後の世界に焦点を当てていかなければならない。

　一方で，営業担当者が購買後に価値創造の支援を効果的に行うには，購買前を含むあらゆる相互作用についても軽視はできない。ノルディック学派のGrönroos［2006］は，消費の拡張概念を提示しており，商品を使用する時だけでなく，消費及び生産のプロセスにおいて相互作用するあらゆる種類の要素に対する顧客の認識も，創造される価値に影響を与えると述べている。このことは，サービス財の生産と消費が同時に発生するという特質に基づいており，顧客は生産プロセスに参加することで生産され消費されるサービスの性質に影響を与え，同様に顧客がサービス経験から創造する価値にも影響を与えるとされる。この解釈に基づくと，営業担当者は，様々な場面での顧客との直接的な相互作用によって，顧客が消費場面で認識する価値に影響を与える可能性がある。換言すれば，購買前の様々な場面において営業担当者が顧客と構築した信頼関係に基づいて，購買後に価値共創のより効果的な支援が可能となる。

　様々な場面の相互作用が顧客の価値認識に影響を与えるということは，業種や企業による営業体制の違いも価値共創に大きく影響することが考えられる。顧客の獲得から顧客が商品を使用する時まで，一貫して一人の営業担当者が顧客と接触する企業があれば，商談の経過に応じて複数の営業担当者が組織的に顧客と接触をする企業もある。営業担当者が複数となる組織型営業の場合は，営業部門内で顧客に関する情報の共有が必要となる。なぜなら，顧客は一人ひとり価値を創造するための能力や文脈が異なるため，企業側の主体，即ち営業担当者が複数になっても一人ひとりの顧客に適した支援を一貫して行う必要が

あるからである。顧客がどの程度商品を使いこなす知識・能力があるのか，あるいはどういった文脈の中で商品を使用するのかを営業部門全体で共有したうえで営業活動を行わなければ，顧客による価値創造を企業として効果的に支援することはできない。

顧客の能力について Crosby et al. [2002] は，製品の機能を充分に理解できていない 65 歳の女性の事例を挙げている。高性能な機能・品質であっても，使いこなすことができない彼女にとってはベネフィットの未体験につながり，不満とともに簡素な機能の製品へと取り替えてしまう。この事例は，顧客である 65 歳の女性に対して，メーカーが顧客の能力以上に高性能な製品を提供したこと，あるいは顧客の能力に対して製品を充分に使いこなすまでに支援できなかったことが原因で顧客の不満につながったといえる。つまり，メーカーは個々の顧客の知識・能力や文脈に応じた，顧客一人ひとりに適した価値創造の支援をしなければならないのである。当然のことながら，企業側の主体が複数いる場合，担当者によって異なる支援をするのではなく一貫性のある支援が必要である。

また，商品によっては，営業部門以外の企業側の担当者が関わることも想定される。例えば，注文住宅の購入を例に考えてみたい。営業担当者は見込客に出会うと家づくりに関する提案を繰り返し行い，請負契約へと至る。契約後は建物に関する詳細な仕様打合せを行うために，設計士，あるいはインテリアコーディネーターも顧客と打合せをする。そして，建築工事が始まると現場監督と顧客のやり取りも発生する。営業担当者はあらゆる場面で一貫して顧客との接点を持つが，それと同時に設計士や現場監督も顧客との接点を持つ，相互作用関係にある。したがって，彼らも顧客が住宅で生活する（即ち使用する）際に認識する価値に影響を与える可能性を持つ。顧客と関わる他部門の担当者が，使用段階での価値共創のための信頼関係を構築できるように，営業担当者は社内での部門間を越えて情報共有を徹底する必要がある。

このように注文住宅を例に取り，従来の営業とサービス社会の営業との違いを表したのが図表 15-2 である。従来，営業担当者は顧客と出会うエンカウンターから住宅の引渡しまでを価値提供の場面として考えていた。引渡し後にも顧客との接点はあったものの，それはアフターフォローや別の顧客の紹介を目的とした営業活動であった。しかし，サービス社会では引渡し後を中心に価値提案の営業活動を行う。設計士やインテリアコーディネーター，現場監督も顧

第15章　サービス社会における日本企業の営業　199

図表15-2　注文住宅を例にした従来の営業とサービス社会の営業

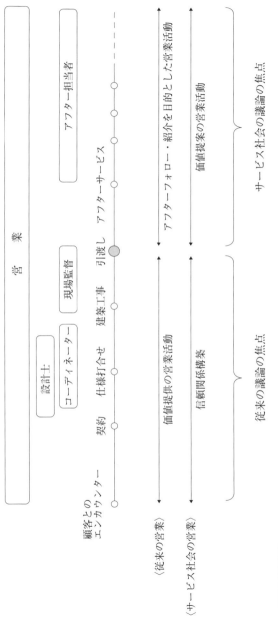

出所：筆者作成。

客との接点を持つが，彼らが効果的に顧客とやり取りができるよう営業担当者が情報共有・統制を行う。それにより，顧客との信頼関係を構築した上で，引渡し後の価値提案のアプローチへとつなげることが可能となる。

　それでは，住宅会社の営業担当者は引渡し後のアプローチをどのように行えばいいだろうか。住宅の場合，通常であれば長期にわたり使用されることが想定され，時間の経過とともに顧客の生活も変化してくる。出産，あるいは子供の成長などライフステージの変化によって家族構成も変化する。それに伴って，顧客が住宅を使用して創造したい価値も変化することが考えられる。一方で，新築住宅は高価でありライフステージに合わせてその都度新たに購入をすることは困難といえる。営業担当者は，一度顧客が購入した住宅を使用していくことで，その時々に合わせて価値が創造できるような提案をしなければならない。顧客のライフステージの変化に合わせて上手に生活ができる工夫を提案したり，時には，リフォームを提案することも価値創造の支援になるだろう。

　例えば，住宅購入時点で20代の夫婦2人の顧客が，子供部屋は広めに1部屋だけ設計した。やがて彼らは1人目の子供を出産し，その後2人目も出産する。2人目の子供が小学生になる頃には子供部屋がもう1部屋欲しいと感じるだろう。そこで営業担当者は，1部屋の子供部屋を2部屋に仕切ることを提案する。顧客の子供はそれぞれ自身の部屋を使用することができ，顧客は4人家族になっても購入した住宅に満足を感じながら生活をすることができる。また，4人家族ともなれば夫婦2人の時よりも家事の負担が大きくなる。営業担当者は顧客との何気ない会話の中でそういった生活の変化を聞き取り，共働きの夫婦に対して衣類の洗濯を夜に行って部屋干しする際の乾燥機の上手な使用方法や注意点などを改めて伝え，価値創造の支援をする。そして10年後には，顧客の両親が健康状態などを理由に同居するかもしれない。年配の両親の部屋は，通常1階が望まれる。1階には建築当初LDK以外に和室を設けており，その部屋を両親の部屋にと考える。そこで営業担当者は，床での生活となる和室では年配の方の足腰に負担が大きいと考え，和室から，椅子やテーブル，ベッドを使用する生活の洋室へとリフォームする提案をする。このように，営業担当者は顧客の変化する状況や文脈に応じて，顧客が当初購入した住宅を使用することで価値を創造することができるように支援をすることが重要な役割となる。

　その他にも，顧客がこだわって建築した自宅を撮影しカタログとして作成することで，見返す度に建てて良かったと顧客が感じるような工夫や，他部門と

協力しながら引渡し後の顧客，即ちオーナー向けのイベントを行うことも価値創造の支援といえる。例えば，団地でお祭りを主催するなど，顧客と営業担当者だけでなく隣人とのコミュニケーションを活性化させることで，住まいに関する新たな発見や，近隣とのコミュニケーションが活発な質の高い生活にもつながる。

　ところで，図表15-2にも表記しているように住宅などの耐久消費財は，営業担当者以外にアフターサービスの担当者も，顧客との直接的な接点を長期的に持つ。したがって，彼らもまた消費場面の顧客と相互作用関係にある。しかし，製品の修理・修繕といったアフターサービス本来の業務は，顧客と価値共創をしているとはいえないことを強調しておきたい。製品の修理・修繕は，購入時点から時間とともに消耗したものや，損傷した箇所を交換したり修繕したりすることであり，製品の状態を購入当初に復元させることを目的としている。つまり，修理・修繕といった行為から新たな価値が創造されることはないといえる。しかしながら，アフターサービス担当者が修理・修繕といった本来の業務とは別に，顧客の価値創造を支援することは可能である。特に，点検・メンテナンスなどで長期にわたって同じアフターサービスの担当者が顧客との接点を持っていれば，相互作用の中で信頼関係が構築され，上述したような修理・修繕ではない新たな価値の提案が可能と考えられる。したがって，営業担当者はアフターサービスの担当者との連携も密に行うべきである。サービス社会においては，営業担当者が自分自身で顧客に価値創造の提案をするとともに，企業内の顧客接点がある別の担当者らとコミュニケーションを取り，時には統括もして，購買後の価値共創がより効果的に行われるよう企業内に対する活動がより一層重要となる。

第5節　おわりに

　日本企業において，企業と顧客とを結びつける役割は従来より営業部門が担ってきた。そのことは今日においても変わっていない。しかし，消費者・顧客が主導のサービス社会の訪れとともに，営業の役割を再検討しなければならない。そこで本章では，日本固有の営業について，サービス社会という枠組みの中でのさらなる進展を考察した。

第1節では，企業と顧客とを結びつける重要な役割を持つ営業について，情報化の進展とともに訪れたサービス社会を前提に，より一層の議論が望まれることを述べた。第2節では，主にアメリカで発展してきたマーケティングと比較しながら，日本で発展してきた営業の概念について先行研究から考察した。伝統的マーケティング研究では，営業という概念は単なる販売活動として扱われてきた。一方で日本における営業の概念は，米国企業のマーケティング機能と重複する役割も多く，企画や顧客関係の維持，企業内の部門間の調整までをも範疇とする非常に広範な役割を持っていることを確認した。第3節では，従来の日本企業の営業がサービス社会においては限界であることを指摘した。これまでの営業研究において，営業が顧客に提供するべきとされてきたものは，予め企業によって用意された価値であった。しかし，顧客が主導となるサービス社会では，それらの価値は顧客自身で手に入れることが可能であり，企業が想定する価値を顧客が求めていない状況が生まれている。サービス社会における営業は，従来のように企業が顧客に向けて想定した価値を提供するのではなく，営業担当者と顧客との価値共創を前提としなければならない。価値は製品・サービスを使用して顧客が認識することから，企業は顧客の使用・消費段階，即ち購買後の段階で顧客へのアプローチが必要となる。第4節では，企業と顧客との価値共創を基に，サービス社会ではこれまで重要視されてきた購買前段階のみの議論ではなく，購買後に関する議論が重要となることを強調した。その上で，従来の企業主導の社会と，消費者・顧客が主導のサービス社会で求められる営業の違いについて，注文住宅の購入を例に提示した。

　顧客の獲得から商品・サービス購買後のアフターフォローにまで一貫して関わる営業担当者は，顧客との信頼関係を構築する機会を企業内で最も多く有するが，企業内で営業担当者以外にも顧客と接点を持つ部門がある場合，彼ら自身もまた顧客との直接的な相互作用の中で信頼関係を構築することで，購買後の価値共創をより効果的に行うための役割を担うといえる。しかしながら，あくまでも顧客が本当に価値を認識するのは，実際に製品・サービスを使用する場面であり，企業として顧客の価値創造を最大限支援するためには，顧客との強固な信頼関係を構築している営業担当者が，他部門の担当者とのコミュニケーションを欠かさず，顧客の能力や文脈に応じた最適な支援をしていくことが重要といえる。企業の様々な担当者が顧客と信頼関係を構築して一貫した価値共創の支援を行っていくことができれば，営業担当者個人による支援より

も，顧客が創造し認識する価値はより一層大きなものとなるだろう。裏を返せば，個々の担当者が各々で顧客との相互作用を行うと，企業と顧客との信頼関係の構築が円滑に行われなくなる危険性もある。したがって，営業担当者は部門を超えた企業内の調整活動を怠ってはならない。顧客が主導のサービス社会では，企業が購買後の世界での顧客に対する価値創造の支援を前提とした価値共創型営業を行うことで，これまで営業担当者が大切にしてきた企業と顧客の関係性が，より強固な信頼関係に基づいた価値共創関係へと発展することが望まれる。

[参考文献]

Crosby, L. A. [2002] "Who Moved My Value? Customers, Not Companies, Create Value," *Marketing Management*, Vol.11, No.5, pp.10-11.

Grönroos, C. [2006] "Adopting a Service Logic for Marketing," *Marketing Theory*, vol.6, No.4, pp.317-333.

───── [2015] *In Search of a New Logic for Marketing Foundations of Contemporary Theory*, John Wiley & Sons Limited.（蒲生智哉訳［2015］『サービス・ロジックによる現代マーケティング理論─消費プロセスにおける価値共創へのノルディック学派アプローチ─』白桃書房。）

Hoyt, C. W. [1913] *Scientific Sales Management: A Practical Application of the Principles of Scientific Management to Selling*, George B. Woolson and Co.

Stanton W. J. and R. H. Buskirk [1959] *Management of the Sales Force*, R. D. Irwin, Inc.

石井淳蔵・嶋口充輝［1995］『営業の本質』有斐閣。
恩蔵直人［1995］「営業体制のダイヤモンド」，石井淳蔵・嶋口充輝編［1995］『営業の本質』有斐閣，122-154頁。
本下真次・佐藤善信［2016］「日本における『営業』とMarketing & Salesとの関係」『ビジネス＆アカウンティングレビュー』第17号，33-50頁。
中西正雄［2002］「『営業』の仕事」『商學論究』第50巻，第1・2号，237-257頁。
中西正雄・登坂一博［2010］『顧客価値創造型営業への進化』ジェイティービー能力開発。
細井謙一［1995］「販売管理論の基本的性格」『広島経済大学経済研究論集』第18巻，第2号，131-154頁。
細井謙一・松尾睦［2004］「営業」，小林哲・南知恵子編［2004］『流通・営業戦略』有斐閣，127-158頁。
村松潤一［2015］『価値共創とマーケティング論』同文舘出版。
山内孝幸［2011］「営業研究に関する一考察」『阪南論集　社会科学編』第47巻，第1号，29-52頁。
───── [2016]「営業における信頼概念に関する考察」『阪南論集　社会科学編』第51巻，第2号，17-32頁。
山下裕子・福冨言・福地宏之・上原渉・佐々木将人［2012］『日本企業のマーケティング力』有斐閣。

（三好純矢）

第16章

サービス社会におけるCtoCコミュニティ

第1節　はじめに

　消費者・顧客（Consumer/Customer）同士がネット上で或いはリアルで互いに繋がり合い，情報を始めとした様々な資源を交換・共有するCtoCコミュニティの存在は，本書がテーマとする「サービス社会（情報化が，企業ではなく消費者・顧客を主導させる新しい社会）」の一面を示すものであり，企業のマーケティング活動においてその重要性を増している。

　従来のマーケティング研究では，CtoCコミュニティを企業がいかに制御するかという視点からの研究が多くなされて来た。しかし本書がこれまでに述べてきたように，サービス社会においては新たな企業の役割があり，それを示すマーケティング理論があるとするならば，企業とCtoCコミュニティの関係についても，これに沿った視点に立ち議論する必要があるだろう。

　よって本章では，まずCtoCコミュニティについての基本的な概念と従来の理論を踏まえた上で，サービス社会の元で企業とCtoCコミュニティの関係がどのように変化してきたかを明らかにしていきたい。

第2節　CtoCコミュニティとは何か

　CtoCコミュニティが近年のマーケティング研究および実務の分野から注

目を浴びることとなった要因の1つは，そうしたコミュニティの多くが「ネット・コミュニティ」として，つまりインターネット上の仮想空間に数多くみられるようになったことであった。現在のC to Cコミュニティもまたその仕組みの多くをインターネットを始めとするICTに依存している状況にあることから，ネット・コミュニティとしての特徴や機能を備えている。しかし「コミュニティ」それ自体はインターネット登場以前から存在する言葉・概念であり，その特徴について議論されてきた。ネット・コミュニティについてもこれらの議論を基として明らかにされてきた経緯がある。

よって本節では一旦，インターネット登場以前の「コミュニティ」の定義に立ち戻り，それを出発点にC to Cコミュニティの特徴・機能へと話を進める。

1. コミュニティとは何か：伝統的コミュニティからネット・コミュニティへ

一般的にコミュニティは，「地域コミュニティ」や「学校コミュニティ」など，なんらかの共通項を持つ人々の集まりやその場を指す言葉として広く使われている。コミュニティという語が意味するものは，それを取り巻く人々やそれが存在する状況によって変化する（Bray [2001]）ことから一定の定義が得られるものではない（山本 [2015]）とされるが，これまで社会学の分野を中心に，コミュニティの定義または要件が提示されてきている。例えば松原 [1978] によれば，Hillery [1955] はコミュニティの定義について触れている過去の研究の多くから「社会的相互作用」「共通の紐帯」「地域性」の3つが共通して見出されるとしている。また同様に池田 [1997] は，コミュニティの一般的要件として①構成員相互の交流があり，②それらの間に共通の目標・関心事等の絆が存在し，③一定の地理的範囲を伴うこと（池田 [1997]）を上げている。これら3点の要件から分かるように，コミュニティを構成する者同士は相互に交流があり，何らかの共通の絆を持つが，インターネット登場以前の「伝統的な」コミュニティは多くの場合，地縁や血縁など生来の絆を基としていた。そしてその絆は人が（自分自身では選ぶことのできない）ある場所に生まれたことによって生じるものであり，よって場所に根ざしていること，地域性もまたコミュニティの要件の1つとされていた。

一方，日本においてインターネットの商用利用が急激に拡大した2000年代，インターネット上に構築されたコミュニティ，いわゆるネット・コミュニティ

図表 16-1　結束型コミュニティ／橋渡し型コミュニティの特徴

結束型コミュニティ	橋渡し型コミュニティ
▶閉鎖的で強い紐帯からなるネットワーク	▶開放的で弱い紐帯からなるネットワーク
▶ネットワーク内の相手を限定した互酬性（特定的互酬性）	▶ネットワーク内で，相手を限定しない互酬性（一般的互酬性）
▶特定の人に対する信頼（個別的信頼）	▶特定の人に限定されない一般的な信頼
▶同質性の高いメンバーの資源	▶異質性の高いメンバー

出所：石井・水越［2006］を基に筆者作成。

の存在が注目を集めることとなり，これらコミュニティの3要件をベースに，これまでの伝統的なコミュニティとは異なる特徴を持つことが指摘された。まずインターネット上の交流は地理的な制約を受けることがない。互いに離れた地に住む，従来であれば出会うことのなかった人同士でも交流を持つことができ，地域性という制約を超えたコミュニティを構築することが可能となっている。また地縁・血縁といった生来的で強い絆に限らず，個人の関心・興味といった，より自由でゆるやかな絆のもとに，より多様な構成員を持つコミュニティが構成されるようになってきている。

以上，伝統的コミュニティとネット・コミュニティそれぞれの特徴について，石井・水越［2006］は前者を「結束型コミュニティ」，後者を「橋渡し型コミュニティ」として図表16-1のように分類している。

なお，ネット・コミュニティ全てが無条件に「橋渡し型コミュニティ」となるわけではないことには留意が必要である。インターネット上にコミュニティを構築する際であっても，その仕組次第でより閉鎖的・結束型的なコミュニティの形にすることは可能である。

2. C to C コミュニティの特徴

では本章で扱う「C to C コミュニティ」とはどのような存在なのだろうか。前項に挙げたコミュニティの定義や要件に基づき見て行く。本章の冒頭で簡単に触れたように，「C to C コミュニティ」のCは「Consumer（消費者）」または「Customer（顧客）」を指している。つまり消費者同士が相互交流を行う場であり，情報を始めとした様々な資源を交換・共有する。そしてそれらの活動を可能とする機能の多くをICTに依存し，地理的制約を受けない，インター

ネット上の仮想的コミュニティとしての一面を持つ。また共通の絆となっているのは製品・サービスへの興味・関心である。

　よってCtoCコミュニティのメンバー間にあるのは地縁や血縁といった伝統的で閉鎖的なつながりではなく，個々人が持つ興味・関心という自由で開放的なつながりであり，異質性の高いメンバーで構成される傾向にある。コミュニティ内で発信される情報はメンバー内で共有されるといった事とも併せて考えると，CtoCコミュニティは「橋渡し型コミュニティ」としての特徴を備えていると見ることができる。

3. CtoCコミュニティの成長・維持メカニズム

　インターネット上に存在するCtoCコミュニティは，従来であれば地理的制約によって出会うはずのない人同士を結びつけ，異質性の高いメンバー間の自由なやりとりを可能とする一方，その特徴ゆえにコミュニティを維持し，長期に渡り存続させることには困難を伴う。地縁・血縁といった生来的で固定的なつながりに依らないCtoCコミュニティにおいて，メンバー間を結びつけているのはある共通する製品・サービスへの興味・関心という，流動的なつながりである。このような状況においては，まずコミュニティとしての形を保持するためにメンバー間のコミュニケーションが活発かつ連接して起こることが重要であり，これがCtoCコミュニティを成長・存続させる。

　メンバー間のコミュニケーションの連接により成長・存続が可能である一方，その規模が拡大するにつれ利用者間の関係の複雑化し，深刻な意見の対立が生じやすくなる他，目的や関心の共有化を図ることが難しくなり，主宰者による制御を必要とする。しかし，過度な制御はコミュニティの自由度を制限してしまう恐れがあり，中でも企業の介入，いわゆる「商売色が強い」状態が生じることは，コミュニティの存続を脅かすとされる（石井・厚美［2002］）。

第3節　ICTの発達とCtoCコミュニティの機能

　CtoCコミュニティにおける消費者・顧客同士は，製品・サービスへの関心を共通の絆としながら，より具体的にはどのような資源を交換・共有してい

るのだろうか。本節ではC to Cコミュニティが果たす機能について見て行く。当初，主には製品・サービスについての情報交換・共有の場として成立していたC to Cコミュニティだが，ICTの発達に応じてより多くの機能を持つ，多様な形のコミュニティが登場してきている。本節では，その主なものを紹介する。

1. ICTの発達とC to Cコミュニティの変容

(1) 高速通信・常時接続

　高速通信・常時接続を可能とするインターネット接続サービスが普及，低価格化することにより，我々がC to Cコミュニティにおいて交換・共有できる情報はその質・量ともに劇的に変化してきた。例えば当初であればごくシンプルな文字情報と画像のみであったのに対し，現在ではより高画質な画像や音声，映像といった，多彩かつ大容量の情報をインターネット上でやりとりすることが可能となっている。またこうした画像，音声，映像データを作成するツールが発達したこととも合わせ，「企業が作り出す既製品・サービス」についての情報交換だけでなく，UGC (User Generated Contents) と呼ばれる，消費者自身がコンテンツの作り手となりそれを広く発表するといったことも可能となった。

(2) モバイル化

　当初は据え置きのパソコンからアクセスされる形での普及が進んだC to Cコミュニティだが，近年スマートフォンやタブレットといった「常時携帯し，インターネットに接続する」ことを前提としたモバイル機器が急速に発達，普及した。個人一人ひとりがこうした機器を持ち歩き，常にインターネットに接続し続ける状態になることは，C to Cコミュニティおよびその利用者に空間的・時間的な変化をもたらしている。また多くの場合モバイル機器はいわゆるパソコンと比較して画面が小さい，キーボードやマウスではなく指でタッチして操作するといった違いがあるが，現在のC to Cコミュニティの多くは，こうしたモバイル機器からのアクセスを前提とし，操作が容易となるように最適化されている。

(3) ソーシャル・メディアの普及

モバイル化と平行する形で近年普及したのが，youtube や twitter に代表される，ソーシャル・メディアの普及である。個人的な利用は基本的に無料で操作も直観的で分かりやすく，現在では多くの人が自身の持つモバイル端末を通じてソーシャル・メディアを利用している。そこでは各個人がクモの巣状につながり，誰もが情報の発信者／受信者となり，多くの人が関心を持つ情報は短時間に広く拡散される機能を持っている。

もともとは1つのコミュニティとして，個人または企業によって構築・維持される形をとることが多かった C to C コミュニティだが，現在ではその多くがこうしたソーシャル・メディアと接続し，コミュニティ内の情報がより外部へと拡散可能な形をとっている。さらには，一般に広く普及したソーシャル・メディアをプラットフォームとして利用する形で構築されるケースも登場している（水越ほか［2012］）。

C to C コミュニティがソーシャル・メディアと接近または融合することは，その性質をより緩やかなつながりを持ち開放的なものとし，コミュニティ内外の境界線が分かりにくいものになると考えられる。

(4) 個人間向け配送サービス・マイクロ決済の整備

宅配便をベースとする個人間向け配送サービスやマイクロ決済（マイクロ・ペイメント）と呼ばれる，数百円単位のごく少額の支払いを取り扱うことのできる電子決済や個人間送金の仕組みの整備が進んだことも，C to C コミュニティが持つ機能を大きく広げることとなった。まず，単なる情報の交換・共有にとどまらず，有形のモノも容易に扱えるようになった。また少額の決済や送金が可能となったことにより，個人の創作物（無形・有形を問わず）の売買や，創作を行おうとする個人を，多くの人が少額ずつ送金することで支援するといったことも可能となっている。

2. C to C コミュニティの類型

(1) 製品・サービスベース C to C コミュニティ（ブランド・コミュニティ）

ある製品・サービスに関心・興味がある人，またそれらを愛好する人々が参

加し，主には情報交換を行うコミュニティ。「ブランド・コミュニティ」として注目を集め，その機能について数多くの研究がなされた。それらの研究を総括したSchau et al. [2009] は，コミュニティには多様な消費者が参加していること，また一言に相互交流と言えどもそこにはコミュニティ内における規範が作り出される，ブランドの魅力を上位メンバーから下位へ伝道する，メンバーにステイタスを与えるといった数多くの機能があり，それらが組み合わされ起きていることを明らかにしている。

(2) 消費者参加型製品開発コミュニティ

コミュニティに参加する消費者同士，あるいは消費者と企業間の対話を通じ，新製品の開発を行うことを目的としたコミュニティ。実際に製品を開発するという目的を持って構築されていることから，参加者がより発言しやすい仕組みであると同時に，多数の意見を集約・選択するための仕組みを持つことも併せて必要となる。また，製品開発を行う企業自身，またはコミュニティのプラットフォームを提供する企業によって運営されるケースが多い。

(3) オークション・フリーマーケットコミュニティ

消費者同士が，オークション方式（買い手が希望購入価格を入札する），あるいはフリーマーケット方式（売り手が販売価格を自身で決める）にて，直接売買を行う。情報だけでなく，モノ，金銭の交換も伴うことから，参加者同士が相互交流を行う機能に加え，個人間向け配送，マイクロ決済機能が組み合わされている。オークションもフリーマーケットも，インターネット普及以前から実際のリアルな空間上で行われていたことではあるが，これがインターネット上の仮想空間に設けられ，さらには以前であれば煩雑であった出品や決済，配送といった手続きが手元のモバイル機器1つでほぼ完結できるまでに簡素化された結果，利用者が増加，普及している。

(4) クラウドファンディング

小規模のビジネスを始めたい，創作物を世に出したい，といった様々な理由から資金を必要とする個人が，多くの人から資金を集めることを目的としている。マイクロ決済・個人間送金の整備が可能とした仕組みであるが，近年でのサービス急増の理由として，ソーシャル・メディアの台頭が指摘されている。

少額とは言え実際に投資（寄付）を行うかどうかには，自身の周囲の人たちがどのように行動しているか，実際にどれだけ投資をし，支援をしているかが大きく影響しているのだという。ソーシャル・メディアによって個人の活動が多数にシェアされることが，周囲の人に連鎖的に投資（寄付）を誘発している（米良 [2011]）。

第4節　サービス社会とC to C コミュニティ
—サービス化が与えた影響—

　ここまで，C to C コミュニティについて，その特徴や機能について見てきた。本節では「サービス社会」におけるC to C コミュニティという存在について，またC to C コミュニティと企業との関わりについて考えて行きたい。

1．サービス社会とC to C コミュニティ

　本章の冒頭において，C to C コミュニティは「サービス社会（情報化が，企業ではなく消費者・顧客を主導させる新しい社会）」の一面を示すものと述べた。「ネット・コミュニティ」として注目を集めた2000年代，コミュニティ内で活発に行われていたのは消費者同士の自発的な連携や情報交換であり，それらは従来考えられてきたような受動的ではない，より能動的な消費者像をより強く印象付けるものであった。またそこで交換されていた様々な情報—その製品・サービスのどんなところが好きか，どんな楽しみ方をしているか—といったことや，それらがコミュニティ内部で共有され参加者同士の連帯が生じていくといった状況は，企業側だけでは決して知りえない，そして作り出せないものであり，消費者自身が新しい価値を生み出している状況を示すものであった。その意味で，C to C コミュニティはサービス社会を象徴する存在の1つとも呼べるのではないだろうか。

　そして現在までに，ICTの発達が可能とした新たな機能を備え，C to C コミュニティは消費者・顧客が主導する局面をさらに広げつつある。例えばソーシャル・メディアと連携しより広い情報拡散が可能となったことにより，消費者側の発言はより大きな影響力を手に入れている。またUGCや創作物を扱う一部のフリーマーケット・コミュニティやクラウド・ファンディングのケース

では，消費者自身が映像や音楽といったデジタルなコンテンツから衣料品，小型家電といった有形のモノまでを作り出しており，この局面では消費者・顧客が主導的になるだけでなく，消費者が小規模ながら生産を行う，つまり企業が生産して消費者が使うという従来あった区分が不明瞭になりつつある。

2. C to C コミュニティと企業の関係

　サービス社会を象徴し，消費者・顧客を主導させる機能を持つ C to C コミュニティという存在は，企業側にとって上手く利用することができるならば，自身に利する結果をもたらすものでもある。例えばコミュニティ内で活発交換され蓄積される情報は，企業にとっての重要な資源になるとして，またその口コミによる情報拡散は主にプロモーション面において有効となる可能性が注目された。しかし，これら一連の議論の中ではコミュニティ内でコミュニケーションが連接する仕組みについてある程度明らかになったと同時に，1つの問題点が残された。C to C コミュニティを第三者が，特に企業が制御することの難しさである。個人が立ち上げ管理しているコミュニティは無論のこと，企業が管理しているコミュニティであっても，その中で起きているコト，生じているモノは基本的に参加者である消費者自身の自発的な行動を端緒としており，企業が完全に制御下に置けるものではない。情報拡散の短期的な効果だけを見込むのではなく，より長期的に顧客との関係を構築する場として，また製品・サービスへの高いロイヤルティを醸成する場として C to C コミュニティを捉える見方もある。これは現在のサービス社会における，消費者・顧客が主導的であるという状況を受け入れた上での，企業と C to C コミュニティとの関係を模索しているように思われるが，ここでもまた，C to C コミュニティとの関わり方の難しさが指摘されている（水越ほか [2012]）。

　ただし，C to C コミュニティにおいては消費者・顧客が完全に主導権を持ち自由な状況にあるのかというと，そうではなく，消費者・顧客と企業の関係に変化が起きつつあるという指摘が双方の視点からなされている。いずれも，その変化の原因の1つとして挙げられているのがソーシャル・メディアの普及である。まず Molesworth and Watkins [2016] は，ソーシャル・メディアとその利用者の日常生活がより密接に結びつくにつれ，ソーシャル・メディア上に蓄積した自身のライフ・ログや創造物が彼らにとって非常に大切なものと

なっていることから，それらがソーシャル・メディアからの離脱を困難にしていると指摘している。また水越ほか［2012］は，近年の C to C コミュニティにはソーシャル・メディアをプラットフォームとして利用し構築されているものがあること，その場合，コミュニティは「中の人」と呼ばれる企業アカウントを中心に構築される形となることから，従来であればすべて消費者側の自発的な活動であったものの多くが，企業側のマネジメントに取り込まれつつあると指摘している。

第 5 節　おわりに

　本章ではサービス社会と C to C コミュニティをテーマに，消費者・顧客 (Consumer/Customer) 同士がネット上であるいはリアルで互いに繋がり合い，情報を始めとした様々な資源を交換・共有する C to C コミュニティの特徴と機能を確認した。明らかになったのは，地理的な制約を伴わない，消費者個人の興味・関心に基づくつながりといった，主にはインターネット上に構築されているコミュニティとしての特徴を持っていること，そして ICT の発達に応じてコミュニティの機能は拡大，消費者は情報だけでなくより多様な資源を交換し，モバイル化によってソーシャル・メディアとより密接に関わりながら C to C コミュニティを利用している。

　C to C コミュニティ内で行われている消費者同士の自発的な連携や情報交換は，より能動的な消費者像を印象づけ，「サービス社会（情報化が，企業ではなく消費者・顧客を主導させる新しい社会）」を象徴するものであった。ICT の発達が可能とした新たな機能を備え，C to C コミュニティは消費者・顧客が主導する局面をさらに広げつつある。

　企業側にとって，C to C コミュニティ内に蓄積されている情報やコミュニティが持つ情報拡散の機能は非常に魅力的であるが，それらを企業の資源として短期的に活用し利益を上げるのではなく，より長期的に顧客との関係を構築する場として捉えるという見方へ変わって来ている。現在のサービス社会における，消費者・顧客が主導的であるという状況を受け入れた上での，企業と C to C コミュニティとの関係が模索されているが，消費者自身の自発的な行動がコミュニティの成長・存続の要となる以上，そこに企業が関わることの難し

さは未だ解決されていない。

　消費者・顧客側により力を与えている，その原動力の1つとも言えるのが一人ひとりが携帯端末を常時所持するというモバイル化と，それを背景とするソーシャル・メディアの台頭であるが，一方で消費者をソーシャル・メディアから離脱できない形を作り出していることや，近年増えつつある，ソーシャル・メディアを利用して構築されるC to Cコミュニティにおいては，従来であればすべて消費者側の自発的な活動であったものの多くが企業側のマネジメントに取り込まれつつあるという指摘もされている。

　これらの状況は消費者側から見れば「（好むと好まざるとにかかわらず）企業との関係から離脱できない」状況という新たな問題を生み出していると言えるが，他方，企業側から見れば，従来困難とされてきたC to Cコミュニティとの関わり方についての，解決の糸口となるのかもしれない。

　また本章で見てきたC to Cコミュニティの進化やC to Cコミュニティと企業との関わりの変化は，それがどのような形であるにせよ消費者の行動を変化させ，よりマクロな視点でみれば消費者をとりまく社会・文化へ影響を与えるとも考えられる。

[参考文献]

Belk, R. W. [2010] "Sharing," *Journal of Consumer Research*, 36(5), pp. 715-734.
Bray, M. [2001] "Community Partnerships in Education: Dimensions, Variations and Implications," Unesco.
Hillery, A. G. [1955] "Definition of Community," *Rural Sociology*, 20, pp. 111-123.
Molesworth, M., R. D. Watkins and J. Denegri-Knott [2016] "Possession Work on Hosted Digital Consumption Objects as Consumer Ensnarement," *Journal of the Association for Consumer Research*, 1(2), pp. 246-261.
Schau, H. J., A. M. Muñiz and E. J. Arnould [2009] "How Brand Community Practices Create Value," *Journal of Marketing*, 73 [September], pp. 30-51.

石井淳蔵・厚美尚武編［2002］『インターネット社会のマーケティング―ネット・コミュニティのデザイン―』有斐閣。
石井淳蔵・水越康介編［2006］『仮想経験のデザイン―インターネット・マーケティングの新地平―』有斐閣。
池田謙一［1997］『ネットワーキング・コミュニティ』東京大学出版会。
澁谷覚［2007］「ネット上のクチコミ情報を介した消費者間の影響伝播のメカニズム」『マーケティングジャーナル』26(4), 31-51頁。
清水信年［2003］「インターネット社会の製品開発ビジネスモデル―エレファントデザイン―」『BUSINESS INSIGHT』11 [4], 24-39頁。
総務省統計局［2018］『平成30年版 情報通信白書』。

松原治郎［1978］『コミュニティの社会学』東京大学出版会。
水越康介・及川直彦・日高靖［2012］「新しいブランドコミュニティとしてのソーシャルメディア―コミュニティ・マネジャーの可能性―」『マーケティングジャーナル』32(2), 64-83頁。
宮田加久子［2005］『きずなをつなぐメディア―ネット時代の社会関係資本―』NTT出版。
米良はるか・稲蔭正彦［2011］「クラウドファンディング：Web上の新しいコミュニティの形」『人工知能学会誌，人工知能学会』26(4), 385-391頁。
森田正隆［2005］「テーマ書評［54］ネット・コミュニティ」『マーケティングジャーナル』25(2), 104-112頁。
山本　香［2015］「難民がつくる新たなコミュニティの可能性：シリア難民が経営する学校をめぐって」『ボランティア学研究』Vol.15, 127-139頁。

（田原　静）

第 17 章

サービス社会における地方創生
―DMO を事例として―

第 1 節　はじめに

　日本の人口は平成 20 年頃をピークに減少局面に入り，少子高齢化が進展しつつある。人口流動においては東京の一極集中の状況が続き，地方は人口減少・人口流出が続く状態となっている。それに伴い地域経済は疲弊し，厳しい状況が続くものとみられている。この環境下において，東京一極集中の是正，人口減少の克服等を目指した，政府による「地方創生」が進められている。地方創生策の基本方針「まち・ひと・しごと創生基本方針 2017」では，地域経済にとって，生産性が高く収益性のある産業の形成を進める必要性が述べられ，その具体例として，地域観光を収益化し「観光地経営」の視点に立った観光地域づくりを進める地域組織である，DMO（Destination Management/ Marketing Organization）の整備が謳われている。DMO は地域観光地の経営とマーケティングを引き受ける組織であり，アジアの需要を背景に成長が見込まれている観光産業の地域における担い手として期待されている。

　地方創生は，停滞する地方経済の打開策として，政府が地方自治体を支援し，自治体の自立を促す施策である。その背景は，今後確実に進みつつある人口減少に対し，各地域の連携と交流を図らなければ，地方単独での社会基盤の維持が困難となるといった危機感から生じたものである[1]。従来，この施策は地域住民の要請に基づいて生まれた施策ではない。しかし，このトップダウン

施策から生み出された DMO 等の新しい組織には，多くの地域住民が参画する動きがみられる。そこでは地域住民が参画する DMO と，その顧客である旅行客・地域住民が協働し，相互に影響しあい価値を共有するサービス社会を見据えた動きがみられるのである。

本章では，人口減少など地域社会の課題解決のために生まれた，地域の事業推進主体である DMO の事例を取り上げ，課題解決を進める地域における，地域住民を巻き込み地域の価値を生む組織の試みを紹介し，これから到来するであろうサービス社会における，地域の価値を生みだす，地域に根付く事業運営の可能性について見ていきたい。

第 2 節　地方創生の今日的課題

　地域住民が自分たちの住む地域の生活・文化・経済などの価値を，自らが高め成長させる社会が，サービス社会における地方創生の姿である。現在の，日本の地域政策は，国による全国一律のトップダウン型から，各地域の特徴を踏まえたボトムアップ型へと変革が進みつつある。しかし，サービス社会における地方創生が，ボトムアップ型の完成形とすれば，現状は脱トップダウンが指向されるものの，地域住民による完全なボトムアップ型には至っていない。いわば地方自治体による，疑似ボトムアップの地方創生の段階であると言える。

　戦後日本は「均衡ある国土の発展」を目指した国土政策が敷かれ，各地域がその方針に従い，同じ方向に向かった取組を進めるトップダウン型の政策が行われる時代が長く続いた。その反省を踏まえ，1998 年の第 5 次全国総合開発計画では初めて，「地域の個性ある発展」「地域の自立と誇りの持てる地域の創造」といった地域による自主的な政策立案の必要性が盛り込まれることとなった。しかしその後も，政府各省庁の施策は，目的を細かく指定した個別政策によって，結果的には地域特性や地域の主体性は考慮されない施策が実施されていたことが指摘されていた[2]。その後，全国総合開発計画に替わり 1998 年から始まった国土形成計画では，国と地方の協働によるビジョンづくりを標題として，より国と地方の関係性がフラットなものとなるよう促されるようになり，国から地方へのトップダウン型から脱する努力がなされた。さらに，内閣府に設置されている地方創生を推進する組織である「まち・ひと・しごと創生

本部」での議論では，トップダウン型構造による利害関係を排除し，民間の事業のノウハウをもとに，その知恵や IoT といった新しい要素を積極的に取り込んだ新たな取組を地域で伸ばしていかねばならない[3)]，と述べられており，現状は，地方自治体と国の対等な関係性が担保されるなど，地域による地方創生は制度として整備されつつある。これにより地域によるボトムアップが完成したかにみえるが，地域住民の視点から見ると，これらの施策の推進主体が国から地方自治体となっただけで，地域住民にとってはトップダウン施策であることには変わりがない。地方創生の議論では，地域住民参加を進める議論がなされているものの，地域住民の意思による地域住民の求めるボトムアップ型の施策・地方創生には一歩足りない状況にある。

　地域住民を主体とした地方創生が困難となっている要因は，地域住民が自ら求めるものに，自身の手で価値を与えるマーケティング活動ができない，地域側の構造上の問題に見いだすことができる。中小企業が多くを占める地域企業の生産者は，都市部を中心とする事業者に製品・サービスを供給する下請け構造が定着している。地域生産者は，元請けの先にいる最終消費者と，直接関わる機会も持たない構造となっていることが多く，都市部の元請け企業の指示を待ち，地域住民が自らサービス改善を行うインセンティブを持つことができなくなっている。そのような構造が強い地域では，都市部の企業と地元企業との関係性は地元からの発信がない一方的なものとなってしまっている。価値を提供すべき最終消費者と地域企業との関係は隔絶しており，地域企業が直接最終消費者に価値提案する機会が与えられないことを意味する。そのため，最終消費者との関係性を対象としたマーケティングを推進できる専門人材が不足しており，その結果，地域の価値を表にだすことが難しくなっている。この人材不足により，地域の産品，サービス，技術は，差別化の機会を失ってしまい，国内市場の成長鈍化に伴った供給過剰状態に対して，その地域独自の有効な対応ができずにいる。

　国土形成計画では，重点施策の１つに「コンパクト・プラス・ネットワーク」というものがある。地域間のネットワークの形成により，人・モノ・情報の交流・出会いの触発を進め，それにより新たな価値を生み出すことが意図されている。横並び，異質排除による同質性の維持といった閉鎖的な考え方が支配的だった地方が持つ課題に対し，地域の多様性と，それらが混じり合い生まれたシナジーによってイノベーションを創発することが，地方創生にとって必

要不可欠であるとの意図が込められている。

　しかし，実際のところは，地域間ネットワークの形成は，より実質的な問題から生じた施策である。行政，医療・福祉介護，商業等の各種生活に必要なサービスが，地域の人口減少によって存続が危ぶまれる水準になることが近い将来想定されている。それらの維持補完のために地域をネットワークで結び相互接続し，生活圏を広域化することで，その「広域圏域」内で社会を維持するという，地域の経済維持・公共サービスの持続への必要性がそれに大きく関わっている[4]。このような大きな変化は，社会の流動性が少ない時代から長く続き，現在も地域の特性として残る，地縁や血縁を基本とした「濃い関係性」の狭いコミュニティ（敷田ほか［2012］）にとって大きなストレスとなり得る[5]。現在，総務省が進める地方創生施策は，国と地域の対等化により，トップダウン施策ではなくボトムアップを目指すものの，それはより広域化した地域社会との対等化を意味し，地域社会から求められ地域社会から生まれたボトムアップ指向の施策とはほど遠く，トップダウン的な課題解決を求める施策となっているのが現状と言える。このように，地域の価値を生み出す人的資源の不足や，地方創生が地域課題のトップダウン的な解決を要していることから，ボトムアップ型の地方創生は進展が難しい状況にあるのである。

第3節　地域観光事業とDMO

　観光産業は，アジアの国際観光市場における需要の急激な伸びから，地方創生の切り札であり，国内の基幹産業へと成長可能な産業の1つとして注目を集めている[6]。また観光客がおこなう消費は，地域の外部から新たに獲得した「外貨」であり（市川［2015］），地域の付加価値の増加に直結する。地域の観光振興については，現在に至るまで，多くが地方自治体と観光協会といった自治体の外郭団体等によって進められてきた。しかし，観光協会・自治体は，観光事業者のサービス価値の優劣・サービス品質を比較・選定し，より観光客に求められる事業に特化する，というような戦略を立てることが難しかった。このような所属する観光事業者達の公平性を重視せざるを得ないという「公平性の呪縛」（高橋［2017］）によって，戦略に基づいた効果ある観光施策を生み出すことが困難になるという課題を持っていた。欧米では，そのようなしがらみに

囚われず，自主財源や収益源で地域観光の運営を行うことができる地域観光組織，DMO（Destination Management/Marketing Organization）によって，観光地経営が実施され，成功する事例が多く存在している。国内でも，このDMOに注目し，観光庁はその政策の中で「日本国内の地域の「稼ぐ力」を引き出すとともに地域への誇りと愛着を醸成する「観光地経営」の視点に立った観光地域の舵取り役として日本版DMOを組織し，関係者と協働しながら，明確なコンセプトに基づいた観光地域づくりを行う」と，日本版DMOの組織化を促している[7]。

　観光庁は日本版DMOが実施する基礎的な役割・機能として次の3つを定めており，団体として国土交通省観光庁への登録を行う際の要件としている。
① 観光地域づくりを行うことについての観光事業者・地方自治体・既存観光協会といった関係者の合意形成の実施
② 各種データ等の継続的な収集・分析，データに基づく明確なコンセプトに基づいた戦略策定，KPIの設定・PDCAサイクルの確立
③ 関係者が実施する観光関連事業のプロモーション

　これらの役割・機能を持つ事業者がDMOとして登録され，DMOは基本的な役割・機能の他に体験・ツアーなどの着地型旅行商品の製作・販売や，地域における観光事業のマーケティング・マネジメントを一手に引き受ける組織として活動を行っている。
　平成30年3月30日現在，176件のDMOが全国で活動をおこなっている。その連携規模は様々で，複数の都道府県に跨る地域連携で実施する「広域連携DMO」3件，複数の地方自治体に跨る地域を連携する「地域連携DMO」45件，単独市町村で実施する「地域DMO」128件と分類されている。またDMOの役割の方向性は，大きく分けて地域資源の保全を指向するものと，地域価値の向上を指向するグループに分けることができる（日本政策投資銀行 [2017]）。前者は，地域の文化・自然等の保全を目的として地域に組織され環境保全を行うもの，後者は，地域課題の解決や価値の向上に向けて観光ビジネスを進めるものである。地域の自然や文化を保護し次世代につなげることを求めるか，産業としての観光を発展させるか，どのタイプのDMOを選択するかは，地域住民の意向に大きく左右されることになる。前者は既にある地域価値を自主財源で永続的に維持保全することを指向しているが，後者のタイプの

DMO は，地域課題の解決や地域価値向上を目的とし，観光ビジネスを推進するDMOである．観光振興の資金は観光の受益者である観光客から徴収し，顧客である観光客にとってより付加価値の高いサービスが提案できる地域観光主体に再投資される．それは地域改善を観光ビジネスとして達成めざす観光地経営というべきものである．

　広域連携 DMO で，地域価値向上を目指す代表的な組織として，瀬戸内海に面した広大な地域の観光マネジメントを一挙に行う「せとうちDMO」の名が挙げられる．せとうちDMO は，兵庫県，岡山県，広島県，山口県，徳島県，香川県，愛媛県の7県にまたがる，2013年に設立された広域連携DMOである．この組織は，地域内の観光事業者に向けての経営支援・資金支援を行う株式会社瀬戸内ブランドコーポレーションと，参加各県と中国地方の観光・運輸各社の他，大手の商社や小売業が参画し，マーケティング・プロモーション・地域観光のマネジメントを行う一般社団法人せとうち観光推進機構の2組織が一体となって構成されている．いままでの観光施策は，個別の県レベルでの施策が限界であったが，瀬戸内海ブランドの醸成などで県を超えたブランディングや観光コンテンツの開発が可能となり，瀬戸内海観光の整備を進めるとともに，世界に向けて瀬戸内海観光のPR等を進めている．

　このように日本版 DMO による「観光地経営」の視点に立った地域の観光産業の中心として新しい地域の価値創造を進める活動に期待が寄せられている．このDMOによる「観光地経営」では，観光事業のマーケティング・マネジメントをDMOが牽引する．しかし，実際に観光客を迎え，観光サービスを提供するのは地域事業者・地域住民である．地方創生の施策としてトップダウン的に設立が促されたDMOではあるが，観光産業におけるサービス提供が，地域事業者や地域住民によって行われることから，地域住民によるボトムアップ型の地方創生の取組を見出すことができる．次節ではその事例として，地域連携DMO「麒麟のまち観光局」を取り上げる．

第4節　サービス社会に適合した DMO の経営の実際

1. DMO 事例「麒麟のまち観光局」概要

2018年3月，47都道府県で最も人口が少ない鳥取県の県庁所在地である鳥取市を中心に，旧因幡国にあたる鳥取県東部地域と兵庫県北西部の新温泉町，香美町で組織する地域連携DMO「麒麟のまち観光局」が発足した（図表17-1）。

地方創生策の1つに連携中枢都市圏構想というものがある。これは人口減少・少子高齢化による社会経済維持のため，地方の中核市を中心に近隣町村との連携を強め，周辺地域を1つの連携中枢都市圏として形成させるという構想である。このなかで鳥取市は連携中枢都市圏の中核市として位置づけられ，周辺の町と連携し，鳥取都市圏域を構成する。この圏域内の地域観光経営の中心となることを期待され設立されたのが，地域連携DMOである麒麟のまち観光局である。

麒麟のまち観光局が担当する地域には，その地域に伝わる獅子舞の一種である"麒麟獅子舞"の伝統文化がある。それを文化的に共通する圏域のアイコン

図表17-1　麒麟のまち観光局の担当エリア（左）と伝統芸能「麒麟獅子舞」（右）

画像提供：麒麟のまち観光局　　　　　　　（筆者撮影）

として，地域住民の共有意識を持ってもらうために名称を"麒麟のまち"としているのである。

このDMOの経営戦略で特筆すべき点は，地域で設立されるDMOの多くが観光マーケティング施策として，対外的に観光誘致を進める外部へのブランディングを優先する中，麒麟のまち観光局はインターナル・マーケティング，インナー・ブランディングに当初の重点施策を置き，活動を進めていることにある。

2．DMOが進めるインターナル・マーケティング

一般的にインターナル・マーケティングは，企業が社員に対して行うマーケティングを意味する。図表17-2（次頁参照）の企業のプロダクトマーケティング・トライアングルにみられるように，企業と顧客との直接的なマーケティングであるダイレクト・マーケティングの他，従業員と顧客との関係性，従業員と企業との関係性が存在し相互に影響し合っている。従業員は直接的な顧客接点であり，これが顧客にとってのサービス価値の源泉となる。この顧客と従業員との2者間の相互作用をインタラクティブ・マーケティングと呼ぶ。またインタラクティブ・マーケティングを支援し，より顧客のサービス価値を高める環境を整えるために，企業と従業員との間で行われるマーケティグ行為をインターナル・マーケティングと呼ぶ。

インターナル・マーケティングは，顧客と直接接点を持つ従業員との相互作用によって，顧客が得るサービスの品質が決められる。そのため，顧客の得るサービス価値を高めるためには，企業と従業員間のマーケティングが必要になるという考え方である。顧客にとってサービス価値を大きく左右するのは従業員との相互作用であり，その価値を高めるために企業が，従業員に対して経営理念や方針・目標等を浸透させ，技術・知識を提供する，といった内部へのマーケティング活動を推進する。

麒麟のまち観光局で行われているインターナル・マーケティングは，観光局の担当する地域の企業・地方公共団体・そして地域住民に対してのマーケティングを意味する。麒麟のまち圏域に来訪する観光客が，旅行体験を通じて，観光体験に満足し，再訪意思を持ち，地域の魅力を人に紹介・拡散する意思を持つためには，まず迎える側の人間・企業の意思統一，地域観光資源への理解，

図表 17-2　DMO の地域住民を取り込んだサービス・マーケティング

一般的なプロダクトマーケティング・トラインアグル

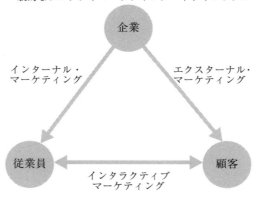

出所：Grönroos［2007］より一部筆者修正。

DMOにおけるプロダクトマーケティング・トライアングル

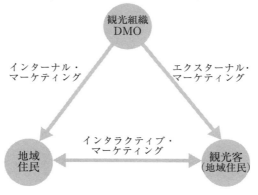

出所：筆者作成。

来訪者を迎える態度の醸成が不可欠と，麒麟のまち観光局は考えているのである。

　麒麟のまち観光局は，兵庫県と鳥取県と2つの県を跨いだ地域連携 DMO である。過去，観光政策やキャンペーンなどを別々に行っていた2つの県であるため，まだ誕生して間もない麒麟のまち観光局の圏域に属したものの，2つの県のそれぞれの県民には，隣の県とともに1つの広域観光圏に属していること

について，十分にその意識が浸透していないというのが観光局の認識である。今後の地域全体での統一行動のためには，内部における一体感の形成が必要であり，麒麟のまち観光局は，積極的なインターナル・マーケティングとインナー・ブランディングにより，圏域内の各企業・自治体・地域住民が育む観光客・顧客へのサービス意識を相互に共有させたいと考えているのである。

　また地域連携の観光事業であるがゆえに一般企業とは異なるインターナル・マーケティングの形が存在する。今まで，地域内の各観光地では，それぞれが別々の観光施策を敷いていた。そのため「鳥取県鳥取市から兵庫県新温泉町に遊びに来た」といったように同一圏域内の地域住民が，観光地にとっての観光客でもある，といったように「地域住民＝顧客（観光客）」との認識が地域内にある。麒麟のまち観光局はこのような地域住民同士が，もてなす側ともてなされる側として，圏域内の住民が観光客として圏域内の住民との相互作用を行うことが発生する。これは，観光局にとって，地域観光の価値提案を行う地域住民が，価値提案され，価値を得る側にも立つようなインターナル・マーケティングの構造を持つことを意味している。この関係性は，地域住民が「主」であり観光「客」をもてなす関係だけでなく，地域住民間での「主」「客」の関係が混在するため，地域住民が地域観光を通して，観光の価値を見出し発展させる，インタラクティブ・マーケティングのネットワークを構成することになる。

　麒麟のまち観光局は，組織としては圏域内の地方銀行，観光協会，交通・宿泊等の観光事業者を中心とする理事会で組織されているが，事務運営を行う事務局についても，地元銀行から分析専門人材を常勤で出向させるなど，地域の住民である人材によって運営されている。観光庁のDMO登録条件として，マーケティングの専門人材の確保を必須要件となっているが，都市の下請けとして機能していた地域にはそのような人材は少なく，多くのDMOにとっては専門人材の確保は高いハードルとなっている。実際は人材確保のため，都市部企業からの派遣を要請するなど，地域外部の人材に頼らざるをえない組織が多い。しかし観光局は，地元銀行に対して地元出身のマーケティング人材の出向を要請し配属するなど，組織人員については，圏域内の地域住民から人材確保することを「地域の観光産業を地域住民の手で発展させることの意思表示」として特にこだわったという。

　地域連携の目的は，地域の経済維持・公共サービスの持続など，人口減少に

より縮小した社会維持のために必要な人数を確保する，といった，そうせざるを得ない必要性から生じた後ろ向きのニュアンスで語られることが多い。この視点における地域連携はトップダウン的であり，地方の閉鎖的な考え方や地縁や血縁を基本とした「濃い関係性」をもつ狭いコミュニティにとっては，異質に取り込まれる強い抵抗感を持つ施策として映ることが考えられる。だが麒麟のまち観光局は，その圏域内で人材を集めるなど，その地域での自立を指向しつつ，地域連携を個性ある個々の地域が圏域内で尊重しあう場として認識し，地域コミュニティの閉鎖性を，独自の文化を育んだ差別化可能な観光資源の種と捉えている。地域の文化的の個性を観光資源に昇華させるために，地域に根付いた観光局が支援し，地域が地域の，ボトムアップの施策，ボトムアップの地域連携を進めているのである。この地域連携は，コミュニティ間を，地域住民が「主」「客」の混在でつながり，地域住民同士の相互作用によって価値が生みだされる，サービス社会的なネットワークと，それによる地域価値の創造がなされている。

3. 地域間連携にみられる相互作用

　麒麟のまち観光局の地域住民間の相互作用のネットワークの考え方は，地域間連携においての関係性に拡張して考えることもできる。

　麒麟のまち観光局の圏域内において，観光局の前身である鳥取・因幡観光ネットワーク協議会が旅行客の満足度調査を行った結果が図表17-3である。ここでは1つの地域での連泊と，2つの異なる地域の別の宿に宿泊した顧客を比較したとき，満足度は1地域で連泊したときの方が，度合が高くなるもの

図表17-3　連泊地域区分別の旅行消費額・満足度・再訪意思・紹介意思

	一人当たり旅行全体の消費額	満足度	再訪意思	紹介意思
麒麟のまち圏域でのみ連泊	26,886 円	4.61	4.08	2.75
麒麟のまち圏域と他地域での連泊	77,500 円	4.56	4.25	2.75

　注）満足度・再訪意思・紹介意思については，アンケートによって1～5の5段階で評価がなされている。表の各指標は属性毎の平均値を表す。
　出所：「鳥取・因幡観光ネットワーク協議会調査2016」より。

の，再訪意思については異なる別地域で連泊したときの方が大きくなる傾向があったことが報告されている。そこから，1地域をじっくり観光した顧客より，訪れたかった場所がまだある顧客の方が，また来たいという意思が強くなることが読み取れる。旅行者，特に宿泊を伴う顧客の旅の価値は，1つの地域で決まるのではなく，1日目，2日目と訪れたその旅の行程全体で評価されるのであり，顧客にとっての旅行価値を高めるためには，自地域だけでなく他地域との連携が有効であり，それが自地域にとっても有効な施策となることを示している。

麒麟のまち観光局は，圏域内に多くの歴史的にも個別の文化を持つ地域があり，それらの相互作用によって圏域内の観光サービスを向上させるインターナル・マーケティングの仕組みが内在していた。この調査結果は，それを拡大し，麒麟のまちもその1つとなる観光圏域間の相互作用の存在も示唆している。観光客にとっては，旅行体験は地域別に価値を生むのではなく，旅行全体を通しての価値で評価される。本調査結果は，圏域間でのボトムアップ型の連携とインターナル・マーケティングがその評価を左右することを示唆している。観光における顧客価値の向上は，内部における連携，さらに外部との連携が重要な要素となる。

麒麟のまち観光局は，ライバルとなる他の観光圏域が，旅行客の価値を高める競争相手であるとともに協働して観光客の満足度を高める相手であるとの認識を持っている。ボトムアップ型の連携とインターナル・マーケティングの考え方は，地域内の地域住民から，地域，広域連携，と顧客である訪問客の旅行価値最大化を目指し，各地域の価値を最大化させる施策として，ネットワークでつながる構造を持つのである。

第5節　おわりに

少子高齢化が進み，将来的に社会的な維持が難しい水準にまで人口が減少することが見込まれる地域では，必要に迫られての地域連携が進められている。地方創生は，国からのトップダウンではなく，地域を主体としたボトムアップを目指しているが，地域住民からの視点では，国から自治体に主体が変わったものの，トップダウンには変わりなく，疑似ボトムアップ型に留まっており，

地域住民が自ら価値を生む地域連携となっていない。しかし，地域観光における観光地経営の舵取りの役割を持つDMOの1つ，麒麟のまち観光局のように，地域住民・観光事業者に対するインターナル・マーケティング，インナー・ブランディングが行われ，そこから生まれるボトムアップ型の連携が存在にすることについて本章では述べた。

　観光圏域外の遠方からの観光客と地域住民間の相互作用の他，客として訪れた同じ圏域内の地域住民間の相互作用，これらサービスによるネットワークの形成が，地域観光の価値をボトムアップで高められる可能性がみられた。これから到来するサービス社会において，地方創生を進める地域組織経営は主・客が一体となったサービスの相互作用を促し，それらの一体感を醸成する地域経営のインターナル・マーケティングによって生み出されると言ってもよいのではないだろうか。

［注］
1) 「まち・ひと・しごと創生総合戦略」（2014年12月）の「人口減少と地域経済縮小の克服」を参照。
2) 「地域しごと創生会議中間とりまとめ」（2016年7月）8頁と，「まち・ひと・しごと創生総合戦略」（2014年12月）「従来の政策の検証」を参照。
3) まち・ひと・しごと創生本部による「第6回 地域しごと創生会議」（2016年4月），「地域しごと創生会議中間とりまとめ」（2016年7月）参照。
4) 総務省が進める「連携中枢都市圏構想」がそれにあたる。
5) "地縁や血縁を基本とした「濃い関係性」"の表現については敷田他（2012）の論文から借用した。敷田らは都市化により地方は「濃い関係性」から閉鎖性を維持したまま住民間の関係性が弱くなる「地域閉塞型」に陥る危険性を指摘している。
6) 2017年6月閣議決定された「未来投資戦略2017」86頁，2017年3月閣議決定された「観光立国推進基本計画」1頁等を参照。
7) 観光庁HP《http://www.mlit.go.jp/kankocho/》「政策について〉日本版DMO」に詳しい。

［参考文献］

Grönroos C.［2007］*Service Management and Marketing : Customer Management in Service Competition*, John Wiley & Sons.

市川拓也［2015］「地域経済の持続可能性について考える③―観光は地域経済の持続可能性に寄与するのか―」『大和総研レポート』2015年8月25日。
敷田麻実・森重昌之・中村壯一郎［2012］「中間システムの役割を持つ地域プラットフォームの必要性とその構造分析」『国際広報メディア・観光学ジャーナル』No.14, 23-42頁。
高橋一夫［2017］『DMO 観光地経営のイノベーション』学芸出版社。

日本政策投資銀行［2017］『観光 DMO 設計・運営のポイント』ダイヤモンド社。
村松潤一編著［2015］『価値共創とマーケティング論』同文舘出版。
観光庁 HP 日本版 DMO 〈http://www.mlit.go.jp/kankocho/〉。
瀬戸内 DMO 瀬戸内 DMO とは 〈http://setouchitourism.or.jp/ja/setouchidmo/〉。

（高橋良平）

第 18 章

サービス社会と消費文化理論

第 1 節　はじめに

　Arnold and Thompson［2005］が提唱した消費文化理論（Consumer Culture Theory：以下，CCT）は，消費者行動研究における潮流の中で構築化され誕生した[1]。

　CCT が誕生した翌年（2006 年）には，早くもアメリカのノートルダム大学で CCT カンファレンス（Consumer Culture Theory Conference）が開催されており，毎年，ワークショップやシンポジウムなども活発に行われている。また，2007 年には，Belk and Sherry が CCT を主題として編集した論文集 *Consumer Culture Theory* を刊行し，その中で，提唱者の Arnold らをはじめ，多くの研究者が論文を投稿している。その後も，CCT への注目や関心は各国で高まり続けており，CCT 研究はいまや消費者行動研究領域の一角を占めつつある。

　この CCT に関して，本章では，まず，CCT 誕生までの潮流を概観し，その上で，CCT の主要な研究領域の概要を示すことにする。次に，CCT の代表的論者である Arnold の所論を踏まえながら，CCT 研究とマーケティング研究にはどのような関係があるのかなどを明確化する。最後に，「サービス社会」とも呼ばれる現代の社会において，CCT はどのような形で貢献できるのかを考えることにしたい。

第 2 節　CCT 誕生までの潮流

　消費者行動（consumer behavior）は，厳密には「購買行動」と「消費行動」に区分される。前者は「商品の必要性を認知してからその商品を購買するまでのプロセス（渡辺［2015］88 頁）」，後者は「購買した商品を使用してから廃棄するまでのプロセス（渡辺［2015］88 頁）」を指す。この上で，従来の消費者行動研究の主流は，もっぱら前者に関する研究であった。

　購買行動研究における代表的な著書としては，① Nicosia ［1966］の *Consumer Decision Process : Marketing and Advertising Implications*，② Engel *et al*［1968］の *Consumer Behavior*，③ Howard and Sheth［1969］の *The Theory of Buyer Behavior* がある（田中［2008］）。これら 1960 年代の著書は，伝統的な消費者行動論の基盤を築いたものとして大きな貢献があったと言える[2]。

　ちなみに，Engel *et al.*［1968］の著書で提唱された消費者の意思決定と行動に関する包括的モデルは，共著者 3 人の名前から EKB モデル（Engel, Kollat and Blackwell Model）として知られている。EKB モデルは，共著者が変わるとともに EBM モデル（Engel, Blackwell and Miniard Model）と呼ばれるようになり（Engel *et al.*［1995］），その後，CDP モデル（消費者意思決定過程モデル：Consumer Decision Process Model）という形に深化している（Blackwell *et al.*［2001］）。

　上記のような研究は，工業社会における伝統的なマーケティング論の影響下で行われてきた経緯がある。工業社会では，消費者の価値観やライフスタイルは比較的均一であり，物質主義の傾向があった。そのため，企業は，画一的なマス・カルチャー（mass culture）に対するマーケティング活動を展開した。従来の消費者行動研究は，この状況下で，購買プロセスにおける消費者の諸行動を解明するための調査・分析を担ったである。その際の研究アプローチとしては，論理性や客観性を兼ね備えた実証的アプローチ（定量的アプローチ）が多く用いられた。

　しかし，多くの先進国で経済成長の転換期を迎え，工業社会から脱工業化社会へとシフトしていくに連れ，消費者の意識に脱物質主義の傾向が見え始めた

(佐野 [2013])。そして，消費者の価値観やライフスタイルの多様化・個性化が進み出した。そのため，企業には，カウンター・カルチャー（counter culture）などに対するマーケティング活動も求められるようになってきた。このような時代の流れによって，消費者行動研究は，購買行動だけではなく消費行動にも関心が寄せられるようになり，消費プロセスにおける消費者の諸行動を理解するための調査・分析が活発化し始めた。研究アプローチとしては，現象のリアリティ感を捉える解釈的アプローチ（定性的アプローチ）が用いられるようになってきた。

消費行動研究は，*Journal of Consumer Research* 誌に掲載された Holbrook and Hirschman [1982] の論文 "The Experiential Aspects of Consumption: Consumer Fantasies, Feelings and Fun" に端を発しており（松尾 [2010]；青木 [2012]）。それ以降，同学会誌を通じて，多くの論文や研究者が生み出されている（小川 [2009]）。解釈的アプローチが採用され始めたことで，芸術鑑賞やスポーツ観戦，ガラクタの収集活動など，従来の研究アプローチでは捉え難い消費の文化的側面が考察されるようになり（松尾 [2010]），研究テーマは多種多彩な広がりをみせている。

こうした潮流の中で，Arnold and Thompson [2005] は，*Journal of Consumer Research* 誌に論文 "Consumer Culture Theory (CCT): Twenty Years of Research" を投稿し，過去 20 年間の同研究に対して CCT という呼称を与えたのである。

第 3 節　CCT の研究領域

CCT に関する研究は多岐に渡る。それは，CCT カンファレンスのセッション・テーマを確認すれば明らかである。

例えば，2008 年におけるセッション・テーマは，「消費者の自己変化」，「文化変容」，「アイデンティティ」，「模造品の消費」，「文化社会的レンズを通した消費」，「消費者関与」，「グローバル化と消費文化」，「政治と消費文化」，「単一民族」，「母親らしさ／親らしさ」，「消費儀式」，「音楽とクール（格好良さ）」，「加齢とアイデンティティ」，「消費のパターン」，「自己強化とアメリカンドリーム」，「自己アイデンティティ」，「シェアリングの境界」，「ブランドと刺

青」であった（小川［2009］）。

　上記を見れば分かる通り，CCT 研究は，必ずしもマネジリアルな視点を大前提にして考察しているわけではなく，純粋に消費の文化的側面に関心を寄せて考察する。一見，学術的にも実務的にもマーケティングとの接続が難しいと思われがちな CCT 研究ではあるが，むしろ，その研究姿勢によって導出される知見が，時として，拡張化しつつあるマーケティング・プロセスに有益な示唆を与える可能性を有しているのである。

　さて，Arnold and Thompson［2005］に依拠すれば，このような CCT 研究は，大きく 4 つの領域に分けられる。その 4 つの領域とは，すなわち，①消費者のアイデンティティ，②市場文化，③消費の社会歴史的な構造，④市場のイデオロギーと消費者の解釈の 4 つである。

　尚，これらの研究領域は，それぞれが完全に独立しているものというよりは，むしろ，相互に影響を及ぼし合う関係として考えられている（Arnold and Thompson［2007］）。

　図表 18-1 の右上にある矢印は「消費者のアイデンティティ」と「消費の社会歴史的な構造」間の影響関係（構造とエージェンシーのテンション），左上にある矢印は「消費の社会歴史的な構造」と「市場文化」間の影響関係（グロカリゼーションとグローバルフローのスケープ），左下にある矢印は「市場文化」と「市場のイデオロギーと消費者の解釈」間の影響関係（市場媒介のネットワークと埋め込まれた消費），右下にある矢印は「市場のイデオロギーと消費者の解釈」と「消費者のアイデンティティ」間の影響関係（イデオロギーによる消費者の欲求・目標・アイデンティティの形成）を意味している（Arnold and Thompson［2007］）。

　すなわち，これらの研究領域は，反時計回りに関連していると考えられている。しかし，この影響関係に関しては，いまだヒューリスティックな議論に留まっているところがある。そのため，各領域間の影響関係を厳密に検討する作業は，今後の CCT 研究における 1 つの課題であると言える。

　とは言え，Arnold らが提示したこの研究上の枠組みは，少なくとも，これまで若干不明確であった CCT 研究のシルエットを描き出している。また，領域間の関係に焦点を当てることで，新しい研究対象も生み出しており，今後の CCT 研究の 1 つの歩み方を確認することができる。そのような点を踏まえると，彼らが唱えたものは高く評価されるべきであろう。

図表 18-1　CCT 研究の 4 領域と領域間の影響関係

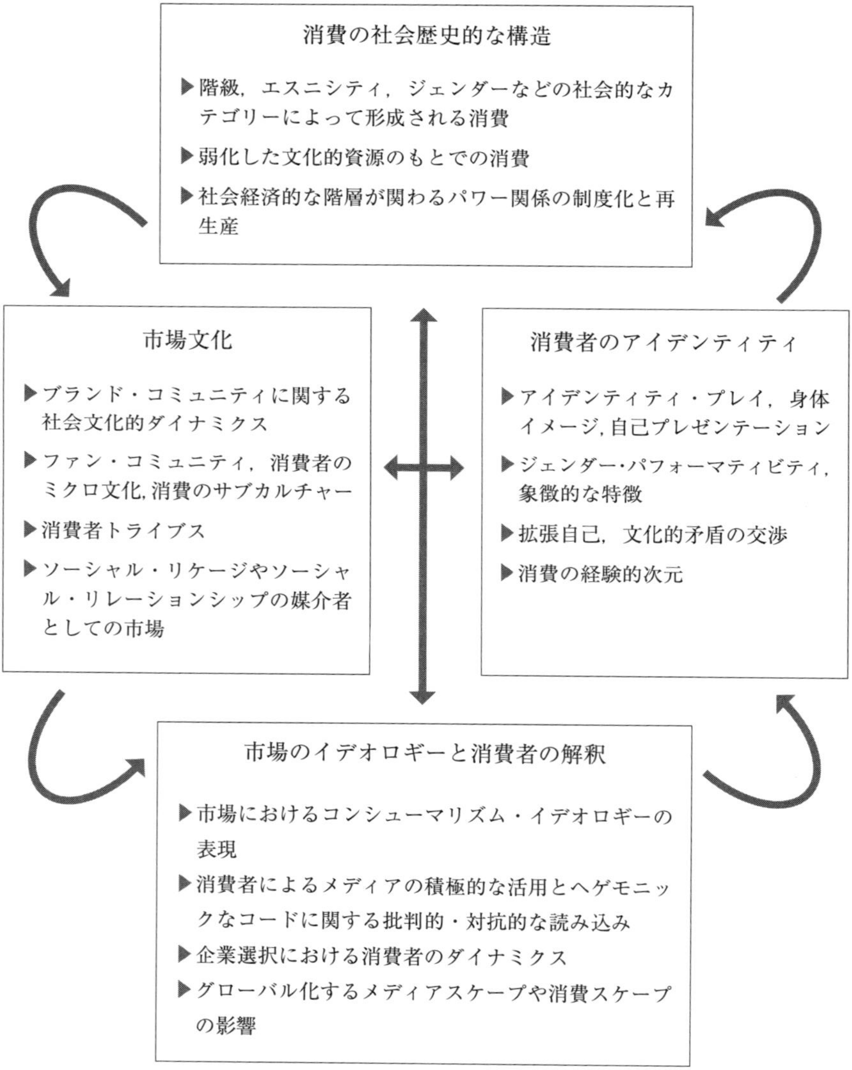

消費の社会歴史的な構造

- ▶階級，エスニシティ，ジェンダーなどの社会的なカテゴリーによって形成される消費
- ▶弱化した文化的資源のもとでの消費
- ▶社会経済的な階層が関わるパワー関係の制度化と再生産

市場文化

- ▶ブランド・コミュニティに関する社会文化的ダイナミクス
- ▶ファン・コミュニティ，消費者のミクロ文化，消費のサブカルチャー
- ▶消費者トライブス
- ▶ソーシャル・リケージやソーシャル・リレーションシップの媒介者としての市場

消費者のアイデンティティ

- ▶アイデンティティ・プレイ，身体イメージ，自己プレゼンテーション
- ▶ジェンダー・パフォーマティビティ，象徴的な特徴
- ▶拡張自己，文化的矛盾の交渉
- ▶消費の経験的次元

市場のイデオロギーと消費者の解釈

- ▶市場におけるコンシューマリズム・イデオロギーの表現
- ▶消費者によるメディアの積極的な活用とヘゲモニックなコードに関する批判的・対抗的な読み込み
- ▶企業選択における消費者のダイナミクス
- ▶グローバル化するメディアスケープや消費スケープの影響

出所：Arnould and Thompson［2007］を一部修正。

以下では，Arnold and Thompson［2005］に依拠しながら，CCTの4つの研究領域の概要を示すことにしたい[3]。

1. 消費者のアイデンティティ

第1の研究領域は，消費者のアイデンティティに関する領域である。この領域では，消費者をアイデンティティの探求者や形成者として捉え，主に，消費者が市場を通じて自身のアイデンティティを探求・形成するところに焦点を当てる。

市場は，消費者のアイデンティティの形成において，神話的・象徴的な資源の源泉になると考えられている。そして，市場は，消費者と共同的にアイデンティティを創り上げるものであり，選択可能な複数の消費者ポジション（consumer positions）を生み出せるものとして位置づけられている。

既存研究としては，例えば，ブランドやインターネットを通じた消費者の自己呈示のプロセスに関する研究やファン・アイデンティティの構成に関する研究などがなされている。

2. 市場文化

第2の研究領域は，市場文化に関する領域である。この領域では，消費者を文化的なプロデューサーとして捉え，主に，消費という人間の営みが人々の思考や行為の文化的青写真をどのように形作るのか，あるいは，その逆の場合はどうなのかに焦点を当てる。

いわゆる「消費のサブカルチャー」や「消費世界」，「消費者のミクロ文化」などの研究がこの領域に含まれることになる。Arnoldらは，このようなCCTのジャンルはネオ・トライバリズム（neo tribalism）の概念との関わりがあると述べている。

初期の研究では，若年層のサブカルチャーに着目した研究がなされており，スカイダイビングやファンダム，カウンター・カルチャーのライフスタイル，一時的な消費コミュニティなどに関する考察がなされた。

3. 消費の社会歴史的な構造

第3の研究領域は，消費の社会歴史的な構造に関する領域である。この領域では，消費者を社会的な役割や立場のエナクターとして捉え，主に，消費に影響する階級，コミュニティ，エスニシティ，ジェンダーなどの制度的・社会的な構造に焦点を当てる。

すなわち，消費社会とは果たして何なのか，それはどのように構築され維持されるのかという点を明らかにしていく。

多くのCCT研究者は，社会的な階級・階層，ジェンダー，エスニシティ，家族・世帯などの集団によって形成されていく消費選択や行動のプロセスに関して関心を寄せている。

他方で，消費者の経験，信念，プラクティスが制度的・社会的な構造とどのような関係にあるのかに関しても関心が寄せられている。

4. 市場のイデオロギーと消費者の解釈

第4の研究領域は，市場のイデオロギーと消費者の解釈に関する領域である。この領域では，消費者を解釈のエージェントとして捉え，主に，マスメディアを媒介した一方的なアイデンティティやライフスタイルなどのイデオロギーに対して，消費者が暗黙的に受容する行動や意図的に逸脱する行動に焦点を当てる。

後者の意図的に逸脱する行動をとる消費者は，多彩なアイデンティティ・プレイ（identity play）を生み出すと考えられている。そして，このようなタイプの消費者は，時には企業側のマーケティングなどを批判することもあるという。

ゆえに，Arnoldらは，上記の消費者を受動的で騙されやすい者としてではなく，自身の理想的なイデオロギーを能動的に構築化していく者として捉えている。

既存研究の中には，消費者のライフ・テーマやライフ・プロジェクトと広告解釈に関する研究，反抗的な解釈を通じた消費者間関係の形成に関する研究などがなされており，記号論的・文学批評論的アプローチを用いるCCT研究者

も少なからず存在する。

第4節　Arnould の所論

　CCT の代表的論者である Arnould [2007] の論文 "Service-Dominant Logic and Consumer Culture Theory : Natural Allies in an Emerging Paradigm" を踏まえると，CCT における資源の捉え方や企業・消費者間の共同生産[4]，CCT 研究とマーケティング研究の関係に関して，次のようにまとめることができる。

1. 消費者側の資源

　2004 年に，Vargo and Lusch が提唱した S-D ロジック（Service-Dominant logic）と同様に，CCT においても資源はオペランド資源（operand resource）とオペラント資源（operant resource）に区別する。とりわけ，CCT では，企業側よりも消費者側の資源に重きを置いて考察する（図表 18-2）。

　図表 18-2 の右側は，消費者のオペランド資源を表している。すなわち，消費者は，物質的オブジェクトや物理的スペースといった経済的資源（economic resource）を有している。この資源の適用には，配分的能力（allocative capabilities）が影響する。

　一方，図表 18-2 の左側は，消費者のオペラント資源を表している。すなわち，消費者は，社会的資源（social resource），文化的資源（cultural resource），身体的資源（physical resource）という 3 つの資源を有している。これらの資源の適用には，権威的能力（authoritative capabilities）が影響する。

　社会的資源には，家族関係やブランド・コミュニティ，消費者トライブス，商業的関係などが含まれる。また，文化的資源には，専門的知識・技能，ライフ・エクスペクタンシー，歴史的想像などが含まれる。そして，身体的資源には，感覚的・運動的資質，活力，喜怒哀楽，体力などが含まれる。

　消費者は，このオペランド資源およびオペラント資源を，自身の生活上の目標（ライフ・プロジェクトやライフ・ロール）に応じて活用するのである。

図表 18-2　消費者側が有する資源

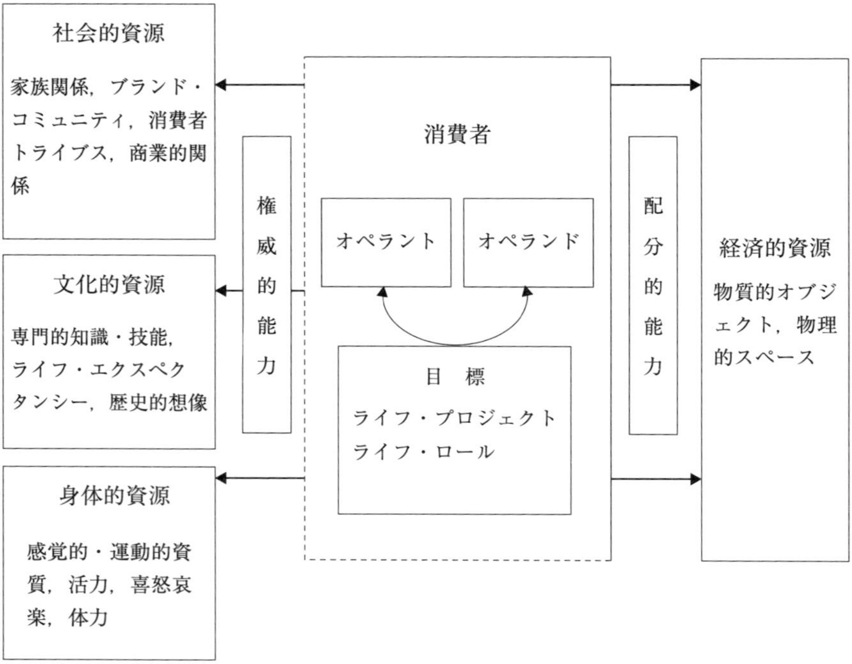

```
社会的資源
家族関係，ブランド・
コミュニティ，消費者
トライブス，商業的関
係

文化的資源
専門的知識・技能，
ライフ・エクスペク
タンシー，歴史的想像

身体的資源
感覚的・運動的資
質，活力，喜怒哀
楽，体力
```

消費者
オペラント　オペランド
目標
ライフ・プロジェクト
ライフ・ロール

権威的能力　配分的能力

経済的資源
物質的オブジェクト，物理的スペース

出所：Arnould［2007］を基に筆者作成。

2. 企業・消費者間の共同生産

　消費者側の社会的・文化的・身体的なオペラント資源は，企業側との共同生産（co-production）に作用する。CCTでは，企業側のオペラント資源を通じた価値提案（value propositions）から消費者側のオペラント資源を通じた使用価値（value-in-use）生成までの相互作用を「共同生産」と捉える。

　図表18-3を見ると，企業側にせよ消費者側にせよ，共同生産には「オペラント資源」が重要な役割を果たしていることが分かる。そして，CCTにおける消費者像は，一方的・受動的に価値を受ける存在としてではなく，共同的・能動的に価値を生成する存在として描かれていることも分かる。

図表 18-3　使用価値生成までのプロセス

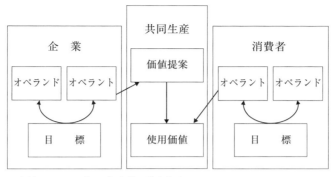

出所：Arnould [2007] を基に筆者作成。

3. CCT 研究とマーケティング研究の関係

　Arnold は，CCT 研究とマーケティング分野における S-D ロジック研究には，両研究が進むべき方向性に理論的な親和性があると主張している。例えば，S-D ロジックにおける複数の基本的前提（Foundational Premises：以下，FP）に関して，CCT には共通認識があるという。

　具体的には，FP3「財はサービス供給のための流通手段である」，FP4「知識は競争優位の基本的源泉である」，FP6「顧客は常に共同生産者である」，FP8「サービス中心の考え方は顧客志向的であり関係的である」の 4 点である[5]。

　とりわけ，両研究は，オペラント資源に着目し，消費者を受動的な反応者ではなく，能動的な行為者として捉えている点に特徴がある。この点は，従来の 4P's に関する理論を前提とするマーケティング研究や消費者行動研究とは，大きな捉え方の違いがあると言える。

　CCT 研究の発展は，伝統的な G-D ロジック研究から S-D ロジック研究へのシフトを促進させることや S-D ロジック研究における課題を克服することにも貢献できると考えられている。

　ちなみに，G-D ロジック研究は，財と貨幣の交換時までのマーケティング・プロセスを考察する。それに対して，S-D ロジック研究は，その交換後の消費者の価値獲得までのマーケティング・プロセスを考察する。他方，CCT 研究は，繰り返しになるが，消費現象に関して幅広く考察する。

図表 18-4　CCT と S-D ロジックの親和性

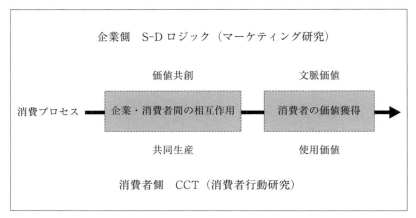

出所：筆者作成。

　ゆえに，CCT とマーケティング分野における S-D ロジックの研究上の接点は，消費者の消費段階にあると言えるだろう（図表 18-4）。Arnold は，CCT 研究と S-D ロジック研究は同盟（alliance）が結べると述べている。

第5節　おわりに

　Arnould［2007］は，CCT と S-D ロジックとの関係に焦点を当てて論じたが，彼の所論を踏まえるならば，CCT 研究の知見は，北欧学派の S ロジック（Grönroos［2006］）や 4C アプローチ（村松［2015］）にもかかわるものとなる。
　さて，「サービス社会」とも呼ばれる現代の社会において，消費段階の直接的相互作用を大前提とする価値共創マーケティング（value co-creation marketing）が重要な企業行動として期待されているという点は，本書の中でも既に記述されている通りである。
　しかしながら，価値共創マーケティングの理論化および実践には，まだまだ多くの課題が残っている。そのなかで，村松［2017］は，価値共創マーケティング上の第一の課題として「顧客であるヒトの生活世界そのものを明らかにする必要がある（21頁）」と述べている。

この点に関して，消費者行動分野におけるCCT研究は，長年に渡り，いわゆる消費生活の世界を幅広く考察してきたため，やはり非常に有益な知見を数多く与えることになるだろう。

　ゆえに，CCTは，価値共創マーケティング上の不足を補うことや，サービス社会における消費者側の文脈的で時にはマイノリティな世界を理解・説明することに貢献できると筆者は考える。

[注]
1) Consumer Culture Theoryは，我が国では「消費文化理論」と意訳されることが多い。本章においても，その訳語を用いることにする。
2) 1969年に北米でACR（American for Consumer Research）が設立された。
3) 松井［2010］の書評や吉村［2010］の論文で詳しく解説されている。
4) 青木［2013］の論文で詳しく解説されている。
5) Vargo and Lusch［2004］の論文で提示されたFPを用いている。

[参考文献]
Arnould, E. J. [2007] "Service-Dominant Logic and Consumer Culture Theory:Natural Allies in an Emerging Paradigm," in Belk, R. W. and J. F. Sherry Jr (eds.), *Consumer Culture Theory*, Vol. 11 of Research in Consumer Behavior, Oxford: Elsevier, pp.57-76.
Arnould, E. J. and C. J. Tompsom [2005] "Consumer Culture Theory (CCT): Twenty Years of Research," *Journal of Customer Research*, Vol.31, pp.868-882.
――― [2007] "Consumer Culture Theory (and We Really Mean Theoretics): Dilemmas and Opportunities Posed by an Academic Branding Strategy," in R. W. Belk and J. F. Sherry Jr (eds.), *Consumer Culture Theory*, Vol. 11 of Research in Consumer Behavior, Oxford:Elsevier, pp.3-22.
Blackwell, R. D., P. W. Miniard and J. F. Engel [2001] *Consumer Behavior*, 9th ed., Mason, Ohio:South-Western.
Engel, J. F., R. D. Blackwell and P. W. Miniard [1995] *Consumer Behavior,* 8th ed., Fort Worth, Texas:The Dryden Press.
Engel, J. F., D. T. Kollat and R. D. Blackwell [1968] *Consumer Behavior*, New York:Holt, Rinehart & Winston.
Gronroos, C. [2006] "Adopting a Service Logic for Marketing," *Marketing Theory*, Vol.6, No.3, pp.317-333.
Howard, J. A. and J. N. Sheth [1969] *The Theory of Buyer Behavior,* New York:John Wiley & Sons.
Holbrook, M. B. and E. C. Hirschman [1982] "The Experiential Aspects of Consumption: Consumer Fantasies, Feelings and Fun," *Journal of Consumer Research*, Vol.8, pp.132-140.
Nicosia, F. M. [1966] *Consumer Decision Process:Marketing and Advertising Implications,* New Jersey : Prentice-Hall.（野中郁次郎・羽路駒次郎訳［1979］『消費者の意思決定過程』東洋経済新報社。）

Vargo, S. L. and R. F. Lusch [2004] "Evolving to a New Dominant Logic for Marketing," *Journal of Marketing*, Vol.68, No.1, pp.1-17.

青木幸弘 [2012]「消費者行動研究の系譜」,青木幸弘・新倉貴士・佐々木壮太郎・松下光司編著『消費者行動論―マーケティングとブランド構築への応用―』有斐閣, 48-83 頁。
──── [2013]「「ブランド価値共創」研究の視点と枠組：S-D ロジックの観点からみたブランド研究の整理と展望」『商学研究』関西学院大学商学研究会, 第 60 巻, 第 4 号, 85-118 頁。
小川孔輔 [2009]『Management Text マーケティング入門』日本経済新聞出版社。
佐野美智子 [2013]『消費入門―消費者の心理と行動, そして, 文化・社会・経済―』創成社。
田中 洋 [2008]『消費者行動論体系』中央経済社。
松井 剛 [2010]「書評：Consumer Culture Theory (Research in Consumer Behavior, Vol.11)」『消費者行動研究』日本消費者行動研究学会, 第 17 巻, 第 1 号, 111-110 頁。
松尾洋治 [2010]「消費者行動研究の系譜」, マーケティング史研究会編著『〈シリーズ・歴史から学ぶマーケティング第 1 巻〉マーケティング研究の展開』同文舘出版, 163-178 頁。
村松潤一 [2015]「価値共創の論理とマーケティング研究との接続」, 村松潤一編著『価値共創とマーケティング論』同文舘出版, 4-18 頁。
──── [2017]「価値共創マーケティングの対象領域と理論的基盤―サービスを基軸とした新たなマーケティング―」『マーケティングジャーナル』日本マーケティング学会, 第 37 巻, 第 2 号, 6-24 頁。
吉村純一 [2010]「消費文化理論がマーケティング研究にもたらすもの」『熊本学園商学論集』第 16 巻, 第 1 号, 13-30 頁。
渡辺裕一 [2015]「消費者行動論と購買・消費行動」村松潤一編著『価値共創とマーケティング論』同文舘出版, 87-100 頁。

（西　宏樹）

索　引

［あ　行］

アクター…………………………………26
アクティブ・コンシューマー…………7, 10
アダム・スミス……………………………3
アフターサービス…………………13, 201

意思決定論………………………………34
依存効果……………………………………5
委託販売…………………………………181
1次的ステイクホルダー………………142
一人称のマネジメント…………………40
伊藤忠商事………………………182, 184, 186
伊藤忠テクノソリューションズ………184
伊藤忠ロジスティクス…………………182
イネーブリング…………………………53
イノベーション……………………79, 83
意味的価値………………………………63
医療サービス………………………186, 189
インセンティブ・システム……………145
インターナル・マーケティング……52, 223
インターネット…………………………15
インタラクティブ・マーケティング…223
　　──のネットワーク…………………225
インナー・ブランディング……………223

受取配当金………………………178, 181, 187

営業体制のダイヤモンド………………192
営業利益…………………………178, 181, 187
エコシステム………………………77, 78
エピソード………………………………119
エンカウンター……………………67, 120
エンパワーメント………………158, 159, 164
エンパワリング…………………………53

オープン・システム……………………137
オペラント…………………………………9
オペラント資源………54, 90, 169, 237-239
オペランド資源……………54, 90, 169, 237

［か　行］

外国貿易商社……………………………180
解釈的アプローチ………………………232
開発期間短縮……………………………68
開発プロセス……………………………68
外部環境…………………………………36
外部志向のマーケティング……………15
快楽的消費………………………………21
科学的管理法……………………31, 104
獲得戦略…………………………………87
過剰学習…………………………………107
カスタマイズ……………………………65
価値獲得…………………………………126
価値共創……11, 67, 69, 91, 99, 169, 195, 197
価値共創型企業システム………………177
価値共創者………………………………24
価値共創マーケティング…………177, 240
価値創造……11, 19, 22-25, 27, 28, 117, 197
　　──の主体………………………………23
　　──プロセス……………………………117
　　企業の──………………………………78, 79
価値創造起点としての消費者……128, 133
価値創造者…………………………………11
価値提案…………………………114, 198, 238
価値分配…………………………………124
カネのマネジメント………71, 72, 77, 79, 83
株主………………………………………141
可変的資源………………………………87
神の見えざる手……………………………3
関係………………………………………119
関係的モード……………………………117
関係特殊技能……………………126, 130, 133
関係特殊能力……………………………129
関係レント………………………126, 131-133
観光地経営………………………216, 220
関心認知…………………………………144
管理過程学派……………………………98
関連会社…………………………………184

企業価値(の)向上…………178, 181, 187

企業―顧客関係·················116
企業主導型営業···············195
企業得意性····················85
企業内部の調整············192, 195
企業の価値創造···············78, 79
企業文化·················101, 107
期待··························113
拮抗力·························4
機能的組織····················62
規模の経済性············3, 4, 6, 13
基本的前提····················239
キャッシュフロー···············76
業績の三位一体················106
共創型のサプライヤー関係········132
共創関係·················132, 133
共創社会·····················131
競争優位·····················167
共通の便益····················126
協働··························34
共同開発······················14
共同生産·····················238
共同選択······················14
共有価値·····················103
麒麟のまち観光局··············222
銀行··························141
近代組織論····················34
近代的管理論··················34
金融機能·················180, 184
金融サービス············72, 77, 78, 83
金融システム··················83

クチコミ発信··················113
グッズ・ドミナント・ロジック····169
クラウド・サービス············184
クラウドファンディング·····72, 73, 79-82, 210
クローズド・システム··········137

経営学······················166
経営管理·····················47
経営資源············85, 86, 143, 156
経営諸機能··············47, 48, 98
経営力·····················182
経験価値·····················63
経済のサービス化···············5
形成プロセス··················120

ケイパビリティ···········66, 67, 165
ケーブルテレビ（CATV）事業······184
権限委譲············153-155, 157, 158
現場主導型の意思決定モデル····153-155

コア・コンピタンス············168
行為·························119
広域連携DMO················220
交換価値···············9, 13, 22, 146
工業社会···············3, 13, 165
貢献と誘因····················35
口銭·················178, 180, 181
行動的ロイヤリティ············114
購買行動················19, 20, 21
公平性の呪縛·················219
コーポレート・コミュニケーション····147
子会社······················184
顧客関係（の）マネジメント······111, 115, 121
顧客起点·····················128
顧客中心·····················116
顧客の意思と能力··············157
顧客の能動性·················120
顧客満足·····················112
顧客価値·····················195
国際会計基準（IFRS）··········181
国土形成計画·················217
国土政策·····················217
個々の便益····················126
「コト」の価値················131
固定的資源····················87
古典的管理論··················31
コミッション·················180
コミットメント··········111, 113
ゴミ箱モデル··················38
コミュニティ·················205
コモディティ化······59, 62, 64, 66, 146
コロンビアジア················186
コンカレント・エンジニアリング····61, 68
コンシューマリズム············4
コンティンジェンシー・エンジニアリング
····························62
コンティンジェンシー理論·······34
コンビニ(エンスストア)·······153, 154

[さ 行]

サードパーティ･････････････････････145
サーバント・リーダー･･････････････････56
サーバント・リーダーシップ･･････････55
サービス･････････････････････････････91
　——の視点････････････････････････116
サービス・エンカウンター･･･････48, 97
サービス・デリバリー・システム･･････51
サービス・ドミナント・ロジック･････169
サービス・プロフィット・チェーン･････49
サービス化･････････････145, 165, 181, 187
　経済の——･･･････････････････････････5
　製造業の——････････････････････59, 63
　——に適応させた組織･･･････････････65
サービス関係･････････････････6, 12, 173
サービス企業････････････････13, 14, 18
サービス業の文化･････････････････････65
サービス経験･･･････････････････････197
サービス経済････････････････････5, 9, 10
サービス事業････････････････････････184
サービス志向的組織構造･････････････101
サービス社会･････2, 18, 19, 72, 79, 83, 89, 91,
　　138, 165, 194, 198, 217, 240, 241
　——における資源統合････････････173
　——のファイナンス･･･････････72, 79-83
サービス組織････････････････････････106
サービス品質･････････････････････････48
最終消費者･･･････････････････････････15
最終消費者･･････････････････････････218
サイバーセキュリティ･･･････････････185
財閥商社････････････････････････････183
逆さまのピラミッド･････････････････102
サプライヤー・システム･････････124, 125
サプライヤー・セレクション････････129
サプライヤーの発展･････････････････129
差率出来高賃金制･･･････････････････32

シークエンス･･･････････････････････119
シーケンシャル･･･････････････････････61
支援・被支援関係･････････････････････12
支援型リーダーシップ････････････････57
事業経営････････････････････182, 183, 188
事業投資･･･････････178, 181, 182, 184, 187, 188
資金調達･････････････････････････71-83
資金提供･･･････････････････71-74, 78, 80, 81
資源展開戦略････････････････････････87
資源統合････････････････････････86, 165
資源ベース理論･････････････････････165
志向論････････････････････････････････97
市場のイデオロギーと消費者の解釈
　･･････････････････････････････233, 236
市場文化･･･････････････････････233, 235
持続的競争優位･････････････････････167
自治体･････････････････････････････141
実証的アプローチ･･･････････････････235
品揃え･･･････････････････････････････14
社会的責任･･････････････････････････143
収益モデル･････････178, 180-184, 187, 188
従業員･････････････････････････････142
従業員関係性管理（ERM）･･･････････50
従来型のファイナンス･･･････72, 73, 79-82
従来マーケティング･･････････････････68
ジュピターショップチャンネル････182, 184
ジュピターテレコム･････････････････184
使用価値･･････････････23, 128, 146, 196, 238
商社冬の時代･･･････････････････････181
商取引･････････････････････180-184, 187-189
承認図メーカー･････････････････････130
消費
　——の拡張概念････････････････････197
　——の社会歴史的な構造･･･････233, 236
消費活動････････････････････････････115
消費経験･････････････････････････････21
消費行動･･････････････････････････19, 20
　——研究････････････････････････20, 21
消費者･･･････････････････････････････19
　——のアイデンティティ･･･････233, 235
消費者運動････････････････････････････4
消費者行動････････････････････････231
　——研究････････････････････････113
消費者主権･･････････････････････････5, 10
消費者ネットワーク･･････････････････26
消費使用（の）プロセス･････････118, 121
消費段階･･････････････････････196, 197
消費プロセス････････････････････9, 165
消費文化理論････････････････････････230
商品開発･････････････････････････････59
　——のプロセス････････････････････61
商品改良･････････････････････････････68
情報･････････････････････････････････85
　——の逆非対称性･････････････････････9

——の非対称性･････････････9, 74, 83
——の非対称性の消滅･････････････92
——のマネジメント･････････････････61
情報化･･･････････････････････6, 138
——の進展･････････････････････18
情報社会･･･････････････････････････2
情報創造･････････････････････････168
情報探索･･････････････････････････20
食品スーパー･････････････････153, 154
真実の瞬間･････････････････52, 102, 120
人的販売･･････････････････････････47
人的販売活動･･････････････････････98
人的販売論･･････････････････････191
信頼････････････････････････････111

垂直的取引関係････････････････････124
スーパー･･････････････････････････4, 14
スキル・ナレッジ･･････････････････67
ステイクホルダー･････････････137-139
　1次的——･･････････････････････142
　2次的——･･････････････････････142
ステイクホルダー・マップ･････････141
ステイクホルダーマネジメントの7原則
････････････････････････････････144
住友商事･･･････････････････182, 184

生活世界･･････････････････6-8, 11, 13, 25-27
生産プロセス････････････････････165
製造業のサービス化･･････････････59, 63
製造業の文化･･････････････････････65
製品中心･･････････････････････112, 121
セールスマンシップ･･････････････191
接点････････････････････････････117
せとうちDMO･･････････････････････221
セリング･････････････････････････191
全国総合開発計画････････････････217
潜在的価値･･････････････････････126
潜在的葛藤認識････････････････････144
選択肢評価･･･････････････････････20
戦略的マーケティング････････････99

「総合化」の論理･･･････････････････179
総合商社････････････････････････177
総合商社機能の本質･･･････････179, 183, 188
相互作用･･････11, 68, 118, 191, 194, 197, 226
双方向のコミュニケーション･･･････92

ソーシャル・メディア･･････････････209
組織型営業･･････････････････････197
組織のマネジメント･･･････････････61

［た　行］

対価･･･････････････････････････････60
態度的ロイヤリティ･･･････････････114
貸与図メーカー･･････････････････130
大量生産体制･･････････････････････3
ダイレクト・マーケティング･･･････223
脱工業化････････････････････････145
「脱」工業社会･･････････････････2, 6, 165
脱サプライヤー･･････････････････132

地域DMO････････････････････････220
地域社会････････････････････････142
地域生産者･･････････････････････218
地域連携DMO･･････････････････････220
チェーン・オペレーション････････････4
チェーンストア･･･････････････150, 151
チェーン組織･････････････････150, 151
地球環境････････････････････････142
蓄積戦略･････････････････････････87
知識創造････････････････････88, 168
地方創生････････････････････････216
中核市･･････････････････････････222
中国中信集団（CITIC）グループ････186
長期の関係･･････････････････････115
直接的関係･･････････････････････118
直接的接点･･････････････････････93

通信販売････････････････181, 182, 187, 188

定性的アプローチ････････････････232
ディナー消費･････････････････････27
定量的アプローチ････････････････235
適応････････････････････････････147
伝統的経営管理論････････････････48
伝統的マーケティング･････59, 60, 98, 127
伝統的マネジメント･･････････････46
伝統的モノづくり･････････････････59

投資による利益･････････････････181, 187
特殊資産･･･････････････････････126
都立駒込病院･･････････････････186
取引先･････････････････････････141

| 取引中心……………………………………115
| 取引特定的な投資……………………126

[な　行]

| 内発的動機づけ…………………55, 56
| 内部顧客………………………………102
| 内部志向の経済学………………………15
| 流れ作業方式……………………………32
| 成行管理…………………………………31
| ナレッジ・スキル………………8, 11, 60, 66
| ナレッジマネジメント…………………88

| 2次的ステイクホルダー…………………142
| 日常生活………………………………117
| 日常の体験………………………………26
| 二人称のマネジメント…………………41
| 日本型商慣行…………………………125
| 人間関係論………………………………33
| 人間中心社会………………………10, 12

| ネットワーク……………………………28

| ノルディック学派……………………196, 197

[は　行]

| 場…………………………………………88
| バーチャル………………………………91
| パートタイム・マーケター……………103
| パートナー関係………………………130
| バイイング・パワー…………………152
| 売買差益…………………………178, 180, 181
| バウンダリー・スパナー（境界連結者）
| ………………………………………109
| 働き方改革……………………………139
| パラレル・ソーシング………………129
| バリュー・プロフィット・チェーン……50
| 販売管理論……………………………191
| ビジネスシステム………182, 184, 187, 188
| ビジネス創造……………177, 183, 184, 188
| ビジネスモデル……………………178, 188
| ビッグデータ……………………………78
| 非日常的経験……………………………26
| 病院経営………………………………186
| 標準化・画一化…………………………3

ファイナンス……………………71, 72, 80
　サービス社会の――………72, 79, 80-83
　従来型の――……………72, 73, 79-82
ファンド…………………………181, 187, 188
不一致…………………………………113
フィンテック……………………72, 77, 78, 79
フォード・システム………………………3
付加価値…………………………………64, 219
複社発注………………………………129
物流………………………………181, 187, 188
部門横断チーム…………………………62
プライベートエクイティファンド……185
ブランド・コミュニティ………………209
フルタイム・マーケター………………103
フロー（flow）……………………………55
プロシューマー…………………………7, 10
プロセス…………………………………8
プロダクトマーケティング・トライアングル
　………………………………………223
プロミス………………………………117
文脈価値………………9, 12, 23-25, 27, 90, 128

ベネフィット…………………………198

補助的業務…………………178, 179, 181
ボトムアップ型の連携…………………227
本部一括集中大量仕入れ………………4
本部主導型の意思決定モデル……153, 155

[ま　行]

マーケティング…………………………165
　インタラクティブ・――……………223
　インターナル・――……………52, 223
　外部志向の――………………………15
　価値共創――…………………177, 240
　従来――………………………………68
　戦略的――……………………………99
　ダイレクト・――……………………223
　伝統的――………………………59, 60, 98
　ロイヤリティ――……………………185
マーケティング・コンセプト…………100
マーケティング・マネジメント………98
マーケティング・ミックス……………191
マイクロ経済…………………………209
まち・ひと・しごと創生………………217
マネジメント………………………138, 143

一人称の——……………………………………40
　カネの——………………………71, 72, 77, 79, 83
　顧客関係の——…………………111, 151, 121
　情報の——……………………………………61
　組織の——……………………………………61
　ナレッジ——…………………………………88
　二人称の——…………………………………41
満足化原理………………………………………38

見えざる資産…………………………………85, 168
ミクロの循環……………………………………52
三井物産……………………………………182, 184, 185
三菱商事………………………………………181-188

無形財……………………………………………64
無形資源…………………………………………85

メディパルホールディングス…………………186

持株会社………………………………………183
持分法投資損益………………………………178
持分法投資利益…………………………181, 187
「モノ」の価値…………………………………131
問題認識…………………………………………20

[や 行]

有形財……………………………………………64
ユニー・ファミリーマートホールディングス
………………………………………………185

4階層モデル…………………………………120
4Cアプローチ………………………………240
4P………………………………………………192
4Ps…………………………………………47, 48, 60
4Psモデル……………………………………22

[ら 行]

リース……………………………181, 187, 188
利益の相反……………………………………144
利害関係………………………………………142
利害関係者……………………………………138
利他的利己主義…………………………………12
リピート購買………………………………113, 121
　——行動……………………………………116
流通効率化……………………………………188
リレーションシップ…………………………112

連携中枢都市圏構想…………………………222
連結決算制度…………………………………181
レント…………………………………………126

ロイヤリティ………………………………111, 113
ロイヤリティマーケテイング………………185
労働組合………………………………………140

[わ 行]

ワークショップ型営業………………193, 195

[その他]

B to B………………………………………132
B to B to C……………………………132, 133
B to C………………………………………132
B2C 型…………………………………186, 189
C to C コミュニティ………………………204
CCT……………………………………232, 237, 240
CCT カンファレンス………………………230
CDP モデル…………………………………231
DMO…………………………………………216
EBM モデル…………………………………231
EKB モデル…………………………………231
ERM……………………………………………50
G-D ロジック………………………………127
GEFCO………………………………………182
ICT……………………………………72, 77, 78
IFRS…………………………………………181
IHH　Healthcare Berhad（IHH）…185, 186
IT………………………………………………89
Lippo グループ……………………………186
IoH………………………………………………7
IoT…………………………………………7, 92
PFI……………………………………………186
Ponta（ポンタ）……………………………185
QCD……………………………………126, 129
QVC ジャパン………………………………182
S ロジック……………………………………10
S-D ロジック………………8, 66, 86, 127, 128, 237, 239, 240
SECI モデル…………………………………88
SNS……………………………………72, 83
UGC…………………………………………208
VRIO 分析……………………………………87

執筆者紹介（章編成順，2018年12月1日現在，◎は編集責任者）

◎村松潤一　（岡山理科大学経営学部教授）
　　　　　　　第1章

　大藪　亮　（岡山理科大学経営学部准教授）
　　　　　　　第2章

　奥居正樹　（広島大学大学院社会科学研究科准教授）
　　　　　　　第3章

　藤岡芳郎　（大阪産業大学経営学部教授）
　　　　　　　第4章，第8章

　清野　聡　（岡山理科大学経営学部教授）
　　　　　　　第5章

◎山口隆久　（岡山理科大学経営学部教授）
　　　　　　　第6章

　徳田美智　（倉敷芸術科学大学危機管理学部准教授）
　　　　　　　第7章

　張　婧　　（岡山理科大学経営学部専任講師）
　　　　　　　第9章

　関　智宏　（同志社大学商学部教授）
　　　　　　　第10章

　村上真理　（九州国際大学現代ビジネス学部教授）
　　　　　　　第11章

　今村一真　（茨城大学人文社会科学部教授）
　　　　　　　第12章

　江　向華　（就実大学経営学部准教授）
　　　　　　　第13章

　垰本一雄　（安田女子大学現代ビジネス学部教授）
　　　　　　　第14章

　三好純矢　（岡山理科大学総合情報研究科博士課程（後期））
　　　　　　　第15章

田原　静　（倉敷芸術科学大学危機管理学部准教授）
　　　　　第 16 章
高橋良平　（倉敷芸術科学大学危機管理学部専任講師）
　　　　　第 17 章
西　宏樹　（鹿児島国際大学経済学部専任講師）
　　　　　第 18 章

〈編著者紹介〉

村松潤一（むらまつ・じゅんいち）

岡山理科大学経営学部教授　博士（経営学,東北大学）
〈主な業績〉
『ケースブック 価値共創とマーケティング論』（編著，同文舘出版），『価値共創とマーケティング論』（編著，同文舘出版），『サービス・ドミナント・ロジック－マーケティング研究への新たな視座』（共編著，同文舘出版），『コーポレート・マーケティング－市場創造と企業システムの構築』（単著，同文舘出版）

山口隆久（やまぐち・たかひさ）

岡山理科大学経営学部教授　博士（マネジメント,広島大学）
〈主な業績〉
『価値共創とマーケティング論』（共著，同文舘出版），『ベーシック流通論』（共著，同文舘出版），『顧客起点のマーケティング・システム』（共著，同文舘出版），『戦略としてのマーケティング』（共訳，同友館）

平成30年12月25日　初版発行　　　　《検印省略》
　　　　　　　　　　　　　　　略称：サービス社会

サービス社会のマネジメント

編著者　ⓒ　村　松　潤　一
　　　　　　山　口　隆　久
発行者　　　中　島　治　久

発行所　同文舘出版株式会社
　　　東京都千代田区神田神保町1-41　〒101-0051
　　　電話　営業（03）3294-1801　編集（03）3294-1803
　　　振替　00100-8-42935　http://www.dobunkan.co.jp

Printed in Japan 2018　　印刷：萩原印刷
　　　　　　　　　　　　製本：萩原印刷

ISBN 978-4-495-64941-8

JCOPY 〈（社）出版者著作権管理機構 委託出版物〉
本書の無断複写は著作権法上での例外を除き禁じられています。複写される場合は，そのつど事前に，（社）出版者著作権管理機構（電話 03-5244-5088，FAX 03-5244-5089，e-mail: info@jcopy.or.jp）の許諾を得てください。